战国楚简“河澭”“两棠”新考

吴良宝

摘　要：“河澭”地名见于上博简、清华简，目前学界均误以为河澭就是《左传》中的衡雍、战国时期的垣雍。通过考察，本文提出先秦古书与出土文献中有三个同名的“河澭（雍）”，且性质各不相同。从先秦不同文献的记载来看，《左传》中的邲指的就是《吕氏春秋》等书中的两棠（狼汤渠）。《汉志》《水经注》的记载表明，狼汤渠是一条有着多条支流的较大水道，它和济水一起分自河水，在荥阳附近分流，而邲（也就是河雍）只是狼汤渠分自河水至于荥阳附近的河段，不能把这几个地名简单地等同起来。

关键词：战国楚简；河澭；两棠；邲

作　者：吴良宝（1971—），男，江苏新沂人，历史学博士，吉林大学古籍研究所、出土文献与中国古代文明研究协同创新中心教授、博士生导师，主要从事战国文字、战国与秦代历史地理研究。

“河澭”见于上博藏楚简《平王与王子木》篇“吾先君庄王蹠河澭之行”（第2、3号简），整理者误读“澭”为“淮”，认为简文“河淮之行”指的是“黄河、淮水一带”。[1] 陈伟先生已指出，“河雍之行，就是《春秋左传》宣公十二年所

① 马承源主编：《上海博物馆藏战国楚竹书（六）》，上海古籍出版社2007年版，第270页。

记的邲之役”①。“河澭”也见于清华简《系年》第十五章第76号简：“王入陈，杀征舒，取其室以予申公。连尹襄老与之争，夺之少孔。连尹捷②于河澭。”整理者认为：“河澭，《左传》宣公十二年称‘衡雍’，《韩非子·喻老》作‘河雍’，在今河南原阳西，与‘邲’同地。《国语·晋语七》：‘获楚公子谷臣与连尹襄老。’说襄老被获，与简文同。”③

《系年》所记晋、楚河澭之战也见于上博藏楚简《郑子家丧（甲本）》：楚庄王起师围郑三月，“师未还，晋人涉，将救郑……与之战于两棠，大败晋师焉”（第6、7号简），整理者已经指出：“此即春秋宣公十二年邲之战。”④此外，上博藏楚简《陈公治兵》第4号简也把这次的交战之地记为“两棠”⑤。这样看来，晋、楚河澭之战就是《春秋》中的邲之战，也就是上博简所记的“战于两棠”。关于“河澭”与“邲”“两棠”关系的讨论，学者间尚有争议，本文拟对此作进一步讨论。

一、关于“河澭”的地望

上博简《平王与王子木》、清华简《系年》中的“河澭”应为一事。为讨论方便，笔者先将有关《系年》“河澭”的研讨意见引之于下。子居先生认为：

> 其说“河雍”即“衡雍”盖是，而言“在今河南原阳西，与‘邲’同地”则误。衡雍之地，当约在今河南孟州市槐树乡到西虢镇一带，此点可参看笔者《清华简〈系年〉5～7章解析》一文中第七章关于“衡雍”之地的分析。另，《吕氏春秋·不苟》言：“缪公能令人臣时立其正义，故雪崤之耻而西

① 陈伟：《〈王子木蹠城父〉校读》，简帛网，2007年7月20日；《〈王子木蹠城父〉初读》，《新出楚简研读》，武汉大学出版社2010年版，第283页。

② “捷”字从陈剑先生释读，说见《简谈〈系年〉的“𢧢”和楚简部分“𠳵”字当释读为“捷”》，《安徽大学学报（哲学社会科学版）》2013年第6期。

③ 李学勤主编：《清华大学藏战国竹简（贰）》下册，中西书局2011年版，第170页、第172页注释9。

④ 马承源主编：《上海博物馆藏战国楚竹书（七）》，上海古籍出版社2008年版，第179页。

⑤ 马承源主编：《上海博物馆藏战国楚竹书（九）》，上海古籍出版社2012年版，第173页。

中國簡帛學刊

（第二辑）

张兵 主编

齊魯書社

国家社会科学基金重大项目
“中华简帛文学文献集成及综合研究”
（15ZDB065）

目 录

contents

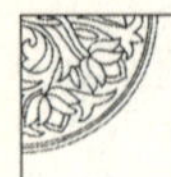

战国楚简“河澭”“两棠”新考

吴良宝

摘　要：“河澭”地名见于上博简、清华简，目前学界均误以为河澭就是《左传》中的衡雍、战国时期的垣雍。通过考察，本文提出先秦古书与出土文献中有三个同名的“河澭（雍）”，且性质各不相同。从先秦不同文献的记载来看，《左传》中的邲指的就是《吕氏春秋》等书中的两棠（狼汤渠）。《汉志》《水经注》的记载表明，狼汤渠是一条有着多条支流的较大水道，它和济水一起分自河水，在荥阳附近分流，而邲（也就是河雍）只是狼汤渠分自河水至于荥阳附近的河段，不能把这几个地名简单地等同起来。

关键词：战国楚简；河澭；两棠；邲

作　者：吴良宝（1971—），男，江苏新沂人，历史学博士，吉林大学古籍研究所、出土文献与中国古代文明研究协同创新中心教授、博士生导师，主要从事战国文字、战国与秦代历史地理研究。

“河澭”见于上博藏楚简《平王与王子木》篇“吾先君庄王蹠河澭之行”（第2、3号简），整理者误读“澭”为“淮”，认为简文“河淮之行”指的是“黄河、淮水一带”。[①] 陈伟先生已指出，“河雍之行，就是《春秋左传》宣公十二年所

① 马承源主编：《上海博物馆藏战国楚竹书（六）》，上海古籍出版社2007年版，第270页。

记的邲之役”[①]。“河澭”也见于清华简《系年》第十五章第76号简：“王入陈，杀征舒，取其室以予申公。连尹襄老与之争，夺之少孔。连尹捷[②]于河澭。”整理者认为：“河澭，《左传》宣公十二年称‘衡雍’，《韩非子·喻老》作‘河雍’，在今河南原阳西，与‘邲’同地。《国语·晋语七》：‘获楚公子谷臣与连尹襄老。’说襄老被获，与简文同。”[③]

《系年》所记晋、楚河澭之战也见于上博藏楚简《郑子家丧（甲本）》：楚庄王起师围郑三月，“师未还，晋人涉，将救郑……与之战于两棠，大败晋师焉”（第6、7号简），整理者已经指出：“此即春秋宣公十二年邲之战。”[④]此外，上博藏楚简《陈公治兵》第4号简也把这次的交战之地记为“两棠”[⑤]。这样看来，晋、楚河澭之战就是《春秋》中的邲之战，也就是上博简所记的“战于两棠”。关于“河澭”与“邲”“两棠”关系的讨论，学者间尚有争议，本文拟对此作进一步讨论。

一、关于“河澭”的地望

上博简《平王与王子木》、清华简《系年》中的“河澭”应为一事。为讨论方便，笔者先将有关《系年》“河澭”的研讨意见引之于下。子居先生认为：

> 其说“河雍”即“衡雍”盖是，而言“在今河南原阳西，与‘邲’同地”则误。衡雍之地，当约在今河南孟州市槐树乡到西虢镇一带，此点可参看笔者《清华简〈系年〉5～7章解析》一文中第七章关于“衡雍”之地的分析。另，《吕氏春秋·不苟》言：“缪公能令人臣时立其正义，故雪崤之耻而西

① 陈伟：《〈王子木蹠城父〉校读》，简帛网，2007年7月20日；《〈王子木蹠城父〉初读》，《新出楚简研读》，武汉大学出版社2010年版，第283页。

② “捷”字从陈剑先生释读，说见《简谈〈系年〉的“截”和楚简部分“𠷎”字当释读为“捷”》，《安徽大学学报（哲学社会科学版）》2013年第6期。

③ 李学勤主编：《清华大学藏战国竹简（贰）》下册，中西书局2011年版，第170页、第172页注释9。

④ 马承源主编：《上海博物馆藏战国楚竹书（七）》，上海古籍出版社2008年版，第179页。

⑤ 马承源主编：《上海博物馆藏战国楚竹书（九）》，上海古籍出版社2012年版，第173页。

> 至河雍也。”《水经注·济水》亦言：“《竹书纪年》曰：郑侯使韩辰归晋阳及向。二月，城阳、向，更名阳为河雍，向为高平。”亦皆可证河雍当在今孟州市西，而非原阳县西。而且，邲地在今河南荥阳北，无论如何也不宜说是与河南原阳西的哪个古地名“同地”的，这大概是整理者并不熟悉历史地理的缘故。①

吴雯雯认为：

> 《左传·宣公十二年》云：“及昏，楚师军于邲。晋之余师不能军，宵济，亦终夜有声。丙辰，楚重至于邲，遂次于衡雍。”衡雍，杨伯峻先生云：“《韩非子·喻老篇》云：‘楚庄王既胜，狩于河雍。’河雍即衡雍也，战国时又曰垣雍，在河南原武废县（今并入原阳县）西北五里。黄河旧在其北二十二里。”（《左传注》，页744）又《左传·僖公二十八年》“（晋师）甲午至于衡雍，作王宫于践土”，“践土”，杨氏云：“践土，郑地，在今河南原阳县西南，武陟县东南”（《左传注》，页447）“衡雍”云：“杜《注》云郑地。以宣十二年《传》邲之战遂次于衡雍证之，杜《注》可信。……”（《左传注》，页462）……“邲”，为楚、晋两地（引者按，‘地’似‘国’之误字）交战之处，杨氏云“然则晋、楚交战处必在今郑州市之西北，荥阳县之东北”，认为“杨守敬《春秋列国图》亦列邲于荥阳东北，可云有见。”（《左传注》，页717）宣公十二年《传》云“楚师军于邲”，后“楚重至于邲”，杨注：“杜《注》‘重，辎重也。’……辎重载器物粮食常在军后，故乙卯日战，丙陈（引者按，‘陈’字似衍）辰至于邲也。”（《左传注》，页743-744）如此，则辎重丙辰至邲，故军队则行至衡雍驻扎。此如子居先生所云，不可将两者混而为一。②

上引这些意见都有不妥之处，需加以分析。

首先，河澭（雍）、衡雍是两种不同性质的地名资料。从《左传》原文来看，衡雍应该是具体的城邑名；从《淮南子·人间训》“楚庄王既胜晋于河雍之间”

---

① 子居：《清华简〈系年〉12 ~ 15章解析》，孔子2000网，2012年10月2日。

② 苏建洲、吴雯雯、赖怡璇：《清华二〈系年〉集解》，台湾万卷楼图书股份有限公司2013年版，第555 ~ 556页。

的表述来看，“河澭”是一个范围稍大的地名。所以，“河澭”即“衡雍”的意见肯定有误。

其次，“河雍当在今孟州市西，而非原阳县西”的定位不可信。从《左传》所记晋、楚之战的整个过程来看，“（晋师）宵济”、“晋师在敖、鄗之间”以及“楚子北师次于郔”、楚君“将饮马于河而归”等，战争的发生地“河雍”肯定位于黄河以南，这个“河雍”的位置无论如何是不能挪位到黄河以北的今孟州市西的。部分学者之所以误将“河雍”定在今孟州市西，可能与《中国历史地图集》将“河阳”标注为“河雍”有关[①]，实际上《地图集》是误把战国时期的“河阳”当作了位于今河南济源市西南的“阳樊（阳）”[②]。

再次，根据《水经注·济水》引《竹书纪年》“更名阳为河雍，向为高平”（也见于《史记·赵世家·集解》引徐广曰等，时在“魏哀〈襄〉[③]王四年”[④]），这个“河雍”是在战国中期由“阳”更名而来，且位于黄河以北，与《韩非子·喻老》所述春秋晚期楚庄王“狩于河雍”的“河雍”并非一地。至于《吕氏春秋·不苟》中的“河雍”，由于秦国僻处西方，秦缪公的“雪崤之耻而西至河雍”自然不可能发生在今孟州市一带，所以此处的“河雍”也不能等同于上引《济水注》《韩非子》中的“河雍”。

二 “河澭”“邲”与“两棠”的关系

早在20世纪60年代，孙人和先生就提出《春秋》等书中的“两棠”就是“邲”，“两棠”与“邲”是析言与总言的关系：

《春秋》宣十二年“夏六月乙卯，晋荀林父率师及楚子战于邲，晋师败

---

① 谭其骧主编：《中国历史地图集》第1册，中国地图出版社1982年版，第35～36页。

② 陈伟：《晋南阳小考》，《历史地理》第18辑，上海人民出版社2002年版，第158～165页。

③ 杨宽：《战国史》，上海人民出版社2003年版，第727页。

④ 方诗铭、王修龄：《古本竹书纪年辑证》（修订本），上海古籍出版社2005年版，第151～152页。

绩”，《左氏》杜注：邲，郑地。《谷梁》范注同。《吕氏春秋·至忠篇》：“荆兴师，战于两棠，大胜晋。”《贾子·先醒篇》：“楚庄王与晋人战于两棠，大克晋人。”《盐铁论·险固篇》：“楚有汝渊、两堂之固，而灭于秦”（今本“两”误“满”，此从卢文弨说）。《说苑·立节篇》：“邲之战，楚大胜晋。”又《尊贤篇》：“是为两堂之战。”棠、堂字通，是两棠即邲也。按《水经·济水注》：“济水于荥阳，又兼邲目。《春秋·宣公十二年》晋楚之战，楚军于邲，即是水，音卞（《公羊》何注亦云‘邲水’）。京相璠曰：在敖北。”是荥阳境内，济水所经，小水及支流皆得邲名。《汉书·地理志》河南郡荥阳县：“卞水、冯池皆在西南，有狼汤渠（《水经·河水》及《济水注》并作“蒗荡渠”，《说文》作“浪汤渠”，同），首受济，东南至陈入颍。邲、卞一音，则邲即卞也。窃疑卞水、冯池一源二派。《济水注》：“济水又东，砾石溪水注之，水出荥阳城西南李泽，泽中有水，即古冯池也。东北流，历敖山南。《春秋》晋楚之战，设伏于敖前，谓是也。”冯与邲、卞，声亦相近。因以邲冒境内济水之水流。故狼汤渠亦有邲名。此所谓“又兼邲目也”。两棠即狼汤，文异音同。楚败晋师，即在此处。《水经》：“河水东过荥阳县北，蒗荡渠出焉。”盖荥阳北，河水与济水，激泆为狼汤渠，故或云受济，或云出自河也。今考邲之战，《左氏传》云“晋师遂济”，又“楚将饮马于河而归”，闻晋师既济，又云“士季使巩朔、韩穿帅七覆于敖前，故上军不败。赵婴齐使其徒先具舟于河，故败而先济”，又云“桓子鼓于军中曰：‘先济者有赏’，中军、下军争舟，舟中之指可掬也”，又云“宵济，亦终夜有声”。此可推知晋师渡河，进退以狼汤渠为始终。不特此也，《传》又云：“楚师军于邲，晋之余师不能军。丙辰，楚重至于邲，遂次于衡雍（僖二十八年《传》注云，衡雍，今荥阳卷县）”，又云“祀于河，作先君宫，告成事而还。”衡雍盖因狼汤渠而得名者。《尔雅·释水》：“水自河出为灉。雍与灉同。”（见邵晋涵《尔雅正义》）……河济横泆为狼汤渠，故名此为衡雍欤。楚败晋师，盖在河与衡雍之间，非狼汤莫属。《韩非子·喻老篇》：“楚庄王既胜狩（当作晋）于河雍，归而赏孙叔敖”，《淮南子·人间篇》：“昔者楚庄王既胜晋于河雍之间。”注云：“庄王败晋荀林父之师于邲。邲，河雍地也，尤为战事在狼汤之明证。总言之，则曰战于郯、军于郯。析言之，则曰战于两棠、两堂之战。两棠即狼汤，可无疑矣。”①上博简研究者支持“两棠”即“狼汤渠”、“两棠”与“郯”是析言与总言关系的说法②，认为“郯为汴水，入荥阳曰蒗荡渠，即简文‘两棠’”③。本文认为，上引“两棠（堂）”即“狼汤渠”的意见是正确的，但“两棠”与“郯”是析言与总言关系的意见不可信。

上古音两、狼均在来母、阳部，棠、汤均在阳部，透、定均为舌头音，音近可通。传世文献中从尚声之字与唐可通，而唐与从昜声之字可通④，战国齐文字中的“啺”地（《古陶文汇编》3·649、《古玺汇编》0147）即《左传》襄公六年的“棠”⑤，更是二者直接通假的佳证。《汉志》的狼汤渠，北大藏秦简中作“阆簜渠”⑥，地名用字虽不同，都是战国及秦汉时期的“两棠（堂）”。狼汤渠是古代著名的沟渠，即《史记·河渠书》中的“鸿沟”⑦；史迁引大梁墟中人之语亦称作“河沟”：“秦之破梁，引河沟而灌大梁，三月城坏。”

史念海先生认为，“根据《水经注》的记载，鸿沟系统应该包括狼汤渠、汳水、获水、睢水、鲁沟水和涡水等。……如果说得更明白一点，应该是汳水、睢水、鲁沟水和涡水都是由狼汤渠分出。因为最初由黄河分流出来的只是一条狼汤渠，狼汤渠继续前流，才先后又分出这几条渠道。这几条渠道分出后，狼汤渠本流仍然单独存在”，“狼汤渠分河的地方是和济水在一起（原注：《水经》：‘汳水出阴沟水于浚仪县北’，《注》：‘阴沟即蒗荡渠也。’蒗荡渠也就是狼汤渠）。狼汤渠和济水一块由荥阳附近分河东流，在荥泽东南才分开各流。济水由黄河分

---

① 孙人和：《左宧漫录·两棠考》，《文史》第2辑，中华书局1963年版，第45页。

② 葛亮：《上博七·郑子家丧补说》，《出土文献与古文字研究》第3辑，复旦大学出版社2010年版，第246～250页。

③ 李零：《简帛古书与学术源流》，生活·读书·新知三联书店2004年版，第274页。

④ 高亨纂著，董治安整理：《古字通假会典》，齐鲁书社1989年版，第267、290页。

⑤ 孙刚：《东周齐系题铭研究》，吉林大学2012年博士学位论文，第286、287页。

⑥ 辛德勇：《北京大学藏秦水陆里程简册初步研究》，《出土文献》第4辑，中西书局2013年版，第264页。

⑦ 中国科学院地理研究所编辑、侯仁之主编：《中国古代地理名著选读》第1辑，学苑出版社2005年版，第66页。

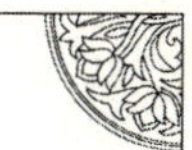

出本是很早的事情。狼汤渠后开，实际乃是引用济水……狼汤渠的本流和济水分开后，在今河南开封县南折向东流，一直流到今河南淮阳县东南入于颍水”。[①]按照这个“最初由黄河分流出来的只是一条狼汤渠”“狼汤渠分河的地方是和济水在一起”的意见，狼汤（两棠）是有着多条支流的较大的水道名，而邲水则是狼汤渠分自河水至于荥阳附近的河段，所以两棠、邲之间是总言和析言的关系，上引孙人和先生的意见把二者的关系正好弄颠倒了。

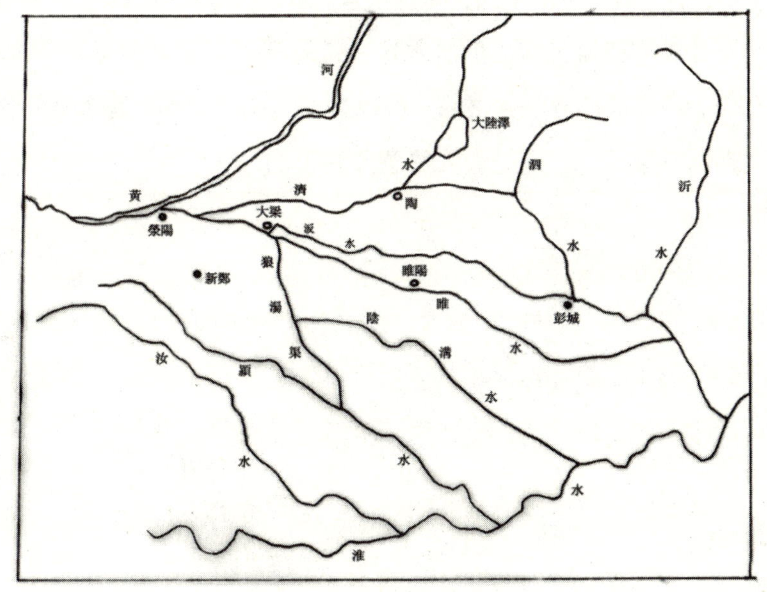

图一　狼汤渠示意图

（水道图取自史念海《中国的运河》）

明确了狼汤渠的源流以及“两棠”与“邲”的关系，我们可以知晓楚、晋交战的“河澭”就是《左传》中的“邲”，指的是狼汤渠与济水分流之前的区域。《尔雅·释水》“水自河出为灉”，邵晋涵《正义》：“楚庄王之河雍，是莨荡渠初出之灉也。”《左传·成公二年》说“襄老死于邲”，清华简简文则说“连尹捷于河澭”，所指实为一事。正因为如此，《平王与王子木》第3号简、《系年》第十五章简文所说的“河澭”与《韩非子·喻老》所说楚庄王狩地的“河雍”

① 史念海：《释〈史记·货殖列传〉所说的“陶为天下之中”兼论战国时代的经济都会》，《河山集》，生活·读书·新知三联书店1963年版，第114、115页。

都不必实指具体的某个地点，自然也不能把它混同于城邑名“衡雍”。

目前学者都将“郯”解释为城邑名，依据的大概是唐宋以来的《元和郡县图志》《路史》《大清一统志》等书[①]，这些文献多是先引用《水经注》，然后说“郑州东有郯城”。今按，《水经注·济水注》云：“济水又东，径敖山北，《诗》所谓‘薄狩于敖’者也。其山上有城，即殷帝仲丁之所迁也。皇甫谧《帝王世纪》曰‘仲丁自亳徙嚣于河上’者也，或曰敖矣。……济水于此又兼郯目。《春秋·宣公十二年》晋、楚之战，楚军于郯，即是水也，音卞。京相璠曰：‘在敖北。’”[②]仔细看注文，并没有说流经敖山的济水这一带有郯城，可见学者对《水经注》的文字理解有误。现有的部分工具书将《春秋》经传中的“郯”笼统地解释为地名，甚至设立“郯邑”条目[③]，这是需要留意并纠正的。

---

① 顾颉刚编著，王煦华整理：《春秋地名考》第7册，北京图书馆出版社2006年版，第123～128页。

② 郦道元注，杨守敬、熊会贞疏：《水经注疏》上册，江苏古籍出版社1989年版，第653、658页。

③ 复旦大学历史地理研究所《中国历史地名辞典》编委会：《中国历史地名辞典》，江西教育出版社1986年版，第441页。魏嵩山主编：《中国历史地名大辞典》，广东教育出版社1995年版，第573页。

出土简帛的文体价值简论

常 昭

摘 要：近年来出土的大量战国秦汉简帛文献，保留了文本原始形态，对辨别考察古代文章的文体类型极其重要。为考察简帛文献的文体属性，可以将简帛文献分为有标题的文献、无标题的文献、有特殊符号的文献三种类型。有标题的文献与其文体属性之间存在着密切关系，特殊符号则显示文献书写时期的文章意识，无标题文献可根据内容判断文体并加以命名。简帛文献的文体特征给我们今天的文学史研究带来了新的契机。

关键词：秦汉；简帛；古书；写本；标题；文体

作 者：常昭（1972—），女，济南大学副教授，博士，主要研究方向是中国古代文学与文化。

近年来出土的大量战国秦汉简帛文献，使我们得以亲眼见到未经后世改动的古书原貌，其中的文学古籍保留了文本原始形态，对我们今天辨别考察古代文章的文体类型极其重要。汉代及汉代以前的古书文本流传形式，带有原始的文化印迹，蕴藏着不为今人所知的认知信息。如书写时期一本书是如何构成的，一篇独立的文章是如何组成的，每一篇文章中又是如何分章的，分章符号意味着什么，篇末的标识含义，等等。特别是古书的标题，是我们看待其文体属性的一个关键，

那么有无标题、标题的位置及标示方式、标题的范畴等问题是探索古书文化的重要线索。另外，分析其行文方式、篇章结构及形式特点，进而判断其文体特征，对于我们进一步研究古代文学文体学有一定帮助。

“古书”这个名词，有必要解释一下。古书含义广泛，本文所指是古人手书之义，又特指由古人手书在当今出土的文献。根据不同的情况，又可分为包含多个单篇文章的整本书籍和单独成篇的文章。“古书有书题（大题）和篇题（小题）。这些题目，表面是名号，实际是结构。”[①]《春秋》有所谓“春秋笔法”，一字一词都有特定的含义。古书的标题因其特殊意义，有着诸多内涵，值得进一步深入探讨。本文所理解的标题，既包括一本书的书名，又包括单篇文章的篇名，只要是古书中有意识地在特定位置标出具有指称全文或全书性质的名词或短语，都可称为标题，细处又可分为书题、篇题、章题、图题等类型。

一、研究范围

这里所说的简帛古书主要包括三大类：一是李零先生所指十二批古书，绝大多数是西汉初期的写本，少数为战国、秦和东汉时期的写本[②]；二是1985年以后出土或由博物馆购藏的部分简帛；三是21世纪以来各大有着古文字学术传统的著名高校收藏或购买的简帛类古书共七批。笔者一一翻检以上简帛已出版的部分图版、释文或整理研究资料，针对其中某些带有标题或其他标志书写者文体意识的符号的部分古书加以讨论，另对部分无标题今人根据文体特征给予命名的案例加以辨析，借以探讨出土古书在文体研究方面的价值。

李零先生所划定的十二批古书：

1．1930年，居延地区发掘汉简10000余枚，称为“居延汉简”；

2．1942年6月长沙子弹库1号战国时期楚国墓出土楚帛书（帛书中共有两组图像及三部分文字，文字可分为三篇，各篇的次序和指称，专家说法不同，因

---

① 李零：《从简帛发现看古书的体例和分类》，《中国典籍与文化》2001年第1期。

② 李零：《出土发现与古书年代的再认识》，《待兔轩文存·读史卷》，广西师范大学出版社2011年版，第8页。

原文缺乏篇题，今不论）；

3. 1957 年 3–5 月河南信阳长台关楚墓出土竹书；

4. 1959 年 7 月甘肃武威磨嘴子汉墓出土汉简《仪礼》，部分有篇题；

5. 1972 年 4 月山东临沂银雀山汉墓出土的竹书，部分有篇题；

6. 1972 年 11 月甘肃武威旱滩坡汉墓出土的医方简；

7. 1973 年 12 月湖南长沙马王堆三号汉墓出土帛书及竹书；

8. 1973 年河北定县八角廊出土汉简；

9. 1972 年至 1976 年居延出土新简；

10. 1975 年湖北云梦睡虎地出土秦简；

11. 1977 年安徽阜阳双古堆汉简；

12. 1983 ~ 1984 年湖北张家山汉墓出土汉简。

其他出土简帛文献：

1. 1986 年 6 月至 9 月甘肃放马滩秦简；

2. 1990 年甘肃敦煌悬泉置遗址帛书私信；

3. 1993 年 10 月湖北省荆门市郭店一号墓出土郭店楚简；

4. 1994 年上海博物馆藏战国竹简。

各高校收藏简帛（后两者未见之外，其余皆有出版图录可供参考）：

1. 岳麓书院藏秦简；

2. 清华大学藏战国竹简，部分有篇题；

3. 北京大学藏秦简及汉简，部分有篇题；

4. 安徽大学藏楚简；

5. 武汉大学藏楚简。

二、出土简帛标题与文体的关系

李零先生在论述十二批简帛古籍的古书体例时，从八个方面进行了概括归纳，其中有两条谈到了篇题。第二条，“古书多无大题，而以种类名、氏名及篇数、字数称之”，第三条，“古书多以单篇流行，篇题本身就是书题”，本文即在此基础上进行分析。笔者根据手头掌握的材料，主要考察三类古书的篇题。虽不能

以偏概全，但也基本可以说明古书篇题与文体之间的关系。

以下选择数种标示篇题的简帛，大致以古书所属年代为序，逐一分析。

（一）楚　简

1994年上海博物馆藏战国竹简共有1200多枚，涉及近百种古书，共计35000多字。这批竹简尚无明确的出土时间和地点。参照郭店楚简出土情况，不少学者推测其出土地点应与郭店楚简发掘地相距不远。

上博简《李颂》与《兰赋》问世后，被研究者分别当作“颂”体、“赋”体看待。二体呈现的原始形态可以解决王长华等提出“赋颂本为二体”（《汉代赋颂二体辨析》），与易闻晓“赋颂不分”（《论汉代赋颂文体的交越互用》）之间的纷争。“颂”本义即赞扬、祝愿等，后来“颂”作为一种文体，指以颂扬为目的的诗文，往往以激扬的情调来描绘事物的形貌特征、内在精神等。从文体形式上看，颂多语句精炼，似诗而句子长短不一，诗节形式较为复杂。《李颂》篇题中的“颂”字，是否如《诗经》中的颂字？《诗经》之前的“颂”性质为祭祀所用，《诗经》之后，战国时期以“颂”命篇的作品，传世文献仅有屈原的《橘颂》。此处“颂”的含义为描绘容貌、仪容，上海博物馆藏战国竹书《李颂》，所产生年代与屈原《橘颂》相近，产生地域同为楚地，“颂”字亦当作此理解。篇题中的颂字并不仅表明文体，而且指出本文重在描述某种容貌、仪容，兼及由貌而引申的实质。

上博简《曹沫之陈》残缺不全，篇题在简2背，原作“散（曹）蔑（沫）之戟（陈）”。原书分上下篇，上篇论政，下篇谈兵。李零先生认为篇题是取下篇之义。王青认为上博简《曹沫之陈》竹书篇题正是曹沫陈述之语的意思，《曹沫之陈》见证了古代语文体的发展演变，是早期语文体的一个实例。[①]“陈”字可当作体现本篇文体特征的字眼。

《凡物流形》分甲、乙两本，甲本第三简简背书有“凡物流形”四字，应为原有篇题。一开篇就以一连串的问句表达对万物存在的好奇，由第二个段落开始，每一小段以“问之曰”引起，共有九个段落，也就是有九问，最后一段为陈述语气，

---

① 王青：《古代“语”文体的起源与发展：上博简〈曹沫之陈〉篇题的启示》，《史学集刊》2010年第2期。

仿佛是对前面所提问题的回答。这样的结构形式与《天问》非常相似。日本学者浅野裕一在《〈凡物流形〉的结构新解》中认为，“问物”篇是苗族创世歌和《天问》之间的中间形态。从文章体裁上看可归入楚辞类作品。从旨意上看，与《天问》颇类，其命名取首句而非从文体，值得注意。

“清华简”计约有2500枚（包括少数残断简），是迄今出土较多的战国简之一。经研究证实，这批简属于战国中晚期文物，其文字风格类似楚地。因其在秦之前就被埋入地下，未遭“焚书坑儒”之厄。竹简上所载诸书，大多前所未见，具有重要的文献价值。

《清华大学藏战国竹简（壹）》于2010年12月出版。包括《尹至》《尹诰》《程寤》《保训》《耆夜》《金縢》《皇门》《祭公》《楚居》9篇文献。

其中《耆夜》共14支简，在第十四简简背有篇题“郘夜”，系篇题，背面有次序编号，属商朝末期之书。每枚简长45厘米，合汉尺二尺四寸，在汉代属经典类。《金縢》末简第十四简简背有文字“周武王有疾周公所自以代王之志”，应该是作为篇题，有专家认为这个抄本没有使用文本原题，是因为没有看到书序。但简背的这个短句完全可以涵盖整篇的文意，意思应为“武王有疾，周公作金縢”，所以这应该就是书写者为其命名的篇题。《祭公》共21支简，末简背面有篇题，无次序编号。《皇门》无篇题，简背有次序编号。《程寤》《楚居》无篇题，亦无次序编号。这一批文献标题属概括文章大意或取关键词来指称，并不涉及文本归属。

《清华大学藏战国竹简（叁）》收录《傅说之命》三篇、《周公之琴舞》、《芮良夫毖》、《良臣》、《祝辞》、《赤鹄之集汤之屋》等文献。

《傅说之命》共三篇，每一篇末简背面有“傅说之命”，应为篇题。内容与东晋时梅赜所献的孔传本古文《尚书》中的《傅说之命》内容全然不同。从文体上看可以与《封许之命》相比较，以总结“命”体文的写作特点。

现题《周公之琴舞》是一组乐诗，由十篇颂诗构成，这是与《大武》结构相仿的乐诗，以周公还政、成王嗣位为其内容；《周公之琴舞》首句“周公作多士敬毖”，李守奎认为，敬毖读为“儆毖”或“警毖”，其内容主要是自戒或戒人。毖，义同《芮良夫毖》之“毖”，即告诫。简文中的“毖”指与《周颂·小毖》同类的诗。“多士儆毖”即对多士的儆毖，句法与《尚书》之《康诰》同，康诰即对康之诰。多士儆毖，亦可加书名号。此为简首加篇题，即“周公作多士敬毖”，

“毖”是一种文体，篇题的前半部分是内容，后一个字为文体。原题拟作“周公之琴舞”，似不确。另一篇“毖”体文是《芮良夫毖》，这是一首儆戒性质的“毖”诗，是刺讥时政的政治诗。

第五辑中的《厚父》通篇为“王”和“厚父”的对话，共13支简。简背标有序号，最后一支简背面有“厚父”，由出土竹书惯例可知此为本书的篇题。

《封许之命》共9支简，末简背下部有“封许之命”，可视为篇题。“命”是一种古老的文体。在传世文献《书序》中有多篇“命”体文章。传世《尚书》有《文侯之命》，记载晋文侯、郑武公等辅佐周平王平定戎乱，东迁洛邑，平王为表彰晋文侯的功绩所发表的命令，史官记录下来即为“命”体文章。《封许之命》是封建许国的文件，也带有命令的意思。这篇简文与《傅说之命》及第七辑中的《吴命》、第八辑中的《命》为我们今天研究“命”体的内容与形式提供了新材料。

第六辑《子犯子余》在首简的简背有篇题，有点断及结尾符号。《晋文公入于晋》《赵简子》《越公其事》在篇尾写有篇题，与正文连属，无间隔。

清华大学藏战国简对篇题的标示，并没有规律可循，多数情况是概括内容，或取关键词来指称。“毖”体和“命”体是最有代表性的两种文体。

（二）秦　简

北大秦简《隐书》有三条，此篇用四言赋体写成，最后一简的简背面有“此隐书也”四字，点明此书性质，这也是古书用以指称文本的一种形式。据《文心雕龙·谐隐》：“隐者，隐也。遁辞以隐意，谲譬以指事也。”这就是指后来的谜语类文体。它反映了我国独特的民间娱乐形式猜谜语的久远历史，也为后代文学作品中的索隐模式开了先河。如《西游记》《红楼梦》中就使用了大量隐书的形式。

（三）汉简帛

马王堆三号汉墓帛书

该墓的年代是汉文帝前元十二年（前168）。[①] 帛书内容多达12万余字，包

① 湖南省博物馆、中国科学院考古研究所：《长沙马王堆二、三号汉墓发掘简报》，《文物》1974年第7期。

括《老子》《周易》等 20 余种古籍。

帛书《老子》乙本卷前存古佚书《经法》《十六经》《称》《道原》，此四篇原有标题，写在各篇之末。唐兰认为此为《黄帝四经》的四篇，裘锡圭认为并非《黄帝四经》，现学界折衷两者看法，称之为《黄帝书》。

第一篇《经法》包括多个章题:《道法》《国次》《君正》《六分》《四度》《论》《亡论》《论约》《名理》，每一个章题都写在文末。全篇之末有“凡五千”字样。

第二篇《十大经》包括 14 个章题：《立命》《观》《五正》《果童》《正乱》《姓争》《雌雄节》《兵容》《成法》《三禁》《本伐》《前道》《行守》《顺道》《名刑》，简末有“凡四千□□六”字样。各章题为内容概括，不涉及文体。

第三篇《称》辑录格言俗谚，体裁类似《淮南子》的《说林训》《说山训》等。银雀山汉简《要言》，郭店简《语丛》、上博简《用曰》等也有这类特征。根据其体例，“称”当即称引、称述之义，但后世文章以“称”字命名的不多见。

第四篇《道原》论述道的性质，推究道的本源，篇题即《道原》，就是对“道”的本体和功用进行探源[①]，探讨的是“道”之原始。“原”，后来成为一种文体。

张家山汉墓竹简

张家山 247 号汉墓埋葬时间应不早于吕后二年，大约总共出土简帛 8 种，除《历谱》《遣策》无书题外，其他 6 种都由一种特别的形式来指示文本，整理者称之为“书题”。

《脉书》，书题写于简背。《奏谳书》，书题写于简背。

《二年律令》，末简书有“律令二十□种”，此为《二年律令》律、令数目的小结。整理者默认其为书题。

《算数书》，书题写于前部第六简的背面。这是一部数学问题集，共有69个章题。每一个算题都遵循特定的模式来写。大多数算题都是由题文、答案、术构成。

《盖庐》，书题写于末简背面。全书共九章，各章皆以盖庐的提问为开头，申胥的回答为主体。

《引书》，书题书于首简背面。

---

① 陈鼓应注译：《先秦道家研究的新方向》，《黄帝四经今注今译——马王堆汉墓出土帛书》，商务印书馆 2007 年版，第 4 ~ 5 页。

以上四种以“书”标题大概是将其看作典籍。

张家山136号汉墓汉简共存44枚竹简，原有篇名作“盗貊”，内容为孔子见盗跖，与传世本《庄子·盗跖》内容基本一致。

银雀山汉简简文书体为早期隶书，写于公元前140年至公元前118年（西汉文景时期至武帝初期）。

银雀山汉简篇题的书写有三种形式：“一，将篇题单独写在篇首第一简的简首正面，该篇正文从第二简开始书写；二，写在第一简的简首背面，正面书写正文；三，写在篇末最后一简的文字结束处下。在木牍和竹简上均未见书名标题。”[①]银雀山汉简标题比较多见，似乎标志着文章篇题的标示已成共识。

论兵部分各篇有篇题，在篇首与正文相接，但在字体上稍大，字间距稍大，可与正文相区分。如《将败》《将失》《兵之恒失》《王道》《效贤》《为国之过》《务过》《观庳》《持盈》《分士》《三乱三危》《地典》等，不仅在正文之首有标题，这些标题还被统一写在木牍上，作为全书的目录。另有《善者》《将义》《有国务过》《十官》《万乘》篇题写在首简之背面，《五名五恭》标题写在段末，以上标题也在篇题木牍上。

《唐勒赋》残简，凡26枚，保存有232个字。首简背面上端有“唐革”二字，“唐革（勒）”二字系篇题，书在首简简背上端。罗福颐先生据《诗经·斯干》“如鸟斯革”，“革”字《韩诗》作“勒”的异文，释为“唐勒”，为作者署名，姑题为“唐勒赋”，吴九龙定篇名为“唐勒”。汤漳平认为“篇题似应作《御赋》”，因而称作《唐勒赋·御赋》。谭家健认为“唐勒”二字“无疑是该作篇题”，“从整个临沂汉简看凡单独书写及题于简背者，尚未见有作者署名的例子”。“唐勒”二字是书名还是作者名？先秦时个人著书多不署名。一般以作者的姓氏、作者名或作者尊称后上“子”“氏”“公”等字指称其著述。但也有的只称其名（如《邓析》《李克》《宁越》）来代表著述。汉初仍有此类著录格式，如《汉书·艺文志》所著录《贾谊》《晁错》《曹羽》等，依此例看《唐勒》应是作者兼书名。

汤漳平认为依据辞赋内容应命名为《御赋》[②]，赵逵夫认为应称为《论义

---

① 吴九龙释：《银雀山汉简释文·叙论》，文物出版社1985年版，第1页。

② 汤漳平：《论唐勒赋残简》，《文物》1990年第4期。

御》[①]。这两种提法都注意到此文的文体性质，但忽视了简上原有的篇题。古代"革""勒"相通，如《韩非子·外储说右下》"使造父操右革而鞭笞之"，"右革"即马之"右勒"，那么，"唐革"应为"唐勒"，指战国时楚国人。但此篇题原标识时并没有标出文体，只是以人名来命名，也代表了文章命名的一种方式。银雀山出土汉简篇名的一般书写位置在篇末，此简末简只有三字"论义御"，对照银雀山汉简其他篇篇题情况，此三字应为篇名，此篇应是《唐勒》一书中的《论义御》篇。这牵扯到"论"与"赋"体的区别。由本篇看，简文内容层层递进，从人间的良御王良、造父写到天上良御，再言"太虚通道"中的自由驰骋者，最后一层由古论今，借此讽刺世人不懂御术，不懂正确的治国之策，因此行之艰难，从创作体制、写作手法和结构布局上看，属于散体赋。考古工作者将此篇称之为"唐勒赋"[②]，既尊重了简标篇题的原义，又考虑到了文章的文体性质。

"吴问"二字系篇题，书在简背上端。属于概括全文大意而命名。"问"表示文章体裁，"问"体一般以发问形式开头，以对问结构成篇，形成后世汉散体大赋的基本结构方式。"八阵"二字系篇题，书在简背上端。

银雀山汉简《孙膑兵法》的《地葆》《五教法》，《尉缭子》的《治□》《兵劝》，《六韬》的《尚正》《守土》《三疑》《葆启》篇名均题于正文末。有学者认为这样的方式是由帛向简传抄所造成的，这非常有道理，但同时认为这样的标题无意义，则属臆断。"因为若仍采用抄写单篇简册的方式将篇题题于简背，收卷时篇题将被覆于卷轴内部，这样的标题是无意义的。"[③]这种说法仅考虑到竹书篇题的检索功能，而忽视了篇题的概括文章内容的功能。从另一个方面说，这样题写的篇题，更进一步体现汉代人的文章观念，为文章加篇题表明人们已经认识到篇题对于文章传播的重要性。

北大汉简大部分竹书的抄写年代不早于汉武帝。这批竹简在简背写有篇题的有多种，分别是《赵正书》《老子上经》《老子下经》《周驯》《妄稽》《反淫》

---

① 赵逵夫：《唐勒〈论义御〉校补》，《西北师大学报（社会科学版）》1994年第5期。

② 汤漳平：《论唐勒赋残简》，《文物》1990年第4期。

③ 黄威：《简帛标题格式影响因素浅析》，《图书馆理论与实践》2014年第8期。

《日书》《日忌》《日约》《揕舆第一》《雨书》《六博》《荆决》《节》等。[①]

《苍颉》无篇题，但有章题。每章简以开首的两个字为标题，“在前两枚简正面顶端依序由右向左书写”[②]。“各章标题仅是取自章首二字，虽有的可以看出与其内所收某些字之字义有联系，但似并无指示全章所收字词内涵之意义，这与《诗经》诸篇之篇题设立方法是一样的。”《诗经》篇题的形成是汉语缩略构词的一个早期范式，反映了一定的语言学规则和文化心理规约。[③]《苍颉》各章多是单字组合，连缀而成，少数章有文章意义。这是由其字书性质决定的。当然也许正是由这少数章的示范作用，后代字书多为有意义的文章形式，既可识字，又有意义，成为中国古代字书的特征。

《周驯》，简背有篇题，“驯”通“训”，是一种用于教育的文体，或说以教诲为内容的篇章习惯称“训”。[④]《汉书·艺文志》道家类著录有“《周训》十四篇”，但亡佚，北大竹书《周驯》应该就是这部书，它向我们证明了一种传统文体的基本形式。清华简中有《保训》，也是这一类文体。一般以“曰昔”二字引出内容，主要以古代王侯训诫后代的故事来进行教育，往往是记述古代王侯的事迹言论，不依从必会失众、国危乃至丧身，而遵循此道则“国安而身利”。较多使用祈使语气，加重了训诫意味。这不仅形成了一种独特的文体，而且借由这种文体，古代王侯传承的故事得以保存，有一定的文学价值。

《赵正书》，在第二枚简的简背写有篇题，其性质似为史论。记述重点并不在于记载历史事件本身，而是“以较大篇幅描述秦始皇临死前与李斯的对话、李斯被害前的陈词以及子婴的谏言等，并偶有作者的感言”[⑤]。“书”是一种文体，与张家山汉简中“书”指代典籍不同，应指对某段历史事实的感悟。可惜孤证无援，缺乏说服力。

---

① 北京大学出土文献研究所:《北京大学藏西汉竹书概说》,《文物》2011年第6期。

② 朱凤瀚：《北大汉简〈苍颉篇〉概述》，《文物》2011 年第 6 期。

③ 张鹏飞:《〈诗经〉篇题的语言学评价——汉语缩略构词的一个早期范式》，《燕山大学学报（哲学社会科学版）》2008 年第 1 期。

④ 阎步克：《北大竹书〈周驯〉简介》，《文物》2011 年第 6 期。

⑤ 赵化成：《北大藏西汉竹书〈赵正书〉简说》，《文物》2011 年第 6 期。

《反淫》从篇题看，“反淫”一般理解为反对过度放纵欲望[①]，“淫”字为过度，但“淫”字还有一个意思。段玉裁《说文解字注》认为：“淫，浸淫随理也。浸淫者，以渐而入也。”《反淫》一文旨意不仅在于反对过分放纵欲望，而且在于顺着物欲浸淫的脉理反其道而行之，寻找控制物欲的方法或遏制欲望发展的途径。所以“反”字表示文体，即后世的反文体。“反文”文体的特色是：形式上与原文相仿，而内容上则与原文相对。《文选》中“招隐”“反招隐”并列立类，《反淫》是目前发现的最早的反文。

江苏省连云港市东海县温泉镇尹湾村6号汉墓出土后，依据所出名谒和衣物疏，知其墓主人为东海郡功曹史师饶（字君兄），墓葬上限为汉成帝元延三年（前10），其文章特点可作为西汉晚期至王莽时期的代表。此墓出土共23枚木牍和133枚竹简。

《神乌傅》记载于编号114—133的简牍上，全文664个字，是一篇首尾基本完整的文学作品。“神乌傅”三字独立写在第132简正面，应为标题。其为文介于韵文与散文之间，讲究辞藻、对偶、用韵、铺陈。《神乌傅》为汉代俗赋研究提供了难得的珍贵资料。作为“西汉俗赋第一篇”，它体现了俗赋之本色，以及西汉时期俗赋的发展状态，在俗文学发展道路上开辟了新的轨道。《神乌傅》是汉代民间艺术发达的重要标志，对赋体研究有不同方面的学术价值。

三、分隔符号与尾题

有的文献虽无篇题，但有尾题，分为三种情况：一是计字尾题；一是计章数尾题；一是总结性尾题。尾题的存在显示了文章的完整性。

也有的是综合了两种情况而作，如马王堆帛书《老子》乙本有两篇：《德》与《道》，其文末分别有“德三千四十”“道二千四百廿六”字样，数字是计字尾题，“德”与“道”二字是对前文的总结和归纳，可作为标题看待。《老子》乙本前古佚书四种在篇末都有计字尾题。

① 傅刚、邵永海：《北大藏汉简〈反淫〉简说》，《文物》2011年第6期。

帛书因为整幅书写，其形制与竹书不同，与竹简相比可以更清楚地体现西汉文章的书写特征。如帛书《养生方》抄写于一整幅帛卷上，“目录抄写于卷首，下文在后。帛书卷首抄有小标题，下文每种方术抬头处都有与卷首相应的小标题。这一体例与帛书《五十二病方》是相合的”[①]。共有三十二个小标题。

郭店楚简《缁衣》末简写“二十又三”，记录的是简本全文的章数。

清华简第三辑《良臣》通篇连贯书写，中间用粗黑横线划分为二十个小段。记载十七个帝王七十二个良臣之名。以时间早晚为序，以帝王来划分段落，但无具体事迹，应属名册。第六辑《子犯子余》简首背面有篇题，并且有点断及结尾符号。书写在最后一简的简背面的篇题是为了方便什么呢？末简背面所题有时为篇题，但有时非为篇题，应该就是为了让读者明白文章的性质。

除了用标题来帮助读者理解文章之外，简帛文献还利用许多符号来划分篇章结构或提示读者进行阅读。银雀山汉简不仅大多数文章有计字尾题，如《客主人分》篇末有“五百一十四”，《起师》篇末有“百廿九”，《奇正》篇末有“四百八十七”，《五度九夺》篇末有“四百二字”，《十问》有“七百一十九”，《富国》有“七百五”等，而且还使用了大量符号。如标志段落的黑圆点和横道，标题简顶端的黑方块，黑横道和简言语中的句读号等，这些虽不能直接表示文体属性，但读者可以辨清语句层次，篇章类型，有利于顺利阅读。

还有一种形式是在篇章末尾写明抄写者的信息。如尹湾汉简《神乌傅》，在次末简写有标题，末简则写有抄写者信息。这体现了文章写作的整体意识，也明示了抄写者的责任。抄写者与作者分列，作者不标出，而是记录抄写者，这种传统一直保留到汉代石碑中。汉碑往往在最后刻有石工的名字，但关于碑文作者反而交代不明。

四、判断文体与简帛文献整理

在已出土的简帛文献中有明确标题的只占一少部分。大多数文献并无标题，

① 裘锡圭主编：《长沙马王堆汉墓简帛集成（陆）》，中华书局2014年版，第35页。

或由于残缺所致，或由于书写当时就没有标题。今天我们整理此类文献，可由文体出发来为原无标题的文献确定命名，使文献既称引方便，又符合时代特征。

郭店竹简可反映战国中期偏晚楚国古书面貌。郭店一号墓墓主人是楚国一位有田禄的上士。从墓葬形制和器物特征判断，郭店一号墓 M1 具有战国中期偏晚的特点，其下葬年代当在公元前 4 世纪中期至公元前 3 世纪初。

郭店楚简包括 13 种 18 篇先秦时期的文献，出土时已散乱残损，各篇皆无篇题，篇题由整理者拟加。我们似乎可以判定，在战国中期偏晚，楚国人对于文章形式还并不十分注意篇题的作用。

《清华大学藏战国竹简（贰）》于 2011 年出版。该辑收录了一部被命名为《系年》的历史文献，共有 138 支竹简，简背有排序的编号，最末一支简无编号，亦无篇题。现篇题《系年》为整理者根据其文字体例与内容所定。《系年》分为 23 章，记述了从西周初年一直到战国前期的历史事实，其体例近似于西晋初年汲郡战国墓葬中发现的《竹书纪年》。所记事件有许多不见于传世文献，对研究先秦古史具有重要价值。

《良臣》简文通篇连贯书写，主要记述黄帝以至春秋著名君主的良臣。《赤鹄之集汤之屋》具有浓厚的巫术色彩，为思想史研究提供了新颖材料。此二篇原无标题。《命训》原无标题，内容与《逸周书》的《命训》大致相合，当系本篇的战国写本。

《命训》《度训》《常训》三篇，同样是讲为政牧民之道，带有训诫性质，因此可以以“训”为篇题。《汤处于汤丘》原无篇题和序号，与《汤在啻门》形制、字迹相同，内容相关，属战国时期作品。《郑武夫人规孺子》无篇题，也是以对话形式为主。《管仲》无篇题，无次序编号。《郑文公问太伯》甲、乙及《子仪》无篇题，无次序编号。

甘肃放马滩秦简根据内容，可分为两类：一类是《日书》甲乙两种；一类是“丹”的生平记录。后者的简影及释文最早在何双全先生《天水放马滩秦简综述》[①] 一文刊布。本组简原无篇题，有学者认为本组简内容与墓主人生平有关。如何双

---

① 何双全：《天水放马滩秦简综述》，《文物》1989 年第 2 期。

全认为本组简为纪年文书，“系邽丞向御史呈奏的‘谒书’，叙述一个名叫‘丹’的人的故事”，推测丹为放马滩一号墓墓主，把这部分内容定名为《墓主记》。后李学勤据简影释出全文，并加以疏证，学者多遵循其说。2009年中华书局出版《天水放马滩秦简》以《志怪故事》之名公布了此组简牍的图版和释文。

李零认为，《志怪故事》题名并不合适，“简文中的丹仍有可能是墓主。古人的精神世界和我们不一样，他们是生活于人鬼共存的世界。他们相信，人的一生并非以死亡为终点。简文是按古人的心理来描写丹之死、丹之葬和丹之祭，不能视为文学虚构”[①]。将该部分内容归入“私人文件”中的“年谱类”。这给我们启示，为无标题的出土简帛题名应考虑古书的产生背景，应将文本归入相应的文体中去认识。

马王堆汉墓帛书《相马经》，原并无书名或篇名。赵逵夫提出两点问题：一、《经》文开头的“大光破章”四字，便是此篇的篇名或章名；二、这部帛书不是只有《大光破章》的《经》文，还包括《传》和《故训》。[②]“大光”即指眼而言。“破”，或者是“明”字之借（二字古音为近纽双声），或者为解析的意思。《礼记·中庸》：“故君子语大，天下莫能载焉；语小，天下莫能破焉。”《南齐书·王僧虔传》：“谈故如射，前人得破，后人应解。”“破”字均用为解析之义。从此篇的内容上看，全文从头到尾是讲马的眼睛及其周围部位的学问，而并没涉及马的其他部位的详细介绍；从简文的行文方式上看，首简的“大光破章”四字为单立句，与下文并不承接，由“有月出其上”，开始谈论马眼的具体形态，与起首四字并无语法上的联系。“大光破章”，意为相眼之章，则可谓名实相副。但如果以此四字为篇题，说明本简文只是一个章节，而非《相马经》的全部。作为系统的相马术，理当有更全面完整的文字记载，还有待进一步的发掘考察。

简帛书仪可以更直观地反映汉代人的交际方式。

睡虎地秦简有一则信札，开头是：“二月辛巳，黑夫、惊敢再拜问中、母毋

---

① 李零：《秦简的定名与分类》，《简帛》第6辑，上海古籍出版社2011年版，第5页。

② 赵逵夫：《马王堆汉墓出土〈相马经·大光破章故训传〉发微》，《江汉考古》1989年第3期。

恙也？”由自称、谦辞、问候语等形式，可判断其为书信，整理者命名为《黑夫惊信札》。这是一则保存早期书信形式的文献，从格式到语气都为后代书仪奠定了基础。

《建致中公、夫人书》《元致子方书》是1990年出土于甘肃敦煌悬泉置遗址的帛书私信。《建致中公、夫人书》帛书释文编入胡平生、张德芳《敦煌悬泉汉简释粹》[①]。本组简的开头简有如下内容："元伏地再拜请子方足下，善毋恙！"王冠英《汉悬泉置遗址出土元与子方帛书信札考释》："伏地，俯伏在地上。古人多用伏地表示恐惧。"《汉书·淮南衡山济北王传》："追念罪过，恐惧，伏地。"伏地后来即慢慢变成书信中表示谦敬的套语，以示下对上或同辈人之间的尊敬。再拜，拜了又拜，以示尊敬。《居延汉简》中"伏地再拜"之类的套语甚多，如"急谨伏地言""谨因使奉书，伏地再拜"等，跟本文用法相同。[②]胡平生、张德芳《敦煌悬泉汉简释粹》释此句为汉人书信开头客套语。元，发信者。伏地再拜，客套语。子方足下：收信人。子方，人名。[③]

这类私信虽无篇题，但其开头和结尾的形式有一定的模式，我们可以通过此考察汉代及以前书信写作的基本书仪。我国的书信文化经过历代的传承和发展，大体形成了为社会广泛认同的书信格式，一封通常意义上的书信，至少要包含以下几个部分：称谓语、提称语、思慕语、正文、祝愿语、署名。这些格式上的特点最晚形成于秦汉时期。

出土文献中包含大量有关医方的资料，这些医方大多不带有篇题，因为其性质为实用性文字。简帛中的医方不必指称篇章，而是自然地以病名来指称。

长沙马王堆西汉古墓出土医书分四篇，即《十问》《合阴阳方》《杂禁方》《天下至道谈》，内容以养生、服食、吐纳、房中为主，而尤以"房中"为详细，其抄写年代大致在秦汉之际。

---

① 胡平生、张德芳编撰：《敦煌悬泉汉简释粹》，上海古籍出版社2001年版。

② 王冠英：《汉悬泉置遗址出土元与子方帛书信札考释》，《中国历史博物馆馆刊》1998年第1期。

③ 胡平生、张德芳编撰：《敦煌悬泉汉简释粹》，上海古籍出版社2001年版，第188页。

《养生方》现存文字可辨识者共有27篇目，3000余字。内容主要为男性治疗或保养、女性治疗或保养、房中术和一般的养生补益等养生药方，是世界上现存最古老的有关养生学的专科文献之一。《养生方》还讲述了如何通过食补来提高人们的性功能，如何正确进行性生活对人体才是有益的，这对于了解古代养生学具有重要价值。

帛书《五十二病方》是迄今所见最早、最完整的古医方专著。全书达一万字，抄录于高约24厘米、长450厘米的长卷之后。这是马王堆三号墓出土医书中内容最丰富的一种。该书出土时本无书名，因卷前有目录列有52种病名，且目录之末有“凡五十二”的尾题，命名为《五十二病方》。它实际记载了医方283个，药名254种，涉及内科、外科、妇科、儿科和五官科等103种疾病的治疗医方。帛书所记的医方中，均以用药为主，包括外用、内服等法，此外还有灸、砭、熨、熏等多种外治法及若干祝由方，基本反映了药方写法的特点。

五、简帛篇题对我们的启发

通过以上考察，可见近年来出土古书的篇题不仅概括文章主旨，还可以指示文章的体式和功用，因为这些文章大多处于中国文章学源头的地位，可以引发我们对古书形式的联想。中国古代文章的基本功用就是实用，每一类文章都有特别的行文目的。篇题的形成及自觉标示，是一个渐进的过程。由出土文献的篇题或章节安排出发探索文本主旨及其蕴含的文体意识，进一步对先秦两汉文章的文体进行总体把握，认识出土文献所包含的传统基因、与文学文体的关系，对我们今天研究古代文章学具有一定的启示。

战国时期人们对于篇题并不十分重视，首先表现在不加篇题，其次从第一句中拣数字作为篇题，或者只有章题缺乏篇题。楚简是较早为文本命名的文献，篇题主要用来概括文本主旨，重点不在规定文章文体方面。只有极少数情况下是根据文本主旨和文体形式，兼顾二者拟作篇题，而这种文体本身具有较为鲜明的写作特点和论述程序，形成供后人模仿学习的文本，进而成为中国文章学史上的一种类型，如上博简《李颂》与《兰赋》等。

秦汉时期，篇题的重要性得以重视。简帛中的篇题有较为明显的构成规律，

即由两部分组成：一是文章内容主旨的概括、二是文体标识，如《道原》之“原”。但也有一类文章是注意到文章逻辑思维结构的特点，再结合文本主旨来命名，如《反淫》。秦简中有一部分是在简末提及文章类型，如北大秦简的《隐书》末简“此隐书也”，这不是篇题，但交代了此篇的性质，即文体为隐书。书写在末简背面的有时是篇题，但有时不是篇题，应该就是为了让读者明白文章的性质。

还有一部分简帛文献，篇题并非由这两大因素构成，而是根据文章中的某一主要人物命名，如《妄稽》《唐革》《厚父》。因为文中的主要内容是围绕着这个人物层层展开，这个人物为主线，故用以命名。但这类篇题不涉及当时人们的文体认识，不利于我们对此类文章文体进行判定。

古书篇题书写方式除了前文所引提到的三种之外还有一种就是末简文章末尾，置于第一简背面可方便检索。简册书写完毕后，一般卷起来放置。卷的方向可以是从左至右，也可以从右至左，这样书于第一简或末简背面的篇题就显露于外，便于索检。那么书于首简正面或末简正文之后的篇题，其目的是什么呢？当然是为了提示读者，为明了本篇文章的大意而概括的简短名称。

将篇题集中写在某一木牍上，是有意识地提供他人检索的一种方式，如银雀山汉简中的木牍用绳子捆扎在简册上，更是说明了这一点。“《孙子兵法》残木牍上保存了八个篇题，按其书写格式和所余间隔来看，原牍当有十三个篇题。因此，从银雀山木牍的内容和放置的形式来看，皆相当于现代书籍的目录，故可谓目录源起于此。”① 具有专门的木牍以记载竹书篇题的文献主要集中于尹湾、银雀山和阜阳汉简中。有学者在综合考察篇题木牍的情况之后，认为：“《七略》之前的所谓‘目录’主要是一书目录，相应的文献学问题主要是一书内部篇章结构及其关系，而不是群书目录所反映的文献与文献之间的关系。并且，一书目录只有‘目’而没有‘录’，具有十分明确的检索取向。”② 篇题木牍的存在说明汉代人对于一书之内容构成的理解，也可以反映汉代人文章观念的进步与完善。

出土简帛保存了文章的原始形态，由其篇题的标识可以挖掘古人的文体观

① 吴九龙释：《银雀山汉简释文》，文物出版社1985年版，第12页。

② 傅荣贤：《出土简帛中的篇题木牍及其相关目录学问题》，《国家图书馆学刊》2012年第1期。

念，重建富有我国民族特色的文体学系统。如《尚书》的“典谟训诰誓命”，另如“语”“篇”“箴”“盟”“论”等，还有“书”“原”“七”“反”“赋”等，更加细致地分辨古代文体，有助于我们体悟文本原意，考察文章发展源流。而关于尺牍类，从简的长度、容字等外观，到简文开头、结尾的套语使用等都形成了一定模式，虽无标题，但是实用文体的基本特征已经固定下来了。

今天研究古代文学，从大量文献中辨别文学作品，除了要遵循现代文学规律，由西方文学理论所规定的文体特点去挖掘文学作品的内部因素之外，还要参考古代人对待典籍的观念，即古代人是怎样处理和辨别这些文本的。我们应该注意到，古人除了在文字中表达自己的看法外，伴随着文本出现的其他内容，如文本材料出土时的物理原貌，简册所用的材料，文本材料的形制（如简长、编联情况），字的大小疏密，每一简的容字等。[①] 这一点要结合着古代社会的礼制来看待。因为礼的无处不在，文本材料的使用必然不是随意的，而应该是有所指的。这些应属辨别古书文体的外部因素。

出土简帛中的古书，大多处于先秦至汉初文学经典形成阶段，涉及传统文化中一些核心的内容，带有民族传统文化的基因。先秦两汉简帛所表现的不同内容和形态为当代学人提供了丰富多样的研究空间。探究先秦两汉文学文献篇题的命名原则及所带有的传统基因密码，可以为古代文学的进一步发展提供更多的思路和新的研究方向，也有助于重建具有中国特色的文学理论体系。将中国文学放回到原点上去研究非常紧迫，是下一步古代文学研究的立足点，是弘扬中华民族优秀传统文化的一个重要组成部分。

---

① 陈梦家：《由实物所见汉代简册制度》，《汉简缀述》，中华书局 1980 年版，第 291 ～ 315 页。

清华简《郑武夫人规孺子》考释

张崇礼

摘　要：本文先列清华简《郑武夫人规孺子》释文，然后选取我们认为正确的意见、我们自己的考释意见，用按语的形式列出；然后写出整理后的释文，把所有简文翻译成现代汉语；最后对整体文意做出了详细说明。

关键词：字词考释；翻译；文意说明

作　者：张崇礼（1972—），男，山东鄄城人，文学博士，济南大学出土文献与文学研究中心副教授，研究方向为文字学与训诂学。

奠（郑）武公翠（卒），既䆳（殔），武夫人规乳=（孺子），［一］曰：“昔虐（吾）先君，女（如）邦酒（将）又（有）大事，㢸（必）再三进夫=（大夫）而与之𢊁（偕）【1】圖（图）。［二］既旻（得）圖（图），乃为之毁。［三］圖（图）所臤（贤）者，女（焉）繡（申）之以龟箸（筮）。古（故）君与夫=（大夫）螽（宛）女（焉），不相旻（得）亞（恶）。［四］区=（区区）奠（郑）邦，【2】䁈（望）虐（吾）君，亡（无）不盈（逞）亓（其）志于虐（吾）君之君吕（己）也。［五］史（使）人姚（眺）䎽（问）于邦=（邦，邦）亦无大繇（徭）賻（赋）于万民。［六］虐（吾）君函（陷）【3】于大难之中，凥（处）于衛（卫）三年，不见亓（其）邦，亦不见亓（其）室。［七］女（如）母（毋）又（有）良臣，三年无君，邦豪（家）䜌（乱）已。【4】［八］自衛（卫）与奠（郑），若卑耳而旮（谋）。

［九］今是臣＝（臣臣），亓（其）可不宝？虐（吾）先君之祟（常）心，亓（其）可不述？［一〇］今虐（吾）君既〈即〉枼（世），乳＝（孺子）【5】女（如）母（毋）智（知）邦正（政），逗（属）之夫＝（大夫）。［一一］老妇亦䣝（将）丩（纠）攸（修）宫中之正（政），门坎之外母（毋）敢又（有）智（知）女（焉）。［一二］老妇亦不敢【6】以䍰（兄）弟昏（婚）因（姻）之言以𤔔（乱）夫＝（大夫）之正（政），乳＝（孺子）亦母（毋）以埶（亵）豎（竖）、卑御、勤力、䠶（射）駐（驭）、媞（嬖）妬（姹）之臣躳（穷）共（恭）亓（其）𢑥（颜）色，【7】盦（掩）于亓（其）考（巧）语，以𤔔（乱）夫＝（大夫）之正（政）。［一三］

［一］整理者：䬇，三体石经“逸”字古文，为喻母质部字，在此读为喻母物部的“殔”，意思是暂厝待葬。《逸周书·作雒解》：“武王……崩镐，殔于岐周。”《吕氏春秋·先识》：“威公薨，殔，九月不得葬。”均与简文类似。䛊，从李守奎说，读“规”，规劝。《左传·昭公十六年》：“子宁以他事规我。”①

［二］整理者：图，谋划。《尔雅·释诂》：“图，谋也。”

［三］晁福林：“毁”有“批评”之意，毁誉之“毁”即此意。此句意思为：得到计谋，让大臣对计谋有所批评（对计谋提出意见）。②

［四］整理者：𧖴，上博简《孔子诗论》中假借为“宛”。单育辰（网名“ee”）：“宛”整理者读为“晏”，不如读为“婉”更直接。③今按：《说文》：“婉，顺也。”“宛”也可训“顺”，如《管子·五行》：“天为粤宛，草木养长，五谷蕃实秀大。”尹知章注：“宛，顺也。”

［五］今按：望，瞻望、景仰。《周易·系辞下》：“君子知微知彰，知柔知刚，万夫之望。”孔颖达疏：“故为万夫所瞻望也。”《汉书·爰盎晁错传》：“是以天下乐其政，归其德，望之若父母，从之若流水。”

王挺斌：“盈亓志”其实读为“逞其志”更佳。古书“逞志”一词十分常见，

---

① 本文所引整理者意见均见于李学勤主编《清华大学藏战国竹简（陆）》，中西书局2016年版，第105～109页。

② 参见简帛网简帛论坛《简帛研读》“清华六《郑武夫人规孺子》初读”帖28楼刘孟瞻先生发言。

③ 见上引“清华六《郑武夫人规孺子》初读”帖7楼。

出土古文字材料中亦不少见。①

今按：君己，作自己的君主、统治自己。

［六］今按：姚，当读为“眺”。《国语·齐语》：“而重为之皮币，以骤聘眺于诸侯。”韦昭注：“眺，视也。”䎽，问也。眺问，巡视询问。

王挺斌：颇疑“繇賻（赋）”一词当直接读为“徭赋”，指的是徭役与赋税，《韩非子·诡使》：“习悉租税，专民力所以备难充仓府也。而士卒之逃事状匿附托有威之门以避徭赋，而上不得者万数。”②

［七］整理者：函，匣母侵部字，读为同部之“陷”，陷入。

整理者：室，《逸周书·度邑解》“矧其有乃室”，朱右曾《逸周书集训校释》：“室，家室。”

［八］王挺斌：“巳”字又出现在本册清华简《管仲》《子产》篇。“巳”“也”形音有别，“巳”字恐不能直接读为“也”。“巳”字有作为已止之词的用例，“已”字形其实是“巳”的分化。“已”字在古书中也常常作为句末语气词出现，用法有时候同“也”，有时候同“矣”。“巳”“矣”也有异文的例子，如今本《老子》第二章“天下皆知美之为美，斯恶已；皆知善之为善，斯不善已”，北大简本则作“天下皆智美之为美，亚（恶）已；皆智善之为善，斯不善矣”。“已”写作“”。或有学者认为类似用法的“巳”乃“矣”通假字。但是，“巳/已”的语气词用例既然那么丰富，其实也可以保留其虚词特性，不一定非得取消。③

［九］今按：与，操持、执掌。《方言》：“与，操也。”郭璞注：“谓操持也。”

整理者：卑，《穀梁传·僖公十五年》杨士勋疏：“犹近也。”

［一〇］整理者：是臣，这样的臣。其下“臣”字为动词。

单育辰（网名”ee”）：“可”不必破读为“何”。④

---

① 清华大学出土文献读书会：《清华六整理报告补正》，清华大学出土文献与保护中心网，2016年4月16日。

② 参见《清华六整理报告补正》。

③ 参见《清华六整理报告补正》。

④ 参见简帛网简帛论坛《简帛研读》“清华六《郑武夫人规孺子》初读”帖7楼。

王宁："宝"是珍惜、诊（今按：当为"珍"）视的意思。[①]

单育辰（网名"ee"）："述"是称述，引申为遵循之意。[②]

［一一］整理者：即世，亦见清华简《系年》第二章"武公即世"，整理者注："即世，意为亡卒。"

刘光：孺子女毋知邦政，女读为如。[③] 单育辰（网名"ee"）：若读为"如"，"如"应训为"不如"，参沈培先生《由上博简证"如"可训为"不如"》一文。[④]

整理者：属，《左传·襄公十九年》"仲子生牙，属诸戎子"，杜注："属，托之。"

［一二］整理者：纠修，治理。《左传·昭公六年》"纠之以政"，孔疏："纠，谓举治也。"《论语·尧曰》"修废官"，皇侃义疏："治故曰修。"

［一三］石小力："埶"，从楚简及古书用字习惯看，还是括注为"亵"较好。[⑤]

今按：媺，即"嬍"，古"美"字。妬，当读为"妊"。"石"，禅母铎部；"乇"，端母铎部。二者音近可通。[⑥]《玉篇·女部》："妊，美女也。"

今按：亵竖、卑御、勤力、射驭、嬍妊都是并列结构的名词，指庄公身边的人。亵竖，当是指负责贴身侍奉庄公的男性小吏。卑御，负责侍奉的女性奴仆。勤力，做体力活的奴仆。射驭，负责护卫、驾车的侍卫。嬍妊，妃嫔之类的侍妾。

今按：船，读为"穷"，极力、尽力。《说文·穴部》："穷，极也。"

整理者：卤，"盐"本字，字在喻母，读影母之"掩"，皆谈部字。《战国策·赵策二》"岂掩于众人之言"，鲍注："犹蔽。"

郑武公卒，既肂，武夫人规孺子，曰："昔吾先君，如邦将有大事，必再三进大夫而与之偕图。既得图，乃为之毁。图所贤者，焉申之以龟筮。故君与大夫

---

① 王宁：《清华简六〈郑武夫人规孺子〉宽式文本校读》，复旦大学出土文献与古文字研究中心网，2016年5月1日。

② "清华六《郑武夫人规孺子》初读"帖14楼。

③ 参见《清华六整理报告补正》。

④ "清华六《郑武夫人规孺子》初读"帖0楼。

⑤ 参见《清华六整理报告补正》。

⑥ 参见张儒、刘毓庆：《汉字通用声素研究》，山西古籍出版社2002年版，第425页【石通乇】条。

宛焉，不相得恶。区区郑邦，望吾君，无不逞其志于吾君之君已也。使人眺问于邦，邦亦无大繇赋于万民。吾君陷于大难之中，处于卫三年，不见其邦，亦不见其室。如毋有良臣，三年无君，邦家乱已。自卫与郑，若卑耳而谋。今是臣臣，其可不宝？吾先君之常心，其可不述？今吾君即世，孺子如毋知邦政，属之大夫。老妇亦将纠修宫中之政，门坎之外毋敢有知焉。老妇亦不敢以兄弟婚姻之言以乱大夫之政。孺子亦毋以亵竖、卑御、勤力、射驭、媺妊之臣穷恭其颜色，掩于其巧语，以乱大夫之政。”

郑武公去世，已经停柩待葬，武公夫人武姜规劝年幼的郑庄公说：“往日我们先君武公的时候，如果国家将要有重大的事情，必定一次又一次地召见大夫们，和他们一起谋议。有了意见以后，就对它批评讨论。对于好的意见，再通过占卜决定是否实施。所以君主和大夫们关系和顺，没有什么不愉快。小小的郑国，百姓佩服尊敬我们的君主，对他做自己的君主，都很满意。派人在国内视察询问，广大百姓也没有大的徭役赋税。我们的君主陷入巨大的灾难之中，留处在卫国三年，不能见到他的国家，也不能见到他的家人。如果没有贤良的臣子，三年没有君主，国家一定会混乱。先君身在卫国，执掌郑国，就像和大夫们在一起贴近耳朵谋划一样。现在这样的大臣做你的臣子，怎么可以不珍爱？我们先君一贯的做法，怎么可以不遵循？现在我们的君主去世了，幼子你不如不执掌国家政事，托付给大夫们。老妇我也只管理宫中的事务，宫门之外的事情不敢参与。老妇我也不敢因为兄弟和亲戚的话而扰乱大夫的政事，幼子你也不要因为身边的小臣、女奴、仆役、侍卫、侍妾极力恭敬他们的神色，就被他们的花言巧语所蒙蔽，因而扰乱大夫们的政事。

乳＝（孺子）女（如）共（恭）夫＝（大夫），虘（且）以教女（焉）。［一］女（如）及三戠（岁），幸果善之，乳＝（孺子）亓（其）童（重）旻（得）良【8】臣，［二］吏（使）戠（御）寇（寇）也，尃（敷）恩（图）于君。［三］昔虘（吾）先君（使）二三臣，归（抑）杲（早）寿（前）句（后）之以言，思（使）群臣旻（得）执女（焉）。［四］{虘（吾）}【9】臣、四罿（邻）以虘（吾）先君为能叙。［五］女（如）弗果善，殀（訾）虘（吾）先君而孤乳＝（孺子），亓（其）罪亦欧（资）娄（数）也。［六］邦人既聿（尽）䎽（闻）之，乳＝（孺子）【10】或延（诞）告。［七］虘（吾）先君女（如）忍乳＝（孺子）志＝（之

志），亦猷（犹）欭（资）。［八］虗（吾）先君舭（必）湇（将）相乳＝（孺子），以定奠（郑）邦之社禝（稷）。”［九］

［一］邬可晶（网名“紫竹道人”）：“教”不宜读为“学”。[①] 今按：教，教训、教导。

［二］今按：果，果真。《礼记·中庸》：“果能此道矣，虽愚必明，虽柔必强。”

重，再次、重新。《尔雅·释言》：“重，再也。”《广韵·用韵》：“重，更为也。”众大夫本即武公良臣，如能忠心侍奉，对庄公而言，就是重新得到良臣。

［三］整理者：戠，从吾得声，读“御”，皆疑母鱼部字。《国语·鲁语上》：“所以御乱也。”

今按：尃，读为“敷”，向君上进呈言辞。《尚书·舜典》：“敷奏以言，明试以功，车服以庸。”伪孔传：“敷，陈；奏，进也。”上博六《景公疟》第四简“塼情而不偷”、上博四《昭王毁室》第四简“仆将埮亡老，以仆之不得并仆之父母之骨，私自塼”的“塼”，我们亦曾读为“敷”，训为“陈”[②]，和这里的“尃”用法相同。敷图，进呈谋略。

［四］整理者：抑，训“则”，见《古书虚字集释》。

邬可晶（网名“紫竹道人”）：“前后”犹“先后”，《诗经·大雅·绵》“予曰有先后”，毛传：“相道前后曰先后。”[③]

网友 bulang：简九“思群臣得执焉”，“思”读为“使”似乎较顺。[④]

今按：执，持、持守。《广雅·缉韵》：“执，守也。”《礼记·中庸》：“诚之者，择善而固执之者也。”

［五］王宁：此当为“吾”之残泐，“吾臣”一词古书习见，意思是我的臣子，这里郑武夫人说的“吾臣”是指我郑国的群臣。[⑤]

---

① “清华六《郑武夫人规孺子》初读”帖 38 楼。

② 张崇礼：《释〈景公疟〉中的“敷情不偷”》，简帛研究网，2007 年 7 月 30 日。

③ “清华六《郑武夫人规孺子》初读”帖 38 楼。

④ “清华六《郑武夫人规孺子》初读”帖 16 楼。

⑤ 王宁：《清华简六〈郑武夫人规孺子〉宽式文本校读》。

整理者：叙，《周礼·司书》“以叙其财”，郑注：“犹比次也。”

［六］今按：殏，“欠”旁当是“次”之省，可分析为从死次声，《字汇补·歹部》：“殏，同 。”“殏”读为“訾”。次，清母脂部；此，清母支部。二者音近可通。①訾，不思报称其上之恩也。《说文》：“訾，不思称意也。从言此声。《诗》曰：‘翕翕訿訿。’”段注：“《释训》云：‘翕翕訿訿，莫供职也。’毛传云：‘翕翕然患其上，訿訿然不思称其上。’不思称其上者，谓不思报称其上之恩也。《大雅》传云：‘訿訿，窳不供事也。’二传辞义同。”

今按：孤，辜负。《史记·游侠列传》：“今拘学或抱咫尺之义，久孤于世，岂若卑论侪俗，与世沉浮而取荣名哉！”司马贞索隐：“言拘学守义之士，或抱咫尺纤微之事，遂久以当代，孤负我志。”《后汉书·明德马皇后纪》：“臣叔父援孤恩不报。”李贤注：“孤，负也。”朱骏声《说文通训定声》：“盖背恩之意。”

今按：趀，《字汇补·足部》：“趀，趀且，却行也。《易》：‘其行次且。’古本作趀。”《周易·夬》：“臀无肤，其行次且，牵羊悔亡。”高亨今注：“次且，借为趀跙，行不进之貌。”《集韵·脂韵》：“越，《说文》：‘越趄，行不进也。’或作趀。”趀，读为“资”，凭借、依靠。《篇海类编·珍宝类·贝部》：“资，凭。”《孟子·离娄下》：“则资之深。”朱熹集注：“资，犹藉也。”《文选·颜延年〈皇太子释奠会作诗〉》：“资此夙知，降从经志。”李善注：“资，犹藉也。”

整理者：数，《左传·昭公二年》“使吏数之”，杜注：“责数其罪。”

［七］单育辰（网名“ee”）：“孺子【10】或（又）延告”，“或”很明显应读为“又”。②

今按：诞告，广泛告知。《尚书·汤诰》：“王归自克夏，至于亳，诞告万方。”孔传：“诞，大也。以天命大义告万方之众人。”简文指把大夫们的罪过广泛告知郑国百姓。

［八］今按：忍，忍耐、容忍。《说文·心部》：“忍，能也。”王筠句读：“能读为耐。”《广雅·释言》：“忍，耐也。”《玉篇·心部》：“忍，含忍也。”

① 参见张儒、刘毓庆：《汉字通用声素研究》，山西古籍出版社2002年版，第512页。

② “清华六《郑武夫人规孺子》初读”帖14楼。

《尚书·汤诰》："尔万方百姓，罹其凶害，弗忍荼毒。"《论语·八佾》："是可忍也，孰不可忍也。"

今按：犹，可、可以。《玉篇·犬部》："犹，可也。"《诗经·魏风·陟岵》："上慎旃哉，犹来无止。"毛传："犹，可也。"

［九］今按：相，佑助。《尚书·盘庚下》："予其懋简相尔，念敬我众。"孔传："相，助也。"

孺子如恭大夫，且以教焉。如及三岁，幸果善之，孺子其重得良臣，使御寇也，敷图于君。昔吾先君使二三臣，抑早前后之以言，使群臣得执焉。［吾］臣、四邻以吾先君为能叙。如弗果善，訾吾先君而孤孺子，其罪亦资数也。邦人既尽闻之，孺子或诞告。吾先君如忍孺子之志，亦犹资。吾先君必将相孺子，以定郑邦之社稷。

幼子你不如恭敬大夫，并且教导他们。如果等到三年之后，有幸他们果然良善，幼子你将重获良臣，让他们抵御贼寇，给君主你献计献策。从前我们先君役使身边的大臣时，就预先用言语教导他们，使群臣得到遵守的准则。我们的臣民和四方邻国都认为先君能够合理安排事情的次序。大夫们如果不良善，不思报先君之恩而辜负幼子你，他们的罪行也可借以责备数说。国人都已经听说了大夫的罪行，幼子你再大告于郑国。先君如果容忍你的想法，他也可以做你的依靠。先君一定会帮助你，来安定郑国的社稷。

乳＝（孺子）拜，乃虞（皆）临。［一］自是【11】旮（期）以至瓶（葬）日，乳＝（孺子）母（毋）敢又（有）智（知）女（焉），詎（属）之夫＝（大夫）及百执事。［二］人虞（皆）思（惧），各共（恭）亓（其）事。

［一］整理者：临，哭吊。《左传·宣公十二年》"卜临于大宫"，杜注："哭也。"《仪礼·士虞礼》："宗人告有司具，遂请拜宾。如临，入门哭，妇人哭。"郑注："临，朝夕哭。"

［二］今按：期，《广雅·释言》："期，时也。"自是期以至葬日，从这时直到下葬的日子。

孺子拜，乃皆临。自是期以至葬日，孺子毋敢有知焉，属之大夫及百执事。人皆惧，各恭其事。

庄公拜谢武姜，于是和武姜一起哭武公。从这时起一直到下葬的日子，庄

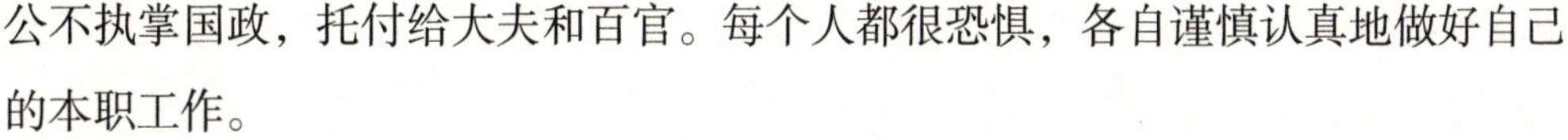

公不执掌国政，托付给大夫和百官。每个人都很恐惧，各自谨慎认真地做好自己的本职工作。

㝵（边）父规夫=（大夫）曰："君共（拱）而【12】不言，［一］加䡅（重）于夫=（大夫），［二］女（汝）訢（慎）䡅（重）君䘮（葬），而旧（久）之于上。"［三］

［一］整理者：共，读为"拱"。拱默，古习语，见《汉书·王贡两龚鲍传》，《潜夫论·贤难》作"共默"。今按：拱谓不动手。《汉书·英布传》："今抚万人之众，无一人渡淮者，阴拱以观其孰胜。"颜师古注："敛手曰拱……言不动摇，坐观成败也。"简文指庄公不理政事。

［二］今按：重，权力、权势。《荀子·臣道》："有能抗君之命，窃君之重，反君之事，以安国之危，除君之辱，功伐足以成国之大利，谓之拂。"

［三］今按：久，等待。《银雀山汉墓竹简〔贰〕·论政论兵之类·五名五恭》："轩骄之兵，则共（恭）敬而久之。"①

边父规大夫曰："君拱而不言，加重于大夫，汝慎重君葬，而久之于上。"

三月，少（小）羕（祥），夫=（大夫）聚㮂（谋），乃吏（使）㝵（边）父于君曰：［一］"二三老【13】母（毋）交于死，［二］今君定，龏（拱）而不言，二三臣吏（事）于邦，遑=女=（惶惶焉，焉）宵（肖）昔（错）器于巽贇（藏）之中，母（毋）乍（措）手止，［三］㣇（殆）于【14】为败，者（胡）寍（宁）君？［四］是又（有）臣而为埶（亵）辟，几（冀）既臣之获罪，或辱虘（吾）先君，曰：'是亓（其）聿（荩）臣也！'"［五］

［一］整理者：小祥，祭名。《仪礼·士虞礼》"期而小祥"，郑注："小祥，祭名。祥，吉也。期，周年。"《礼记·间传》："父母之丧，既虞卒哭，疏食水饮，不食菜果。期而小祥，食菜果。"

［二］今按：交，交接、接触。《周易·泰》："天地交而万物通也。"孔颖达疏："由天地气交而生养万物。"《荀子·儒效》："是言上下之交不相乱也。"杨倞注："交，谓上下相交接也。"死，死刑、死罪。《周易·中孚》："君子

① 银雀山汉墓竹简整理小组编：《银雀山汉墓竹简〔贰〕》，文物出版社 2010 年版，第 153 页。

以议狱缓死。”孔颖达疏：“缓舍当死之刑也。”毋交于死，没有犯死罪、没有大的罪过。

［三］整理者：惶惶焉，即惶惶然。

今按：宵，读为“肖”，“肖”与“宵”常通用。《战国策·赵策四》：“老臣贱息舒祺最少不肖。”汉帛书本肖作宵。《战国策·魏策二》“周宵”，《魏策四》作“周肖”。《老子》：“天下皆谓我道大，似不肖。夫唯大，故似不肖；若肖久矣，其细也夫。”汉帛书甲本、乙本肖作宵。[①] 肖，相似、类似。《尚书·说命上》：“乃审厥象，俾以形旁求于天下，说筑傅岩之野，惟肖。”孔传：“肖，似。”

昔，读为“错”，间杂、混杂。《广雅·释诂四》：“错，厕也。”《集韵·铎韵》：“错，杂也。”《尚书·禹贡》：“厥赋惟上上错，厥田惟中中。”孔传：“上上，第一。错，杂，杂出第二之赋。”

巽，楚货贝名。古籍亦写作选、馔、撰、锾等。

藏，储存东西的地方。《玉篇·艹部》：“藏，库藏。”

焉肖错器于巽藏之中，于是像把普通器具混杂在钱库里一样，这里喻指以大夫的身份行使国君的权力。

整理者：乍，读为“措”。止，《仪礼·士昏礼》“皆有枕，北止”，郑注：“足也。”《论语·子路》：“则民无所措手足。”

［四］单育辰（网名”ee”）：《郑武夫人规孺子》简14与简15可直接编联，“殆于为败”非常通顺，中间不必再有缺简。

今按：殆，畏惧。《淮南子·说林训》：“月照天下，蚀于詹诸；腾蛇游雾，而殆于蝍蛆。”高诱注：“殆，犹畏。”

为，有。《周易·夬》：“壮于前趾，往不胜，为咎。”俞樾《群经平议·周易一》：“为咎，犹有咎也……为可训有，有咎而曰为咎，亦犹有闲而曰为闲也。”《孟子·滕文公上》：“夫滕，壤地褊小，将为君子焉，将为野人焉。”赵岐注：“为，有也。”

败，祸灾、祸乱。《尚书·微子》：“商今其有灾，我兴受其败。”桓宽《盐

① 参见高亨纂著，董治安整理：《古字通假会典》，齐鲁书社1989年版，第800页。

铁论·诛秦》："今匈奴蚕食内侵，远者不离其苦，独边境蒙其败。"

胡，代词，表示反问，怎么、怎样。《诗经·邶风·日月》："胡能有定？宁不我顾！"《国语·周语上》："夫民虑之于心而宣之于口，成而行之，胡可壅也！"

宁，使安宁、使安定。

［五］今按：亵，污秽。《资治通鉴·汉纪四》："辞极亵嫚。"胡三省注："亵，污也。"辟，邪僻。《诗经·大雅·荡》："疾威上帝，其命多辟。"郑玄笺："'疾，病人'者，重赋敛也；'威，罪人'者，峻刑法也。其政教又多邪辟，不由旧章。辟，匹亦反。本又作僻。"《管子·乘马》："民之生也，辟则愚，闭则类。"王念孙《读书杂志·管子一》："言民之性，入乎邪辟则愚，由乎中正则善也。"为亵辟，做卑鄙邪僻之事，简文指向庄公进谗言。

几，读为"冀"，希望。

整理者：曰，训为"谓"，见《古书虚字集释》。荩臣，《诗经·文王》毛传训"荩"为"进"。《说文通训定声》："荩，假借为进，进献忠诚。"简文是说诸臣原为先君进任之人。

三月，小祥，大夫聚谋，乃使边父于君曰："二三老毋交于死，今君定，拱而不言，二三臣事于邦，惶惶焉，焉肖错器于巽藏之中，毋措手止，殆于为败，胡宁君？是有臣而为亵辟，冀既臣之获罪，或辱吾先君，曰：'是其荩臣也！'"

到了三月，举行了武公去世周年的祭祀，大夫们聚在一起商议，于是派边父去对庄公说："几位老臣没有犯大的罪过，现在君主你已经安定下来，却不亲理国事、不说话，诸位臣子治理国家，惶恐不安，就像把普通器物放在钱库里，手足无措，不知如何是好。只怕犯错获罪，哪里还能安定君主呢？这是有臣下进谗言，希望一方面臣子们获罪，另一方面又侮辱我们的先君，说：'这都是他选用的臣子！"

君畣（答）㝵（边）【15】父曰："二三夫＝（大夫）不尚（当），母（毋）然。［一］二三夫＝（大夫）膚（皆）虐（吾）先君斋＝（之所）付孙也。［二］虐（吾）先君智（知）二三子之不忎＝（二心），甬（用）㢘（兼）受（授）之【16】邦。［三］不是（啻）然，或爯（称）记（起）虐（吾）先君于大难之中。［四］今二三夫＝（大夫）畜孤而乍（作）女（焉），几（冀）孤其欧（资）为免（勉），归（抑）亡（无）女（如）【17】虐（吾）先君之惪（忧）可（何）？［五］

［一］今按：当，恰当，适当。不当，犹不对。毋然，不是这样。

［二］黄杰（网名“暮四郎”）：“付”当作本字理解，即托付义。

整理者：孙，《礼记·表记》“诒厥孙谋”，孔疏：“谓子孙。”

［三］兼，从李守奎先生释。[①] 陈剑：“兼”作总括副词，义为“俱、同时”，这里的语义指向是“授之邦”的“之”，即前文之“二三子”，正是多数名词。[②]

［四］黄杰（网名“暮四郎”）：“是”当读为“啻”，上古“是”声、“帝”声之字常常通用。“不是（啻）然”即不止如此。[③]

今按：称，举起。《尚书·牧誓》：“称尔戈，比尔干，立尔矛，予其誓。”孔传：“称，举也。”《诗经·豳风·七月》：“跻彼公堂，称彼兕觥，万寿无疆。”

［五］今按：畜，读为“慉”，扶持。《说文·心部》：“慉，起也。从心畜声。《诗》曰：‘能不我慉。’”桂馥义证：“起，如《晋语》‘世相起也’之‘起’。韦注云：‘起，扶持也。’”

作，《说文·人部》：“作，起也。”

单育辰（网名“ee”）：按“几”应读为“冀”，“冀”是希望的意思，“几”“冀”相通之例甚多，参《古字通假会典》第375页。

今按：其，表希望。资，凭借、依靠。“资”后省略了宾语“二三大夫”。免，读为“勉”，勉力、努力，《荀子·王制》：“使百吏免尽，而众庶不偷，冢宰之事也。”王念孙《读书杂志·荀子补遗》：“免尽，当为尽免。免与勉同。尽勉，皆勉也。勉与偷对文。”

今按：抑，则。无如……何？表示无法对付或处置。《礼记·哀公问》：“寡人既闻此言也，无如后罪何！”

吾先君之忧，简文指武公的丧事。《尚书·说命上》：“王宅忧，亮阴三祀。”孔颖达疏：“言王居父忧。”

---

① 李守奎：《〈郑武夫人规孺子〉中的丧礼用语与相关的礼制问题》，《中国史研究》2016年第1期。

② 陈剑：《简谈对金文“蔑懋”问题的一些新认识》，复旦大学出土文献与古文字研究中心网，2017年5月5日。

③ “清华六《郑武夫人规孺子》初读”帖19楼。

君答边父曰："二三大夫不当，毋然。二三大夫皆吾先君之所付孙也。吾先君知二三子之不二心，用兼授之邦。不啻然，或称起吾先君于大难之中。今二三大夫慉孤而作焉，冀孤其资为勉，抑无如吾先君之忧何？"

庄公回答边父说："诸位大夫不对，不是这样。诸位大夫都是我先君用来托付子孙的人。我先君知道诸位大夫没有二心，所以把郑国授予你们。不止如此，诸位大夫又在大难之中扶助先君。现在诸位大夫扶持我，希望我借此努力治理国家，可是无奈先君的丧事啊！

"郑武公卒，既肂，武夫人规孺子。"武公去世，刚刚陈尸待葬，武夫人本应陷于极度的悲痛之中，但她抢先下手，开始为日后的政局谋划。

"昔吾先君，如邦将有大事，必再三进大夫而与之偕图。既得图，乃为之毁。图所贤者，焉申之以龟筮。故君与大夫宛焉，不相得恶。区区郑邦，望吾君，无不逞其志于吾君之君己也。使人眺问于邦，邦亦无大傜赋于万民。"她先从武公生前和诸大夫良好的君臣关系说起，为实现自己阻碍庄公顺利执政的野心张目。

"吾君陷于大难之中，处于卫三年，不见其邦，亦不见其室。如毋有良臣，三年无君，邦家乱已。自卫与郑，若卑耳而谋。今是臣臣，其可不宝？吾先君之常心，其可不述？"武夫人所说的"大难"，应该就是指桓公与幽王一起被犬戎所杀。从此段和后文庄公的答语可以明显看出，武公是先做郑国国君，后逢大难，这是因为郑桓公为郑国始封之君，在朝为卿士，并未就国，这和周公封鲁而伯禽就封为鲁之国君是一个道理。此后武公为何处于卫三年，具体原因我们还不得而知，或许是因为桓公葬于卫，不能迁入郑国，所以武公必须在卫给桓公守丧。武公处卫，不能亲理国政，这只是特殊情况下不得已而为之，并非定例，她却说成是武公之"常心"，要求庄公遵守，其目的自然是逼迫庄公放弃执掌国政。

"今吾君即世，孺子如毋知邦政，属之大夫。老妇亦将纠修宫中之政，门坎之外毋敢有知焉。老妇亦不敢以兄弟婚姻之言以乱大夫之政。孺子亦毋以亵竖、卑御、勤力、射驭、嬍姹之臣穷恭其颜色，掩于其巧语，以乱大夫之政。"为了达到目的，武夫人以退为进，声称自己并没有觊觎权力的野心，从而胁迫庄公也放弃权力，把政事全权委托给大夫们处理。

"孺子如恭大夫，且以教焉。如及三岁，幸果善之，孺子其重得良臣，使御寇也，敷图于君。昔吾先君使二三臣，抑早前后之以言，使群臣得执焉。（吾）臣、

四邻以吾先君为能叙。如弗果善，訾吾先君而孤孺子，其罪亦资数也。邦人既尽闻之，孺子或诞告。吾先君如忍孺子之志，亦犹资。吾先君必将相孺子，以定郑邦之社稷。”委权于大夫，并非武夫人真正的目的。她明白，大夫们作为武公忠诚的臣子，是庄公天然的盟友，必须离间庄公和大夫们的关系，使之两败俱伤，她才能趁机从中谋利。“不在其位，不谋其政。”庄公不掌国政，委权于大夫，已经是把大夫们放在火上烤，武夫人进一步提出“且以教焉”“早前后之以言”，更分明是设好圈套，把大夫们往里推了。“早前后之以言，使群臣得执焉”非常重要，也是理解本文的关键。表面上看武夫人是为庄公着想，让他得到一个鉴别群臣的机会，实际上，凡是有点职场经验的人都知道，俗话说“干的不如看的”，干的活儿越多，出错的概率就越大，何况大夫们还是越俎代庖！何况这个站在一旁看的领导还瞎指挥！大夫们想不获罪都难。

“孺子拜，乃皆临。自是期以至葬日，孺子毋敢有知焉，属之大夫及百执事。人皆惧，各恭其事。”庄公少年老成，城府很深，佯装不知，不露声色。大夫们也是明白人，深知自己的处境，唯有恭谨行事。

“边父规大夫曰：‘君拱而不言，加重于大夫，汝慎重君葬，而久之于上。’”边父不愧为大夫们的主心骨，沉着冷静，没有轻举妄动，而是静待其变。这里我们要特别注意“不言”，这是对前文“且以教焉”“早前后之以言”的照应。庄公并没有对武夫人言听计从，他避开了关键的陷阱。

“三月，小祥，大夫聚谋，乃使边父于君曰：‘二三老毋交于死，今君定，拱而不言，二三臣事于邦，惶惶焉，焉肖错器于巽藏之中，毋措手止，殆于为败，胡宁君？是有臣而为亵辟，冀既臣之获罪，或辱吾先君，曰：“是其荩臣也！”’”边父道出了大夫们的真实心态，落脚点却是“胡宁君”。《韩非子·说难》：“凡说之难：在知所说之心，可以吾说当之。”边父可谓知庄公之心矣！武夫人剑锋所向，边父心知肚明，又无法捅破这层窗户纸，也只能以“有臣”称之。更妙的是“或辱吾先君，曰：‘是其荩臣也！’”拿武公说事儿，表明的却是自己和大夫们的忠心：庄公继位，自然是武公的心愿；大夫们为武公所选，当然也忠于武公。如果大夫们获罪，则有辱武公察人之明。前面武夫人不是处处拿武公压庄公吗？现在边父告诉你，她其实是在羞辱武公。

“君答边父曰：‘二三大夫不当，毋然。二三大夫皆吾先君之所付孙也。

吾先君知二三子之不二心，用兼授之邦。不啻然，或称起吾先君于大难之中。今二三大夫慉孤而作焉，冀孤其资为勉，抑无如吾先君之忧何？' ”初读简文，有一个问题我们始终不明白，整篇似乎主要是讲武夫人如何阴险老辣，设下重重机关，请庄公入彀，但庄公似乎未能做出任何反击。郑庄公作为历史上著名的“心机婊”，如不能成功摆平此事，好像也不是他的风格。仔细体会庄公的答语，也没有什么出奇之处，前几句都是安抚，主要讲先君武公对大夫们的信任，实际上就是讲自己对他们的信任。最后一句说自己也想在大夫们的辅佐之下振作起来，有所作为，可无奈的是，要为武公守丧啊！

然而统观全文，我们不得不佩服庄公实在高明，于云淡风轻之间，随手就化解了对手的攻势。我们再来重复一下武夫人的如意算盘：逼迫庄公委权于大夫，制造庄公和大夫们之间的矛盾。她以为庄公年少气盛，必然急于上位，所以一方面剥夺他执政的权力，一方面又挑唆他对大夫们指手画脚，即“教焉”“早前后之以言”。如果庄公中计，君臣之间必将产生激烈的斗争。可让武夫人没想到的是，这个少年竟然能如此隐忍，他选择了“不言”，真的安心把国家大事都全权托付给大夫们，没有产生任何矛盾。因为庄公清楚，大夫们是他的盟友，后来边父的话也验证了这一点。只要权力还在大夫们手中，他自己就是安全的。如此一来，局势就很明朗了：庄公只要能稳住大夫们，就能使自己立于不败之地。

明白了这些，回过头来再看最后边父和庄公之间的对话，他们各自的言外之意就都清楚了。边父说，武夫人这是在害咱们，您可别上当哪！注意，是“咱们”，包括大夫们和庄公双方。大夫们处境危险，弄不好会动辄得咎（毋措手止，殆于为败）；大夫们遭了殃，庄公也没有好下场（胡宁君）。庄公说，我知道，我相信你们，咱们是一伙儿的！边父说，武夫人给咱们使坏（是有臣而为亵辟），您不惩罚她一下吗？庄公说，虽然你们支持我，希望我这样做（今二三大夫慉孤而作焉，冀孤其资为勉），可我年纪尚幼，羽翼未丰，时机还未到，暂时忍一忍吧（抑无如吾先君之忧何）。

文中武夫人和庄公及大夫们斗法，犹如高手对弈，看似平淡无奇，实则步步惊心。郑庄公一生功业辉煌，于此亦可看出端倪。他洞明世事又从容镇定，真乃人中豪杰！大部分时间里庄公都没有什么表现，让人误以为是一个懵懂无知的少年，最后寥寥数语似乎也无出奇之处，但一切尽在掌握。反复思考之后读者才恍

然大悟，原来他才是高手之中的高手！文章作者的叙事技巧也实在让人折服。

参考文献：

何有祖：《读清华六短札（三则）》，简帛网，2016年4月19日。

简帛网－简帛论坛－简帛研读“清华六《郑武夫人规孺子》初读”帖。

蒋伟男：《简牍“毁”字补说》，简帛网，2016年4月23日。

李守奎：《〈郑武夫人规孺子〉中的丧礼用语与相关的礼制问题》，《中国史研究》2016年第1期。

李守奎：《释楚简中的“规”——兼说“支”亦“规”之表意初文》，《复旦学报（社会科学版）》2016年第3期。

李学勤主编：《清华大学藏战国竹简（陆）》，中西书局2016年版。

庞壮城：《〈清华简（陆）〉考释零笺》，简帛网，2016年4月27日。

清华大学出土文献读书会：《清华六整理报告补正》，清华大学出土文献与保护中心网，2016年4月16日。

王宁：《清华简六〈郑武夫人规孺子〉宽式文本校读》，复旦大学出土文献与古文字研究中心网，2016年5月1日。

尉侯凯：《清华简六〈郑武夫人规孺子〉编连献疑》，简帛网，2016年6月9日。

清华简《越公其事》“徧”①字补说*

何家兴

摘　要： 清华简（柒）《越公其事》简59中的“□”字，整理者隶作“䙴”，读作“躐”，表示逾越、凌越之意。本文根据楚简中的“徧”及从“扁”之字，结合古书辞例，认为“□”字可能是“徧”。

关键词：《越公其事》；䙴；徧

作　者： 何家兴（1981—），安徽无为人，济南大学出土文献与文学研究中心副教授，博士，研究方向为出土文献、古典文学。

清华简（柒）《越公其事》简59有字作：

□敾（禁）御莫～　　□亡敢～命

该字整理者隶作“䙴”，读作“躐”，并认为：“躐，逾越，不守规矩。越王身边的亲近不敢凌越不尊，民乃整饬。”“躐命，不听从命令。”②

我们认为该字可能是“徧”。“徧”及从“扁”之字见于楚简。

* 本文为2018年度国家社科基金项目《清华简用字整理与研究》（项目编号：18BYY143）的阶段性成果。

① “徧”字现为“遍”的异体字，但本文为行文方便，保留此字。

② 李学勤主编：《清华大学藏战国竹简（柒）》下册，中西书局2017年版。

1 偏 郭店・六德 43 道不可～也，能守一曲焉。

2 敲 郭店・六德 40 君子于此一～者无所废。

郭店・六德 41 是故先王之教民也，不使此民也忧其身，失其～。

3 褊 清华六・子仪 9 昔之～可（兮）余不与。

清华六・子仪 10 今兹之～，余或不与。

郭店楚简中的"偏"字，刘国胜先生首释，陈伟、刘钊两位先生进行过补释。刘国胜先生释《六德》中的"偏"字右边从二册从曰，应是"册"字的繁写，故应隶定作"徧"，释为"偏"。[①]陈伟在《〈大常〉校释》一文中，从"支"的两形进行了分析，他同意刘国胜先生认为右边所从为"册"的意见，指出从册从支"疑当释为'编'，指编连竹简、栅栏一类物品，在此似读为'偏'"[②]。刘钊先生深入系统探讨了"瘪"字，历时梳理了战国楚简、秦汉简帛、传世字书中的"扁"及相关诸字，分析"扁"字初形所从的"日"讹变成了"自"，"册"又讹变成了"仑"。[③]相关字形演变可参看该文。

下面简要谈谈相关内容。

关于《六德》中的"道不可偏也，能守一曲焉"，刘国胜先生引用《庄子・天下》"不该不遍，一曲之士也"，陈伟先生列举《荀子・天论》"万物为道一偏，一物为万物一偏，愚者为一物一偏"与《六德》"君子于此一偏者无所废"相对照，十分通畅。

子居先生（单育辰）考释出清华简《子仪》中的"褊"字，并读为"编"。[④]我们认为非常准确，相关原本如下：昔之褊（编）兮余不与，今兹【9】之褊（编），余或不与，夺之绩可兮而奋之！织纴之不成，吾何以祭稷？

《子仪》篇中的外交隐语不易理解。我们认为子居先生的观点值得重视。该

---

① 刘国胜：《郭店竹简释字八则》，《武汉大学学报（哲学社会科学版）》1999年第5期。

② 陈伟：《〈大常〉校释》，《郭店竹书别释》，湖北教育出版社2002年版，第132页。

③ 刘钊：《"瘪"字源流考》，《书馨集——出土文献与古文字论丛》，上海古籍出版社2013年版，第305～319页。

④ 子居：《清华简〈子仪〉解析》，http://xianqin.byethost10.com/2016/05/11/333。

句通过编织之事，隐喻秦楚连手。特别是联系“织纴”一词，释“褊（编）”比较可信。

《越公其事》简58、59相关内容如下：歕（禁）御莫【58】偏（偏），民乃（敕）齐。王监雩（越）邦之既苟（敬），亡敢偏（偏）命（令），王乃试民。

该段讲述越王身边的亲近不敢不公正，无有结党营私。我们认为“偏”读“偏”。《尚书·洪范》“无偏无陂，遵王之义”“无偏无党，王道荡荡”，《潜夫论·释难》“无偏无颇，亲疏同也”等，可与对读。关于“偏（偏）命”，我们怀疑即承上所说的“禁御无敢偏（偏）命”，意思是禁御不敢行不正之令，越王于是试民。

清华简《越公其事》简3“挟弪秉橐”臆说
——兼论从“𦥑”诸字

罗小华

摘　要：清华简《越公其事》简3中的“挟弪秉橐”，可以有三种不同的理解。“𦥑”可径释为“挟”；“橐”可读为“弣”，指“弓把”；“弪”读为“茎”，却不必视为“剑茎”，可以理解为“箭茎”，即箭干。《国语·吴语》“挟经秉枹”中的“经”，也可以有两种不同的理解，即“剑茎”和“旗竿”。曾侯乙墓简中从“𦥑”诸字，都应读为“帟”，指车帟。而金文人名中从“𦥑”诸字，仍可读为“叶/祭”。

关键词：清华简；《越公其事》；挟弪秉橐

作　者：罗小华（1982—），湖南衡南人，长沙市文物考古研究所副研究馆员，博士，研究方向为出土文献。

清华简《越公其事》简3中记有“挟弪秉橐”：“𧆞（吾）君天王，以身被甲䩜（胄），𢾊（敦）力鈠鎗（枪），𨑃（挟）弪秉橐（枹），𧷸（振）鸣……”整理者指出：“𨑃弪秉橐，《国语·吴语》作‘挟经秉枹’，韦昭注：‘在掖曰挟。’𨑃，与陈剑所释曾侯乙墓竹简‘𨑃’字相近（《释‘𨑃’及相关诸字》，《出土文献与古文字研究》第5辑，上海古籍出版社2013年版）。𨑃，从母叶部；挟，

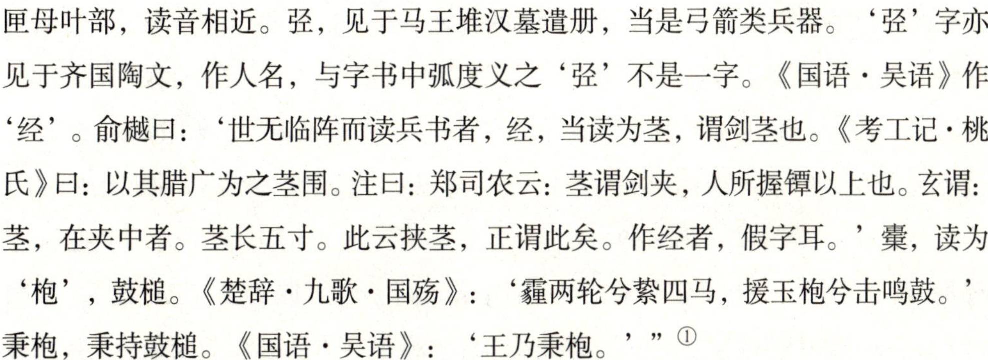

匣母叶部，读音相近。弪，见于马王堆汉墓遣册，当是弓箭类兵器。‘弪’字亦见于齐国陶文，作人名，与字书中弧度义之‘弪’不是一字。《国语·吴语》作‘经’。俞樾曰：‘世无临阵而读兵书者，经，当读为茎，谓剑茎也。《考工记·桃氏》曰：以其腊广为之茎围。注曰：郑司农云：茎谓剑夹，人所握镡以上也。玄谓：茎，在夹中者。茎长五寸。此云挟茎，正谓此矣。作经者，假字耳。’橐，读为‘枹’，鼓槌。《楚辞·九歌·国殇》：‘霾两轮兮絷四马，援玉枹兮击鸣鼓。’秉枹，秉持鼓槌。《国语·吴语》：‘王乃秉枹。’”[①]

“挟”，我们认为，不需要释为“疌”，读为“挟”，可径释为“挟”，详下文。

“挟经秉枹”，《国语·吴语》中凡三见：“十行一嬖大夫，建旌提鼓，挟经秉枹。十旌一将军，载常建鼓，挟经秉枹。……昧明，王乃秉枹，亲就鸣钟鼓、丁宁、錞于，振铎，勇怯尽应，三军皆哗扣以振旅，其声动天地。”[②] 关于这四个字的解释，存在以下几种可能：

一、如果撇开《国语·吴语》的记载，仅从清华简的上下文来看，“挟弪”属上读，而“秉橐”属下读，也是可以讲通的：“（吾）君天王，以身被甲冑（胄），勃（敦）力鋄、鎗（枪）、挟、弪，秉橐（枹）慁（振）鸣……”整理者指出：“敦力，致力。鋄，某种兵器，或疑‘鈠’字之讹，即‘殳’字异体。……或与锋刃有关。第二章有‘敦刃’、第三章有‘敦齐兵刃’。鎗，读为‘枪’，长兵。”[③] 而“弪”在马王堆遣策简中为“弓箭类兵器”。这样看来，“挟”也应该是某种兵器，可读为“铗”。《玉篇·金部》《集韵·帖韵》：“铗，剑也。”[④] 下句的“秉橐（枹）”，正可与“慁（振）鸣”相对应。

二、如果结合《国语·吴语》的记载来看，清华简简文仍从整理者的句读，

---

① 李学勤主编：《清华大学藏战国竹简（柒）》，中西书局2017年版，第114页、第115～116页注10。

② 徐元诰撰，王树民、沈长云点校：《国语集解》，中华书局2002年版，第549～550页。

③ 李学勤主编：《清华大学藏战国竹简（柒）》，中西书局2017年版，第115页注9。

④ 顾野王：《大广益会玉篇》，中华书局1987年版，第83页；丁度等编：《宋刻集韵》，中华书局1989年版，第225页。

又可以有两种理解方式：1. 即清人俞樾的解释，详见整理者的注释。2. 将“橐”理解为兵器。“橐”，我们怀疑读“弣”。《玉篇·刀部》：“𠛪，刀握也。或为弣。”[①]《仪礼·大射》“挟乘矢于弓外，见镞于弣”，郑玄注：“弣，弓把也。”[②]《释名·释兵器》：“弓，……中央曰弣。弣，抚也，人所抚持也。”毕沅注：“中央，人手所握处也。”[③]《周礼·考工记·弓人》“于挺臂中有柎焉”，孙诒让正义：“柎，正字当作‘𠛪’。刀握者及《少仪》之‘削拊’。……盖刀削弓弩之把，同有此称。”[④]既然“橐”可读为“弣”，指“弓把”，那么，“弳”读为“茎”，却不必视为“剑茎”，可以理解为“箭茎”，即箭干，也是可以的。文献中虽然没有将“茎”训释为“箭茎”的例子，却有将“笴”训释为“箭茎”的例子。《仪礼·乡射礼》“堂前三笴”，郑玄注：“笴，矢干也。”[⑤]《广韵·哿韵》：“笴，箭茎也。”[⑥]《周礼·夏官·序言》“槀人”，郑司农云：“槀读为刍槀之槀，箭干谓之槀。”阮元校勘记：“禾槀者，茎也。箭干亦茎也。”[⑦]这样解释，亦可与“弳”字从“弓”相匹配。《集韵·晧韵》：“笴，弓材。”[⑧]

三、如果撇开清华简，仅从《国语·吴语》的记载来看，这段文字中，两处“秉枹”之前都有“提鼓”，一处“秉枹”之后有“鸣钟鼓、丁宁、錞于”，从文意上看都是很通顺的。如果将“建旌提鼓”“载常建鼓”与“挟经秉枹”的对应性考虑进来，即“枹”与“鼓”对应，则“经”当与“旌”“常”对应，可解释为“旗竿”。《文选·左思〈魏都赋〉》“旌旗跃茎”，刘良注：“茎，旗竿也。”[⑨]曾侯乙墓简9、

---

① 顾野王：《大广益会玉篇》，中华书局1987年版，第81页。

② 阮元校刻：《十三经注疏》，中华书局1980年版，第1034页。

③ 刘熙撰，毕沅疏证，王先谦补：《释名疏证补》，中华书局2008年版，第232页。

④ 孙诒让：《周礼正义》，中华书局1987年版，第3552～3553页。

⑤ 阮元校刻：《十三经注疏》，中华书局1980年版，第997页。

⑥ 陈彭年等编：《宋本广韵》，江苏教育出版社2008年版，第87页。

⑦ 阮元校刻：《十三经注疏》，中华书局1980年版，第834页。

⑧ 丁度等编：《宋刻集韵》，中华书局1989年版，第115页。

⑨ 萧统编，李善、吕延济、刘良、张铣、吕向、李周翰注：《六臣注文选》，中华书局2012年版，第130页。

72记有“翠颈”，简89记有“貂定之颈”，整理者怀疑颈应读为“茎”，指“旗竿”。[①]

以上是我们就清华简《越公其事》简3中的“挟弪秉櫜”和《国语·吴语》“挟经秉枹”所提出来的新认识。如果结合用韵的情况来看，整理者的断读有其合理之处：“王”与“鎗”押阳部韵；“罶”与“櫜”押幽部韵。

至于“挟”字，原篆作“□”，在金文和曾侯乙墓简中都有出现。关于此字的释读，已有多种意见。陈剑先生系统地梳理了这些观点，总结说：“从近年所见论著看，诸说中似以解为‘帟帷’和‘筵席’两说影响较大。”在此基础之上，陈先生将该字隶定为“□”和“□”，释为“疌”，并提出了新的释读意见：“‘□’形省去其中一个‘倒矢’形偏旁，下方本代表矢镞的‘屮’形再演变为‘止’形，就变成后代的‘□（疌）’形了。……‘□/疌’应该就是‘挟矢’之‘挟’的表意初文。”[②]陈先生对于该字的隶定和“表意初文”的说法，都是正确的。只不过，大可不必将该字与“疌”联系起来。战国简册中的“□”和“□”都可以直接看作是“挟”字。类似的情况在汉字之中也还是有的，如“伞”是象形字，“繖”是形声字。[③]清华简《越公其事》中的“挟茎”，等同于传世文献中常见的“挟矢”，《仪礼·乡射礼》：“凡挟矢，于二指之闲横之。”郑玄注：“二指，谓左右手之第二指，此以食指、将指挟之。”贾疏：“云‘此以食指、将指挟之’者，以左擘指拓弓，右擘指钩弦，故知挟矢以第二、第三指闲。第二指为食指，《左传》云‘子公之食指动’是也。第三指为将指，《左传》云‘吴王阖闾伤于将指’是也。故云食指、将指之闲挟之。知不在无名指闲者，以无名指短，与将指不相应，故知不是也。”[④]所谓“挟矢”，陈先生认为“就是将矢箭夹持于指间”[⑤]。清华简中的“挟弪秉櫜”，意思是一手手指夹着箭干，一手抓着弓

---

① 湖北省博物馆编：《曾侯乙墓》，文物出版社1989年版，第511页。

② 陈剑：《释“疌”即相关诸字》，《出土文献与古文字研究》第5辑，上海古籍出版社2013年版，第259～260、262～263页。

③ 参李学勤：《伞》，《缀古集》，上海古籍出版社1998年版，第198～200页。

④ 阮元校刻：《十三经注疏》，中华书局1980年版，第1011页。

⑤ 陈剑：《释“疌”即相关诸字》，《出土文献与古文字研究》第5辑，上海古籍出版社2013年版，第265页。

弣。《楚辞·天问》：“何冯弓挟矢，殊能将之？”王逸注：“冯，大也。”《大招》：“执弓挟矢，揖辞让只。”[①]《天问》中的“冯弓”，与《大招》中的“执弓”应该是同一回事。“冯”不当训为“大”，而当训为“挟”。《天问》：“冯珧利决，封狶是射。”王逸注：“冯，挟也。珧，弓名也。”[②]简文分别以“茎”“弣”来指代矢和弓。这种现象在古汉语中被称为“以小名代大名”[③]。《楚辞·九章·涉江》“带长铗之陆离兮”，王逸注：“长铗，剑名也。其所握长剑，楚人名曰长铗也。”[④]《庄子·说剑》：“天子之剑，以燕溪石城为锋，齐岱为锷，晋魏为脊，周宋为镡，韩魏为夹。”陆德明释文：“司马云：把也。一本作‘铗’，同。”[⑤]这是以剑柄之“铗”来指代剑。

曾侯乙墓简中从“𦤎”诸字，我们过去释为“搢”，读为“轃”，指“‘大车’上用以遮蔽车厢的席子”。[⑥]现在看来是不可取的。陈先生认为，这些字都应该读为“盖”，指“车盖”。[⑦]此说亦有可商之处。整理者曾指出：“从简文此字或从‘丙’（即‘簟’的初文）来看，大概指席一类的东西。”[⑧]萧圣中先生曾指出此物“多与弼、鞎同记”，据《说文·巾部》“幨，帷也”的训释怀疑是“车厢两侧用于遮蔽和装饰的帘或帷”。[⑨]我们也曾证实，萧先生所

---

① 洪兴祖撰，白化文、许德楠、李如鸾、方进点校：《楚辞补注》，中华书局1983年版，第113、226页。

② 洪兴祖撰，白化文、许德楠、李如鸾、方进点校：《楚辞补注》，中华书局1983年版，第99～100页。

③ 参俞樾等：《古书疑义举例五种》，中华书局1956年版，第54～55页。

④ 洪兴祖撰，白化文、许德楠、李如鸾、方进点校：《楚辞补注》，中华书局1983年版，第128页。

⑤ 杨树达：《中国修辞学》，上海古籍出版社2007年版，第149～151页。

⑥ 罗小华：《释轃》，《甘肃省第二届简牍学国际学术研讨会论文集》，上海古籍出版社2012年版，第653～657页。

⑦ 陈剑：《释“疌”即相关诸字》，《出土文献与古文字研究》第5辑，上海古籍出版社2013年版，第265～274页。

⑧ 湖北省博物馆编：《曾侯乙墓》，文物出版社1989年版，第508页注46。

⑨ 萧圣中：《曾侯乙墓竹简释文补正暨车马制度研究》，武汉大学2005年博士学位论文，第92页。

说“𬙊”“多与弼、鞎同记”的情况属实。[①] 因此，这些字还应该指的是席蔽类物品。从“𬙊”诸字均当视为从“挟”得声，可读为“帘”或“嵰”。“夹”，见纽叶部；“兼”，见纽谈部。叶、谈二部十分接近，故可通假。《史记·孝文本纪》：“天下人民未有嗛志。”“嗛”，《汉书·文帝纪》作“慊”。《战国策·燕策》：“先王以为惬其志。”“惬”，《史记·乐毅列传》作“慊”。[②]《说文·竹部》：“帘，堂帘也。”朱骏声通训定声：“《声类》：‘帘，户蔽也。’按，缕竹为之，施于堂户，所以隔风日而通明者也。亦曰薄，今作箔，其布者曰嵰。”[③]《说文·巾部》：“嵰，帷也。”段玉裁注：“与竹部帘异物。嵰，以布为之。帘，以竹为之。”[④] 李家浩先生曾指出：“车舆的门帘与居室的门帘，其作用是相同的。”[⑤]

这些字或从“襾”（简 4、28），可能指车帘与席类物品相似；或从“纟”（简 26），可能指有的车帘是以纺织品制作的；或从“竹”（简 70），可能指有的车帘是以竹子制作的。

“革𬙊”，指皮革制作的车帘。“紫桧之𬙊”，指紫锦制作的车帘。“苲𬙊”，疑指类似屋笮的车帘。“箄𬙊”之“箄”，张铁慧先生读为“箄（箨）”，怀疑是“一种竹皮制的用品”。[⑥] 陈剑先生认为：“‘箨’即竹笋皮，俗称‘笋壳’。以笋壳制作雨具、鞋子、锅盖等日常用品，在今天南方仍很盛行。古人或用以制冠、履、笠等，古书记载甚多。”[⑦] 我们怀疑，“箄𬙊”可能指的是以笋壳制作的车帘。

金文人名中从“𬙊”诸字，仍可读为“叶 / 祭”。“叶”“祭”二字之间的

---

① 罗小华：《战国简册所见车马及其相关问题研究》，武汉大学 2011 年博士学位论文，第 107 页。

② 张儒、刘毓庆：《汉字通用声素研究》，山西古籍出版社 2002 年版，第 1037 页。

③ 朱骏声编著：《说文通训定声》，中华书局 1984 年版，第 126 页。

④ 许慎撰，段玉裁注：《说文解字注》，上海古籍出版社 1988 年版，第 359 页。

⑤ 李家浩：《包山楚简“䈵”字及相关之字》，《第三届国际中国古文字学研讨会论文集》，香港中文大学，1997 年，第 573 页。

⑥ 张铁慧：《〈曾侯乙墓竹简释文与考释〉读后》，《江汉考古》1996 年第 3 期。

⑦ 陈剑：《释“疌”即相关诸字》，《出土文献与古文字研究》第 5 辑，上海古籍出版社 2013 年版，第 270 页。

声韵关系，李学勤先生早已指出。[1]从“枼”得声之字，可与从“合”得声之字相通。《老子》：“歙歙为天下浑其心。”《经典释文》：“歙歙，一本作惵惵。”[2]从“合”得声之字，又可与从“夹”得声之字相通。《韩非子·说林上》：“则睞其一目。”《集韵·洽韵》：“眨，或从睞。”《古诗为焦仲卿妻作》：“着我绣夹裙。”《玉篇》衣部：“夹，同袷。”[3]故“叶”“挟”二字可通。

综上所述，清华简《越公其事》简3中的“挟弪秉橐”，可以有三种不同的理解。而《国语·吴语》“挟经秉枹”中的“经”，也可以有两种不同的理解，即“剑茎”和“旗竿”。曾侯乙墓简中从“[illegible]”诸字，都应读为“帘”，指车帘。而金文人名中从“[illegible]”诸字，仍可读为“叶/祭”。

① 李学勤：《释郭店简祭公之顾命》，《文物》1998年第7期。

② 张儒、刘毓庆：《汉字通用声素研究》，山西古籍出版社2002年版，第1027页。

③ 张儒、刘毓庆：《汉字通用声素研究》，山西古籍出版社2002年版，第1036页。

清华简《越公其事》札记五则

章水根

摘　要： 清华简《越公其事》中的许多字词需要重新解释。简3、20的“胄”当是一个从“今”从“由”的双声字，简16的“称瘨怨恶”当读为“称蓄怨恶”，简30、35“舊”还应从整理者之说读为“畦”，简33的“先賂王训”应读为“先教王训”，简51的“歸”当读为表示急速义的“憯”。

关键词： 越公其事；句践；甲胄；称蓄；私畦；王训；好兵

作　者： 章水根（1987—），吉林大学古籍研究所、出土文献与中国古代文明研究协同创新中心博士，研究方向为古文字与出土文献。

最近出版的《清华大学藏战国竹简（柒）》收录了《子犯子余》《晋文公入于晋》《赵简子》《越公其事》四篇，前三篇与晋国历史有关，后一篇则记句践覆吴之事[①]，引起了学者们的广泛关注与热烈讨论。[②]但是，其中还有许多没有

---

① 李学勤主编：《清华大学藏战国竹简（柒）》，中西书局2017年版。文中若无特别注明，凡整理者的意见皆引自此书，不再一一出注。

② 读者可参看清华大学出土文献研究与保护中心网、复旦大学出土文献与古文字研究中心网、武汉大学简帛研究中心简帛网等网站中学者们的文章及相关的讨论。又程浩：《清华简第七辑整理报告拾遗》、赵平安：《清华简第七辑字词补释（五则）》，皆见李学勤主编：《出土文献》第10辑，中西书局2017年版。

解决的问题。笔者不烦简陋，仅就《越公其事》草就札记五则，希望能够提供一些有益的帮助。为了排印的方便，下文尽量使用通行字。

一、《越公其事》的“胄”

《越公其事》第一章简 3 与第三章简 20 皆有“胄”，其文曰：

简 3：吾君天王以身被甲胄，敦力（饬）[①]鍜鎗（枪），疌（挟）弪秉橐（枹），振鸣……

简 20：边人……罗（丽）[②]甲缨胄，敦齐兵刃。

其中“胄”分别作：

简 3　简 20

《说文》谓“胄，兜鍪也，从冃，由声”，故整理者把简文“胄”隶作“冑”。师同鼎铭（铭图 02430）[③]中“胄”作，李学勤认为此字与一般的“胄”相比，就是“由”“冃”互换了位置而已。[④]陈剑认为此字并非如此简单，中间的肥竖笔离上部较近，它们构成的应该是“由”，而下部才是“冃”，整个字是倒书的，

① zzusdy（网名）之说见 ee（网名）：《清华七〈越公其事〉初读》第 60 楼评论，武汉大学简帛研究中心简帛网，2017 年 4 月 27 日，http：//www.bsm.org.cn/bbs/read.php?tid=3456&page=7。

② xiaosong（网名）之说见 ee（网名）：《清华七〈越公其事〉初读》第 50 楼评论，武汉大学简帛研究中心简帛网，2017 年 4 月 27 日，http：//www.bsm.org.cn/bbs/read.php?tid=3456&page=6。

③ 本文凡引用著录书皆用简称，如吴镇烽编著：《商周青铜器铭文暨图像集成》，上海古籍出版社 2012 年版；郭沫若主编，胡厚宣总编辑：《甲骨文合集》，中华书局 1978 ~ 1982 年版；李学勤主编：《清华大学藏战国竹简（陆）》，中西书局 2016 年版；湖北省博物馆编：《曾侯乙墓》，文物出版社 1989 年版；河南省文物研究所编：《信阳楚墓》，文物出版社 1986 年版；湖北省荊沙铁路考古队：《包山楚简》，文物出版社 1991 年版；湖北省文物考古研究所、北京大学中文系：《望山楚简》，中华书局 1995 年版，分别简称“铭图”“合集”“清华六”“曾侯”“信阳”“包山”“望山”。

④ 李学勤：《师同鼎试探》，《文物》1983 年第 6 期。

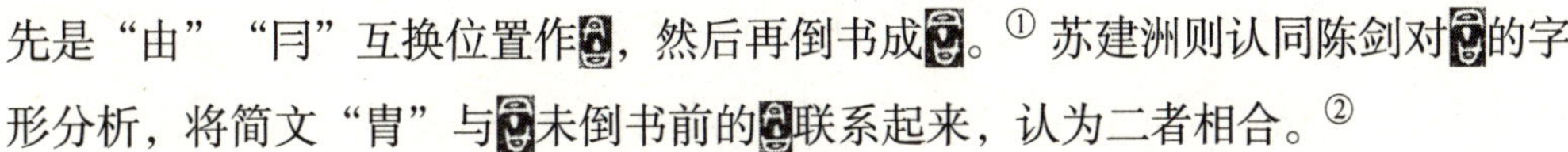

先是“由”“冃”互换位置作，然后再倒书成。[①]苏建洲则认同陈剑对的字形分析，将简文“胄”与未倒书前的联系起来，认为二者相合。[②]

对于的构形，我们认为应以李说为是。甲骨金文中“胄”或作：

合集 4078　合集 36492

铭图 05173 㝩簋　铭图 05379 㦰簋

前二字从“由”从“冃”，后二字从“由”从“冒”。其中后三字中“由”上的肥竖笔离其下部较近或直接与其下部连接，但第一字中“由”上的肥笔就离其下部比较远。如此看来，的下部亦可认为是“由”，上部亦可认为是“冃”，并没有陈先生分析得那么复杂。而简文“胄”可直接与联系起来。

但从“胄”以及“冒”所从的“冃”来看，简文“胄”上部所从并非“冃”，其与可能并非简单的相合关系。古文字中“冒”或作：

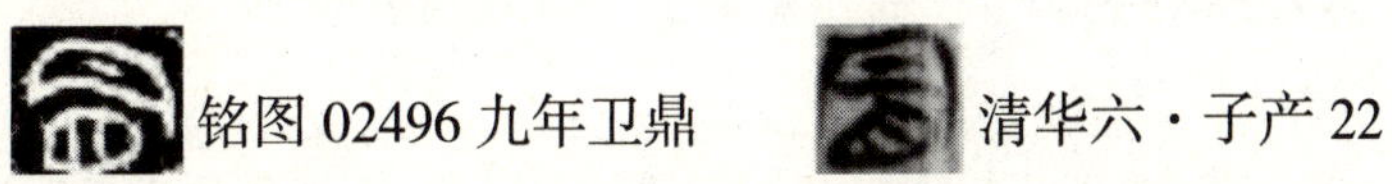

铭图 02496 九年卫鼎　清华六·子产 22

“胄”以及“冒”所从“冃”的最后一笔皆与两侧的弧笔相接，使其上部成为一个封闭空间。但简文“胄”上部所从的最后一笔明显与左侧笔画不相接，其上部并未形成一个封闭空间。

我们认为简文“胄”上部所从实为“今”，《越公其事》中即有“今”，或作：

简 70　简 71

---

① 陈剑：《释凷》，《出土文献与古文字研究》第 3 辑，复旦大学出版社 2010 年版，第 56 页。

② 苏建洲：《谈清华七〈越公其事〉简三的几个字》，复旦大学出土文献与古文字研究中心网，2017 年 5 月 20 日，http：//www.gwz.fudan.edu.cn/Web/Show/3046。

“今”与简文“胄”上部所从除了有无饰笔之别外，其他并无大异。“今”字形中的饰笔乃是为了填充其左下部的空间以保持左右平衡及美观，在作偏旁时则又常常被省去，如同篇所见“畬”或作：

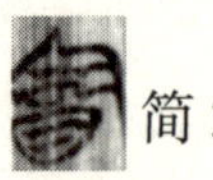简 32　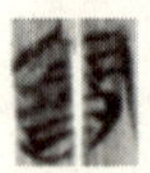简 33

“畬”上部所从之“今”就没有添加饰笔，与简文“胄”所从同出一辙。

目前对于“胄”的构形，学界尚有争议，但至少到师同鼎所在的西周晚期，它已是一个从“冃”“由”声的字了①。“由”喻母幽部，“胄”定母幽部，“今”见母侵部，三字音近，甲骨文“由”可读为“堪”，而金文中“堪”即借从“今”声之“龕”为之②，亦可证。如此，简文“胄”可隶作“畬”，当是一个从“今”从“由”的双声字。而“”与畬的关系应是“畬”由变形音化而来，将其上部“冃”改写成可作声符的“今”。

二、《越公其事》第三章的“称蓄怨恶”

《越公其事》第三章内容主要为吴王对越国求成使者的答复。其中简 16 曰：

简 16：孤所得罪：无良边人称瘼悁（怨）晋（恶），交斗吴雩（越）。

其中“瘼”原作：

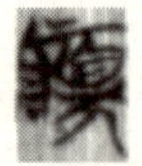

整理者隶作“瘼”，又引或说，以为亦可隶作“瘨”，认为“称瘼”可能与《国语》“称遂”义近。其后有不少学者质疑整理者之说。孙合肥认为此字下部所从

① 详见拙文《甲骨金文“胄”“由”新说》，未刊稿。

② 陈剑：《释𠙴》，《出土文献与古文字研究》第 3 辑，复旦大学出版社 2010 年版，第 13 ~ 14 页。

当分析为从“百（首）”从“犮”，可读为“发”，“发”训为“起”[①]；王宁认为此字下从“首”从“犬”，“首”“犬”会犬出首突冒之意，当为“突”或“猝”的本字，则“瘨”当为“瘁”，读为“遂”或“述”[②]；亦有学者读“瘨”为“雠”或“咎”，为怨仇之义[③]。萧旭则认为此字从“首”得声，读为“道”，与“称”同义连文。[④]

从同篇的“自”以及从“（首）”之“道”的字形可以看出“自”与“百（首）”间的差别：

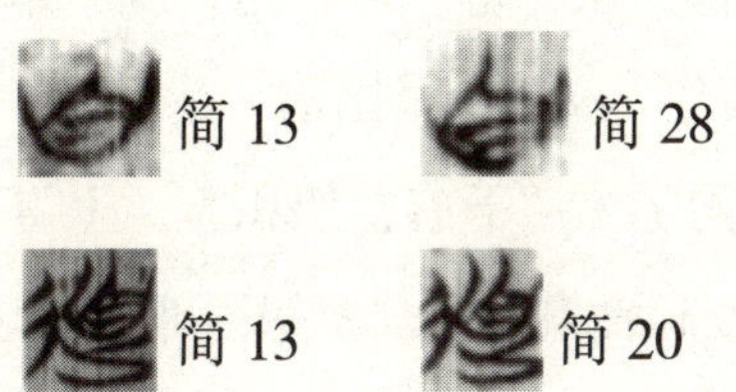
简 13　简 28
简 13　简 20

“自”外部弧笔似直立的 U 形，多为一笔写就。“百（首）”外部弧笔作，似右倾的 U 形，且由两笔写成。而战国文字“犮”多作：

曾侯 170

其在身部比“犬”要多一笔画。反观字形，可知此字确应隶作“瘨”。

但楚简中“糗”从“米”从“臭”或“页”[⑤]，作：

---

① 孙合肥：《清华七〈越公其事〉札记一则》，武汉大学简帛研究中心简帛网，2017 年 4 月 15 日，http：//www.bsm.org.cn/show_article.php?id=2786。

② 王宁之说见 ee（网名）：《清华七〈越公其事〉初读》第 89 楼评论，武汉大学简帛研究中心简帛网，2017 年 4 月 29 日，http：//www.bsm.org.cn/bbs/read.php?tid=3456&page=10。

③ 汗天山（网名）之说见 ee（网名）：《清华七〈越公其事〉初读》第 183 楼评论，武汉大学简帛研究中心简帛网，2017 年 5 月 20 日，http：//www.bsm.org.cn/bbs/read.php?tid=3456&page=19。

④ 萧旭：《清华简（七）校补（二）》，复旦大学出土文献与古文字研究中心网，2017 年 6 月 5 日，http：//www.gwz.fudan.edu.cn/Web/Show/3056。

⑤ 此点承蒙薛培武兄提醒。

信阳 2-22 包山 256 望山一 145

已有学者指出“糗”所从之“夏”当是“臭”变形音化后的结果，有意把“自”改造成与“臭”音近的“百（首）”，而望山楚简“糗”直接作“粨”，“页”乃“百（首）”的繁体，“粨”实即从“百（首）”声。[①]

如此，则“瘼”亦可看成从“臭”声，颇疑读为“蓄”。《说文》说“齅”读若畜生之“畜”，而“齅”从“臭”声，“蓄”从“畜”声，是“瘼”亦可读为“蓄”。简文“称蓄怨恶”当与典籍中的“蓄怨”义近。《国语·楚语下》“积货滋多，蓄怨滋厚，不亡何待”，《墨子·尚同上》“下有蓄怨积害，上得而除之”，《楚辞·九辩》“蓄怨兮积思，心烦憺兮忘食事”。“蓄怨”即积聚怨恨。下文第十章简 62-23“雩（越）王句戋（践）乃命边人菆（聚）悁（怨），弁（变）乱厶（私）成，舀（挑）起悁（怨）啞（恶），边人乃相攻也”，所记情形与本简内容极为相似，其中“聚怨”就相当于“蓄怨”。

三、《越公其事》第五章的“畦”

《越公其事》第五章简 30 与简 35 分别记述越王与左右大臣亲耕好农：

简 30：五政之初，王好蓐（农）工，王亲自耕，又（有）厶（私）舊。

简 35：凡王左右大臣，乃莫不耕，人又（有）厶（私）舊。

其中“舊”分别作：

简 30 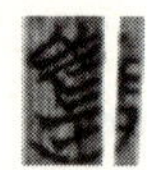简 35

整理者谓“舊”与九店楚简“舊”为一字。李家浩曾对九店楚简“舊”进行分析，

① 朱德熙、裘锡圭、李家浩：《望山一号墓竹简释文与考释》，《望山楚简》，中华书局 1995 年版，第 94、103 页。

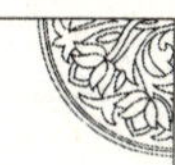

认为其上部“崔”即“舊”所从的偏旁，则“[雈/田]”为“[田舊]”（“畦”的重文）的异体[①]，整理者从之，读“[雈/田]”为“畦”。王宁同意心包（网名）此字上部从“蒦（获）”省的意见，认为此字当从“蒦（获）”省、“田”声，即田（畋）猎之“田”，读为田地之“田”[②]。亦有学者坚持整理者之说[③]。

按整理者之说可从。此字当是“[田舊]”之省。曾侯乙墓竹简“[田舊]”作：

简 80

曾侯乙墓竹简又有一个从“衣”从“舊”之字作：

简 13　　简 19

它们字形中的“舊”上部皆从“萑”而非“崔”。此类写法的“舊”很可能有更早的来源。[④]甲骨文“舊”或作：

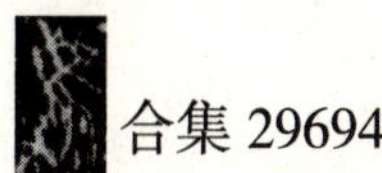

合集 29694

其上部已近似“萑”。以上皆可证整理者之说正确可从。

苏建洲根据《越公其事》中甲胄、兵甲之“甲”作[甲]（简 4），谓“看起来《越公其事》对于｛甲｝的用字习惯与曾侯乙墓竹简是相同的，而不同于战国中期楚

---

① 李家浩：《九店楚简五六号墓竹简释文与考释》，《九店楚简》，中华书局 2000 年版，第 58 页。

② 王宁之说见 ee（网名）：《清华七〈越公其事〉初读》第 158 楼评论，武汉大学简帛研究中心简帛网，2017 年 5 月 6 日，http：//www.bsm.org.cn/bbs/read.php?tid=3456&page=16。

③ 萧旭：《清华简（七）校补（二）》，复旦大学出土文献与古文字研究中心网，2017 年 6 月 5 日，http：//www.gwz.fudan.edu.cn/Web/Show/3056。

④ 程少轩：《试说“舊”字及相关问题》，《出土文献与古文字研究》第 2 辑，复旦大学出版社 2008 年版，第 141 页。此承蒙王挺斌兄告知。

简的用字习惯”。从“𱍸”写作“舊”来看，《越公其事》确与曾国文字关系密切，苏先生的意见值得注意。

四、《越公其事》第五章的“先教王训”

《越公其事》第五章有不少内容是讲述越王亲省农事、劝勉农民的，其中简33曰：

简33：亓（其）见又（有）列[①]、又（有）司及王左右，先䀎王训而将耕者，王必与之坐飤（食）。

“䀎”，整理者读为“诰”，但无解说，当是以为布告、宣告之义。此说恐有问题。布告王训只是在有王训的情况下才会发生的事情，乃是偶然的行为，不会经常发生，能被越王碰到的可能性很小。

简文说“先䀎王训而将耕”，揆其文义，当是指有列、有司、王左右等官吏先于普通民众“䀎王训”而准备去从事农耕。如此，则“䀎”有可能当读为“教”。“教”见母宵部，“䀎”从“告”声，可入见母觉部，但“告”声字亦常属幽部，如“浩”“皓”“鹄”匣母幽部，“造”从母或清母幽部，可见二字读音接近；又“教”从“爻”声，“爻”声字与“告”声字可互通，如《诗经・大雅・抑》“有觉德行，四国顺之”，《礼记・缁衣》引“觉”作“梏”，《上博五・鲍叔牙与隰朋之谏》（即原书《竞建内之》简10）即有双声字“𫝆”[②]，“爻”“告”皆为声符，皆可证“䀎”“教”可通用。

典籍中“教”多训为“效”，《说文》“教，上所施下所效也”，《白虎通义》“教者，效也，上为之，下效之”，即身教力行以使下效的意思。“先教王

---

① 整理者释为“察”，石小力改释为“列”，可从，其说见清华大学出土文献读书会：《清华七整理报告补正》，清华大学出土文献研究与保护中心网，2017年4月23日，http//www.ctwx.tsinghua.edu.cn/publish/cetrp/6842/2017/20170423065227407873210/20170423065227407873210_.html。

② 李守奎：《〈鲍叔牙与隰朋之谏〉补释》，《楚地简帛思想研究（三）——“新出楚简国际学术研讨会”论文集》，湖北教育出版社2007年版，第38～39页。“新出楚简国际学术研讨会”2006年6月于武汉大学召开。

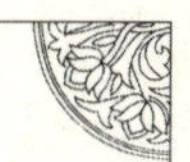

训而将耕”即官吏们先身体力行王训而去耕作的意思，目的当然是希望自己践行王训后，下民也能够效仿他们而行王训，勤农事。

五、《越公其事》第八章的“譖”

《越公其事》第八章讲述越王好兵之事，其中简51曰：

简51：王乃歸使人情（请）䎽（问）群大臣及边县成（城）市之多兵、亡（无）兵者，王则必（比）视。

整理者疑“歸”读为“亲”，又疑读为“急”，与“趣”“促”同义。有学者认为此字从“归”省，可读为“馈”，“王乃馈使人”应作一句。[①] 亦有学者认为当读为“谓”，即使、令的意思。[②] 王宁谓此字即“覽”，又作“譻”“魄”，可读为“谓”或“委”。[③] 或有学者疑此字可能读为“潜”，“潜使人”指暗地派人。[④] 还有学者疑可读为“微”，与“潜”“窃”义近，指暗中。[⑤] 萧旭谓此字当读为“儩”，乃是派遣之义。[⑥]

按第七章简44有“王乃趣使人”，本简与之句式相同，可证整理者谓此字

① ee（网名）之说见ee（网名）：《清华七〈越公其事〉初读》第28楼评论，武汉大学简帛研究中心简帛网，2017年4月25日，http：//www.bsm.org.cn/bbs/read.php?tid=3456&page=3。

② 海天游踪（网名）之说见ee（网名）：《清华七〈越公其事〉初读》第114楼评论，武汉大学简帛研究中心简帛网，2017年4月30日，http：//www.bsm.org.cn/bbs/read.php?tid=3456&page=12。

③ 王宁之说见ee（网名）：《清华七〈越公其事〉初读》第116楼评论，武汉大学简帛研究中心简帛网，2017年5月1日，http：//www.bsm.org.cn/bbs/read.php?tid=3456&page=12。

④ 难言（网名）之说见ee（网名）：《清华七〈越公其事〉初读》第120楼评论，武汉大学简帛研究中心简帛网，2017年5月1日，http：//www.bsm.org.cn/bbs/read.php?tid=3456&page=13。

⑤ 心包（网名）之说见ee（网名）：《清华七〈越公其事〉初读》第129楼评论，武汉大学简帛研究中心简帛网，2017年5月1日，http：//www.bsm.org.cn/bbs/read.php?tid=3456&page=14。

⑥ 萧旭：《清华简（七）校补（二）》，复旦大学出土文献与古文字研究中心网，2017年6月5日，http：//www.gwz.fudan.edu.cn/Web/Show/3056。

与“趣”“促”同义是可取的，考释此字时亦应顺此方向着手。笔者怀疑此字可能从“侵”省声，读为“憯”。“侵”“憯”皆在清母侵部，二字双声叠韵，又马王堆帛书《周易·乾》“初九，浸龙勿用”，“浸龙勿用”即“潜龙勿用”，《二三子问》中又作“寑龙勿用”，可证“侵”声字与“朁”声字可通用，则“歸”“憯”亦可通用。

“憯”可训为“速”，急速之义，与“趣”“促”同义。《墨子·明鬼下》“鬼神之诛，若此之憯遬也”，孙诒让《墨子间诂》“憯、速义同”。

附记：本文初稿承蒙吴振武、赵平安、王挺斌、薛培武等师友拨冗审阅，提出不少修改意见；同时，本文亦得到国家新闻出版重大科技工程项目“中华字库”第七包子项目“两汉、吴、魏、晋简牍文字的搜索与整理（0610-1041BJNF2328/7）”、国家社会科学基金重大项目“简帛学大辞典（14ZDB027）”的资助，在此一并致以谢忱！

据清华简补释金文人名两则

白星飞

摘　要：据清华简《系年》《良臣》《子产》篇的相关记载，郑国有王子氏，王子婴次炉器主“王子婴次”当属郑国王子氏。封子楚簠中的“封子楚”与“剌”或与《系年》第二十三章中的“子封子”有关。

关键词：清华简；王子氏；王子婴次炉；封子楚簠；子封子

作　者：白星飞（1982—），男，江苏常州人。曲阜师范大学历史文化学院2015级历史文献学硕士研究生，主要研究方向为历史文献学（含出土文献研究）。

一、王子婴次

清华简（叁）《良臣》篇中“子产之师”有“王子伯愿”，“子产之辅”有“王子百”，这两个人名亦见于清华简（陆）《子产》篇。原整理者言“郑有王子氏”①，此说可从。传世文献中有“王子伯廖”与“王子伯骈”，二人与郑国密切相关。

① 李学勤主编：《清华大学藏战国竹简（叁）》，中西书局2012年版，第162页。

《左传·宣公七年》："郑公子曼满与王子伯廖语，欲为卿。伯廖告人曰：'无德而贪，其在《周易》丰 之离，弗过之矣。'间一岁，郑人杀之。"杜预注："二子，郑大夫。"清人沈钦韩、惠士奇认为王子伯廖为周人，而非郑大夫。杨伯峻《春秋左传注》云："周自有王子，楚自称王，亦有王子；然列国亦有王子，文十一年传齐有王子成父，襄八年及十一年传郑有王子伯骈，则此王子伯廖或亦是郑大夫。俞樾《平议》谓此王子伯廖实为楚大夫，无据。"①

于《左传》中称王子者，有以下三种可能：一、此人确为周王子；二、此人以王子为氏，如《左传·文公十一年》所见齐王子成父，此人或以王子为氏；三、此人为楚、吴、越等南方诸侯国的王子，如《左传·襄公二十六年》所载的"王子围"为楚康王之子；《左传·哀公八年》所见的王子姑曹、《左传·哀公十三年》所见的王子地为吴王子。

《左传》载郑公子曼满与王子伯廖言欲为卿，大多数学者赞同王子伯廖为郑大夫之说。有学者指出公子曼满若与身为周王子的伯廖语想要做卿，断不可信，王子伯廖实为郑大夫。②但笔者认为，郑公子与周王子言想要做卿不仅存在可能性，而且王子伯廖为周大夫的可能性最大。《国语·周语中》便记载晋国卿大夫郤至与邵桓公言想要升任晋国新军正卿，邵桓公转告单襄公，单襄公预言郤至"兵在其颈，不可久也"，郤至第二年便为晋厉公所杀。郤至为晋国卿士，邵桓公为周王叔，既然有诸侯国之卿大夫对周王叔言欲升任新军正卿的记载，那么也应当存在诸侯国的公子向周王子言欲为卿的可能。虽然《左传》中关于公子曼满与王子伯廖之事的记载非常简短，并未交代此事的背景，但是此事的过程、结果与《国语》中所载的"单襄公论郤至佻天之功"非常相似。传世文献中有很多诸侯国公子出使周王室的记载，郑公子曼满也很有可能是在出使周王室之时与身为周王子的王子伯廖言想要为卿，希望得到王子伯廖的帮助。而且，先秦时期尤其是春秋时期，列国卿大夫有很多都是由周王室任命的，负有监国之责。如《左传·僖公十二年》载"有天子之二守国、高在"，杜预注："国子、高子，天子所命为齐守臣，皆上卿也。"国、高二氏在齐国拥有非常高的权力和地位，皆是由天子拜为上卿。

---

① 杨伯峻编著：《春秋左传注》，中华书局1990年版，第689页。

② 冯志燕：《春秋时期政治预言研究》，吉林大学2011年硕士学位论文，第29页。

据此，王子伯廖也很有可能属于周王室任命的在郑国之负有监国之责者。大概在当时任命高级卿大夫形式上依然需要周王室的任命，郑公子曼满若是告诉身为周王子的王子伯廖想要为卿，或许是希望王子伯廖能从中周旋，助成此事。因此，王子伯廖的身份很有可能是周王子。

清华简中的“王子伯愿”疑即《左传》中的“王子伯骈”。从音韵角度分析，“骈”字上古音属并纽元部，而“愿”字上古音属疑纽元部，两字读音相近，或可互通假借。“王子伯愿”于清华简《良臣》篇中被列为“子产之师”。与王子伯骈的相关事件见于《左传》襄公八年和十一年，王子伯骈为郑定公之良臣。子产于襄公三十年担任郑国执政，依据传世文献中人物出现的时间，王子伯骈可为子产之师。

据传世文献记载，王子伯骈为郑大夫无疑，且王子伯骈在郑国的地位可能尚不及子展、子皮等人。而且清华简中的“王子百”为子产之辅，若是周王子地位在郑国执政之下，恐怕于理不合。所以郑国很有可能存在王子氏。

郑国有王子氏，有以下两条例证：一、《左传·文公十一年》有“齐王子成父”，《说苑》有“王子成父”，《韩非子·外储说左下》作“公子城父”。春秋时期有王氏，《王仲舒神道碑》云：“王氏皆王者之后。在太原为姬姓，春秋时为王子成父败狄有功，因赐氏。”[①] 此王子成父或为周王子之后，《左传》中记载其败狄有功，或因此赐王氏。据陈槃先生之说：“国君由于益地或迁居而有二氏，自古固有其例，商曰‘殷商’，周曰‘岐周’，楚曰‘楚荆’，或曰‘荆楚’，杜曰‘唐杜’，樊曰‘阳樊’，田敬仲之后曰‘齐田’。大夫亦然，吴公子季札初食延陵称‘延陵季子’，继食州来称‘延州来季子’。”[②] 此王子成父也很有可能是真正的周王子，因迁居齐国而称“齐王子成父”，其后以王子为氏。

二、《左传·文公三年》载：“夏四月乙亥，王叔文公卒，来赴，吊如同盟，礼也。”其中“王叔文公”，孔颖达《正义》曰：“王叔文公不知何王之子，字叔，遂以叔为氏。”秦嘉谟推测王叔文公即《左传·僖公二十八年》所载的王子虎，

---

① 顾栋高：《春秋大事表》，中华书局 1993 年版，第 1161 ~ 1162 页。

② 陈槃：《春秋大事表列国爵姓及存灭表撰异》，上海古籍出版社 2009 年版，第 83 页。

为周釐王之子。其后以王叔为氏，世为周王之士。[①] 清人顾栋高言："卫有公叔文子，此人盖以王叔为氏也。"[②] 虽然顾栋高之说无确实依据，但也不排除有这种可能。先秦时期有以先人之身份为氏者，如司马氏、司徒氏等，鲁国有仲孙氏、叔孙氏、季孙氏等。卫国之始封君卫康叔为周武王之同母少弟、周成王之王叔，周公旦封卫康叔为卫君时，其身份已经是周王室中的王叔。卫康叔的后人以卫康叔、王叔的身份为氏是很有可能的。且卫有王孙贾，出自周顷王之后，其后有王孙绰。[③]

既然王叔、王孙之后可以其祖先的身份作为氏，那么周王子之后以王子为氏也是有可能的。郑国的始封君郑桓公也曾是周王子，《史记・郑世家》："郑桓公友者，周厉王少子而宣王庶弟也。"虽然关于郑桓公是周厉王子还是周宣王子这一问题尚存在争议，但是郑桓公确为周王子，郑桓公之后人以郑桓公王子的身份作为氏也是非常有可能的。清华简整理者言"郑有王子氏"抑或是出于此番考虑。即使郑国之王子氏并非郑桓公之后也有可能是其他周王子之后，周王室也有可能将周王子派往诸侯国担任监国之责，上文提到王子伯廖也有可能是周王室派往郑国担任监国之职者。郑国的王子氏也有可能是楚王子之后，《左传・僖公三十年》记载秦穆公使杞子、逢孙、杨孙戍守郑国，实为夺取郑国。至春秋中后期，郑国常依违于晋楚两国之间，郑国也是晋楚两国争相拉拢的对象，楚国为加强对郑国的控制，将自己的人安插到郑国也是非常有可能的，楚国也很有可能将楚王子派往郑国，其后代便以王子作为氏。总之，郑国应当是有王子氏存在的，至于王子氏为周王子之后还是楚王子之后尚不明确。《左传》中的王子伯骈，清华简中的王子伯愿、王子百，都当属郑国之王子氏。

既然郑国存在王子氏，那么1923年出土于河南新郑县李家楼的王子婴次炉以及现藏于故宫博物院的王子婴次钟也当为郑国王子氏之器。关于王子婴次炉的

---

① 宋衷注，秦嘉谟等辑：《世本八种・秦嘉谟辑补本》，中华书局2008年版，第194页。

② 顾栋高：《春秋大事表》，中华书局1993年版，第1159页。

③ 宋衷注，秦嘉谟等辑：《世本八种・秦嘉谟辑补本》，中华书局2008年版，第195页。

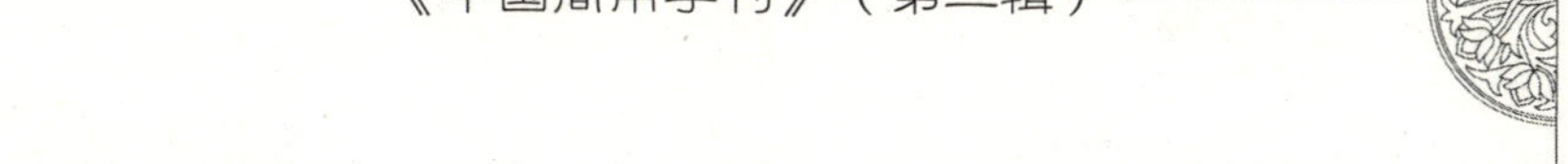

归属问题，前辈学者也是众说纷纭。

关伯益将器铭释作“王子颓次之庶盘”，并认为器主是王子颓，周庄王少子王姚之子。[①] 首先关伯益给出的释文有误，所以在此基础上得出的结论也是不可信的。

王国维认为此器为楚穆王子令尹子重之遗器，由于鄢陵之战楚师战败遁逃，而将此器遗落在郑国。[②] 杨树达、马承源、邹芙均从其说。据传世文献记载，鄢陵之役的时间为鲁成公十六年六月，为盛夏时节。而王子婴次炉当为燎炭取暖之炉，夏季出征时携带冬季所用的暖炉，显然是很不合理的，郭沫若先生也曾以此为据推翻王国维之说。[③]

王子婴次炉出土于河南新郑，新郑为郑国之故地，此器为郑器的可能性自然是最大的。郭沫若先生认为王子婴次炉中的“王子婴次”当为郑子婴齐，即传世文献中的郑子婴，《左传》中又称子仪，为郑庄公之弟。郭老认为此器为古者诸侯于国内称王之说又多添一例证。[④] 陈槃、童书业均从此说，认为郑庄公于春秋初年行僭越之礼，于诸侯国内称王。陈槃先生言：“彼列国诸侯已可以以国势贫弱而自贬其称，则亦可以以国力富强而自加尊号。……周自东迁以后，王纲解纽，诸侯各自为政，有称王者，尚何黜陟之可言？”并据王子婴次炉和《越绝书外传·记宝剑》：“晋郑王闻而求之，不得，兴师围楚之城，三年不解。”认为春秋时期郑国确有僭越称王之举。[⑤]

关于陈槃先生所引《越绝书》的原文，其中的“王”字当属衍文，钱培名曰：“‘晋郑闻而求之不得’，‘闻’下，《御览》有‘此三剑’三字。”李步嘉按：“《初学记》卷二《武部·剑门》引《越绝书》也作‘晋郑闻此三剑，求之，不得’。《艺

---

① 关伯益：《新郑古器图录》，商务印书馆 1929 年版。

② 王国维：《王子婴次炉跋》，《观堂集林》，中华书局 1959 年版，第 899 ~ 901 页。

③ 郭沫若：《新郑古器之一二考核》，《郭沫若全集·考古编第 4 卷·殷周青铜器铭文研究》，人民文学出版社 1982 年版，第 93 ~ 95 页。

④ 郭沫若：《新郑古器之一二考核》，《郭沫若全集·考古编第 4 卷·殷周青铜器铭文研究》，人民文学出版社 1982 年版，第 95、98 页。

⑤ 陈槃：《春秋大事表列国爵姓及存灭表撰异》，上海古籍出版社 2009 年版，第 64 ~ 65 页。

文类聚》卷六六〇《军器部·剑门》、《文选》卷三五《七命》李善注引《越绝书》皆作‘晋郑闻而求之’，‘晋郑’下无‘王’字。”[①] 对比其他古籍中的引文，《越绝书》“晋郑王闻而求之”一句中的“王”字当属衍文，陈槃先生所引文献本身就存在错误，那在此基础上得出的结论恐怕也是存在问题的。

且其他郑国青铜器铭文中并未见称郑国国君为“王”者，如郑伯盘称国君为“郑伯”，良夫盘、封子楚簠称“郑武公”，郑庄公之孙鼎、郑庄公之孙缶称“郑庄公”，并未见以“王”称呼郑君者。仅凭传世文献中郑国有公子婴便认为器铭中的“王子婴次”即郑子婴，并言郑庄公僭越称王，未免过于武断。铭文中的“王子婴次”可能并非郑子婴，春秋时期郑国僭越称王之说亦不可信。

虽然王国维所提出的王子婴次炉为楚令尹子重之器，因鄢陵之战落败遁逃而遗弃于郑国的说法或许是存在问题的，但是如今大多数学者还是倾向于将王子婴次炉认定为楚器。据《张颔传》中所记张颔先生的说法，春秋时期鲁国奉行的是周历而非夏历，周人将十一月作为正月，据此《左传》中所记的时间比夏历要早两个月，鲁人所记的六月相当于如今的农历四月，而楚国出军又当早于这个时间，或许当时天气尚冷，带上暖炉出征也是有可能的。[②] 按照张颔的说法，郭沫若对王国维之说的反驳显得证据不足。此外，杨树达先生也认为王子婴次炉当属楚器，并就此器流落郑国的原因对王国维之说提出质疑：“彝器古人所重，上以之赐下，下以之献上，与国以之为酬酢，甲国之制不必恒在甲国，故也，亦不必制器者曾至乙国之人始能得其器也。盖其变易迁流，不可纪极，据出土之地以定器之何属，可以论其变。如器出一地，必求一事以实之，斯不免于凿矣。”[③] 据杨树达之说，青铜器在当时应当是存在一定的流通性，此器也有可能是由于赏赐、贿赂、盟会等原因而流落至郑国。王国维言令尹子重由于鄢陵之战将左军宵遁而将此器遗落在郑国似有穿凿附会之嫌。

或许是受杨树达先生之说的启发，孔令远认为王子婴次炉为春秋晚期徐国之

---

① 李步嘉校释：《越绝书校释》，中华书局 2013 年版，第 317 页。

② 韩石山：《张颔传》，三晋出版社 2014 年版，第 253 ~ 255 页。

③ 杨树达：《积微居金文说》，上海古籍出版社 2013 年版，第 277 页。

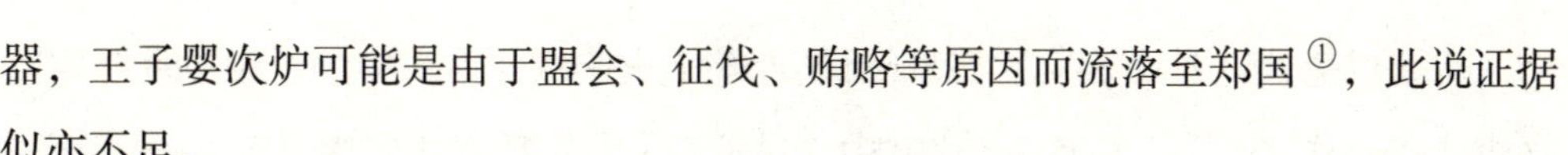

器，王子婴次炉可能是由于盟会、征伐、贿赂等原因而流落至郑国[①]，此说证据似亦不足。

据以上所引诸位学者的观点，不排除王子婴次炉为楚器的可能，即使不是楚国之器，也有可能是吴、越等南方诸侯国的王子所铸之器，由于征伐、赏赐、贿赂等原因而落入郑人之手。

但是以上所引张颔之说或许能给我们一点启发，春秋时期鲁人奉行周历而非夏历，据此，春秋时期各诸侯国所奉行的历法或许存在差异，那么各诸侯国金文中所采用的计时方式可能也会存在差别，出自同一诸侯国的青铜器铭文中所用的计时方式也会存在相似之处。王子婴次炉与王子婴次钟的器主当为同一人，王子婴次钟铭文作："八月初吉，日隹（唯）辰。王子婴次自乍（作）龢钟，永用匽（宴）喜。"而郑庄公之孙𪒠鼎首句作："隹（唯）正六月吉日隹（唯）己。"此二器铭文中所用的计时方式相似，均是以"唯＋干支"的方式来表示日期。郑庄公之孙𪒠鼎为郑器是毫无疑问的，据此，王子婴次炉和王子婴次钟也非常有可能是郑国之器。

此外，据清华简整理者所言郑有王子氏，且传世文献中的王子伯骈，清华简中的王子伯愿、王子百均当以王子为氏，那么王子婴次炉与王子婴次钟铭文中的王子婴次或许也是郑国王子氏的一员，且此器的大致年代为春秋中后期，与王子伯骈、王子百等人所处年代接近。据此似乎可以推断王子婴次炉当为郑国王子氏之器。

二、封子楚

清华简（贰）《系年》第二十三章有"子封子"，原简中"封"字字形作"[illegible]"，此字隶定作"⿰土丰"，简文中"子封"或为字，或为氏称。简文中的"子封子"或与封子楚簠铭文中的"封子楚"相关。

封子楚簠的器主"封子楚"，黄锦前认为此人出自郑国七穆之一的丰氏。铭

① 孔令远：《王子婴次炉的复原及其国别问题》，《考古与文物》2002年第4期，第33页。

文“虢虢叔楚，剌之元子”之“剌”可能即郑大夫丰卷。铭文中的“封”即“丰”，文献或传抄作“丰”，不确。[①]铭文中“封子楚”的称呼方式当为“氏+子+名”，这种称呼方式亦见于传世文献，如晋大夫介子推。然而黄锦前认为封子楚之“封”为郑国丰氏之“丰”，此说不确。封子楚簠中“封”字字形与清华简《系年》“子封子”之“封”字形相同，均从“土”从“丰”。出土文献中所见“丰”的字形，如丰尊铭文中“丰”字字形作“”，王盉作“”，包山楚简作“”“”，上博简《周易》作“”，上博简《容成氏》作“”，这些字形与“坓（封）”字存在较大差别。铭文中封子楚之氏当与清华简中的“子封子”同，而且《系年》第二十三章所记时间段为楚声王四年（前404）至楚悼王四年（前398），属于战国早期，此时郑国早已无丰氏，因此子封子可能并非出自郑国七穆之一的丰氏，青铜铭文所见的封子楚也并非出自丰氏。

清华简《系年》第二十三章中郑国被楚国所降的四位将军分别为“皇子”“子马”“子池”“子封子”。其中“子马”亦见于子马鼎，董珊云：“郑帅‘子马’见于《集成》01798‘子马氏’鼎，是知该鼎属战国早期郑。”简文中“皇子”的称呼方式为“氏+子”，这是春秋战国时期卿大夫常用的称谓，据此“子封”也很有可能为氏。再者，苏建洲亦言对比清华简“皇子”“子封子”，则“子马”“子池”亦不能排除漏抄“子”的可能，“子马”和“子池”也可能是“氏”。[②]而且子马鼎铭文作“子马氏”，更加能证明郑有子马氏。

据以上所论，“子封”应当为氏称，子封子与封子楚应当皆是以“封”为氏，且似可推测封子楚当为子封子之后。程浩认为子封子和封子楚或为同一人，为楚声王之士；至于铭文称封子楚为楚王之士而《系年》中记载子封子为郑国四将军之一率师与楚师交战，或许和楚声王死后楚国的内乱有关。《史记·楚世家》：“声王六年，盗杀声王，子悼王熊疑立。”楚声王在位六年被盗杀或是君位争夺的结果。《史记·六国年表》载“王子定奔晋”，据《系年》可知其为楚王子。《系

---

① 黄锦前：《郑人金文两种读释》，复旦大学出土文献与古文字研究中心网，2016年1月14日，http://www.gwz.fudan.edu.cn/SrcShow.asp?Src_ID=2725。

② 苏建洲、吴雯雯、赖怡璇：《清华二〈系年〉集解》，台湾万卷楼图书股份有限公司2013年版，第898～899页。

年》第二十三章所记郑楚之战的前因就是“晋与郑师以入王子定”。楚声王死后，王子定在晋、郑的支持下与楚悼王争夺楚君之位，在这场君位之争中，封子楚是王子定的支持者，失败后逃回郑国。楚师为此出兵讨伐郑国时，或是由于封子楚熟悉楚国情况而被选为四将军之一。[①]

然而笔者推测认为封子楚为子封子之子的可能性非常大。据《系年》第二十三章记载，子封子曾因战败而被楚军俘虏至楚国，封子楚名“楚”很有可能与此事相关。古人有以人生中所经历的大事为子孙后代命名者，如《左传·襄公三十年》所载：“二月癸未，晋悼夫人食舆人之城杞者，绛县人或年长矣，无子而往，与于食。有与疑年，使之年。曰：‘臣，小人也，不知纪年。臣生之岁，正月甲子朔，四百有四十五甲子矣，其季于今三之一也。’吏走问诸朝。师旷曰：‘鲁叔仲惠伯会郤成子于承匡之岁也。是岁也，狄伐鲁，叔孙庄叔于是乎败狄于咸，获长狄侨如及虺也、豹也，而皆以名其子。七十三年矣。’”据晋大夫师旷所言，鲁叔孙庄叔就曾以战争中俘获的狄师将领之名为其子命名。同样，子封子战败为楚军所俘，虽然子封子当以此事为耻，但子封子也很有可能由于此事为其子取名为“楚”，以此来鞭策自己莫要忘记这次战败被俘之耻。

封子楚簠铭文云：“封子楚，郑武公之孙，楚王之士……虩虩叔楚，剌之元子。”据铭文所提供的信息，封子楚为郑武公之裔孙，封氏为姬姓氏族，封子楚称“叔楚”，当为剌的第三子，担任楚王卿士。据上文所论，铭文中的剌，即封子楚的父亲，当即清华简《系年》中的子封子，而且子封子为楚军所降时，封子楚应当尚未出生。封子楚为楚王之士或当在郑灭于韩之后，郑国之封氏在灭国后投奔了楚国，封子楚也因此成为楚王之卿士。据《系年》所载，子封子于楚悼王三年（前399），为楚军所降。公元前375年，韩哀侯灭郑，前后相距24年。按照时间来说，封子楚为子封子的儿子是完全有可能的。据此，出土文献中的子封子即封子楚簠中的“剌”，其子为封子楚，两人皆属郑国之封氏，韩哀侯灭郑后，封氏投奔楚国。若以上所述不误，封子楚簠的年代也当为战国早期。

---

① 程浩:《封子楚簠与〈系年〉中的“子封子”》，华东师范大学历史学系《第二届“出土文献与先秦史研究”工作坊论文集》，2017年11月18日，第54～57页。

从郭店简《穷达以时》谈“人为贵”思想

罗　恰

摘　要：“天人有分”的观点普遍认为源于荀子，而郭店简《穷达以时》颠覆了人们的固有认识，将这一观点的产生时间提前。《穷达以时》认为，人的穷达际遇取决于“天”，是不属于人自身职分之内的，只有个人的德行修为才是取决于自身；穷达虽然取决于“天”，但也只是一时的情况，对君子来说最重要的、始终如一的事情是完善自身的德行，而不应该执着于职分之外的事情。《穷达以时》全篇明显表露出了对人自身作用和地位的重视。简文中“天人有分”的思想是孔子天人观的体现，即天和人已经有了分别，各有职分，但人能在自己职分范围内发挥主观能动性“尽人事以听天命”，因此对于人的认识应当重新展开，孔子“人为贵”的思想随之而生。“人为贵”思想破除了对传统“天命”论的迷信，重新对人的价值和作用进行了审视，进而阐发了人自身的重要性。包括孟子和荀子在内的儒家后学都继承并发展了这一思想。

关键词：穷达以时；天人有分；人为贵

作　者：罗恰（1986—），男，湖北应城人，湖北省博物馆馆员，主要从事历史文献的整理与研究工作。

郭店简《穷达以时》篇的内容因为对天人关系的独特论述而为学者所重视。

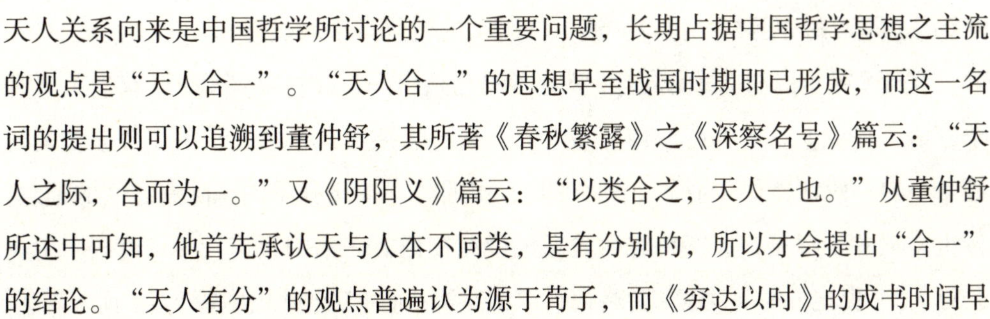

天人关系向来是中国哲学所讨论的一个重要问题，长期占据中国哲学思想之主流的观点是“天人合一”。“天人合一”的思想早至战国时期即已形成，而这一名词的提出则可以追溯到董仲舒，其所著《春秋繁露》之《深察名号》篇云：“天人之际，合而为一。”又《阴阳义》篇云：“以类合之，天人一也。”从董仲舒所述中可知，他首先承认天与人本不同类，是有分别的，所以才会提出“合一”的结论。“天人有分”的观点普遍认为源于荀子，而《穷达以时》的成书时间早于荀子[①]，它的重现人世，颠覆了人们上千年的认识。

《穷达以时》开篇即提出：

> 又（有）天又（有）人，天人又（有）分。詧（察）天人之分，而智（知）所行矣。

指出天与人的分别，二者并不一致。继而开始论述“世”与“人”的关系，指出：

> 又（有）亓（其）人，亡（无）亓（其）殜（世），唯（虽）臤（贤）弗行矣。句（苟）又（有）亓（其）殜（世），可（何）慬（难）之又（有）才（哉）。

显然，“世”具有“人”所不及之处，人只能在特定的时空生活，无法逾越。接着以历史上一系列人物的遭遇来说明人如果想取得一定的成就，必须要遇到了解自己并为自己提供用武之地的当政者，否则，即使再有不世之才，也是枉然。这里，着重提到了一个“遇”，正是因为有“遇”与“不遇”的区别，才会有“显”与“不显”的结局。随之，进一步论述“堣（遇）不堣（遇），天也”，人“童（动）非为达也”，点明人应该执着于自身的修行，就算困苦潦倒，也不应该动摇。最后，简文的重点完全转移到“人”身上，提出虽然“穷达”是由“时”决定，但是“善否”是取决于自己的，人应该专注于自己的“德行”，不要执着于“穷达”“誉毁”“幽明”这些超出人自身能力所能控制范围的东西，而要“惇（惇）于饭（反）

---

① 郭店简出土于湖北省荆门市郭店一号楚墓，发掘者认为该墓葬的年代属于战国中期偏晚，有学者推断其下限不晚于白起拔郢。郭店简的成书时间肯定不晚于墓葬年代，要早于荀子生存时代。参见湖北省荆门市博物馆：《荆门郭店一号楚墓》，《文物》1997 年第 7 期；徐少华：《郭店一号楚墓年代析论》，《江汉考古》2005 年第 1 期。

吕（己）”，耐心等待“世”“遇”“时”的变化带来的机遇。

关于《穷达以时》篇的内容，整理者早已指出：“其内容与《荀子·宥坐》、《孔子家语·在厄》、《韩诗外传》卷七、《说苑·杂言》所载孔子困于陈蔡之间时答子路的一段话类似，与后二书所载尤为相近。”[①]关于孔子困于陈蔡之间的记载，传世文献并不鲜见，向宗鲁先生曾在《说苑校证》一书中说道：“《论语·卫灵公篇》、《史记·孔子世家》皆略记孔子绝粮事；而《庄子·山木篇》、《让王篇》、《荀子·宥坐篇》、《吕氏·慎人篇》、《韩诗外传》卷七、《风俗通·穷通篇》、《家语·在厄篇》、《困誓篇》及本书所载两节尤详。文虽错互，皆可取证。”[②]李学勤先生曾经将相关的文献按照时间先后排出了一个顺序：《穷达以时》→《庄子·让王》→《荀子·宥坐》→《吕氏春秋·慎人》→《韩诗外传》卷七→《说苑·杂言》→《风俗通义·穷通》→《孔子家语·在厄》，并认为《庄子·让王》的“天与人一”是《穷达以时》“天人有分”的反命题，且对“天人之分”是荀子首创的说法提出了异议。[③]“天人之分”的说法一般认为首见于《荀子·天论》，实际上，“从思想史的发展来看，竹简天人之分的提出是对于孔子命运观的继承，同时它也是古代天命思想长期发展的产物”[④]。出土文献的材料也证明了这一点。

一、从“世”“遇”“时”到“天人有分”

（一）“时”与人的命运

“时”是中国哲学的一个重要范畴。中国哲学对“时”有着大量的、精辟的论述，蕴含着丰富的哲学思想。郭店楚墓竹简《穷达以时》篇就属此类论述之一。其文通过舜、吕望、管仲、百里奚、伍子胥等一系列历史人物的穷达际遇，来论述“有其人，无其世，虽贤弗行矣；苟有其世，何难之有哉”“遇不遇，天也”

---

① 荆门市博物馆：《郭店楚墓竹简》，文物出版社 1998 年版，第 145 页。

② 刘向撰，向宗鲁校证：《说苑校证》，中华书局 1987 年版，第 421 ~ 422 页。

③ 李学勤：《重写学术史》，河北教育出版社 2002 年版，第 144 ~ 149 页。

④ 张羽：《穷达以时中的天人之辨》，《华夏文化论坛》2006 年第 1 期。

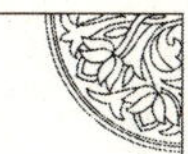

的观点。此篇内容与《说苑·杂言》所载孔子困于陈蔡之间时回答子路所问相近，中心思想都是在说明一个人的穷达在于“时”，在于有没有机遇。

相似的内容我们在《说苑》一书中还能找到一些，如：

《说苑·善说》：“陈子说梁王，梁王说而疑之曰：‘子何为去陈侯之国，而教小国之孤于此乎？’陈子曰：‘夫善亦有道，而遇亦有时，昔傅说衣褐带剑，而筑于秕傅之城，武丁夕梦旦得之，时王也；宁戚饭牛康衢，击车辐而歌《硕鼠》，桓公得之，时霸也；百里奚自卖五羊之皮，为秦人虏，穆公得之，时强也。论若三子之行，未得为孔子骏徒也，今孔子经营天下，南有陈蔡之阨，而北干景公，三坐而五立，未尝离也。孔子之时不行，而景公之时怠也。以孔子之圣不能以时行说之怠，亦独能如之何乎？’”

《说苑·善说》：“子路问于孔子曰：‘管仲何如人也？’子曰：‘大人也。’子路曰：‘昔者管子说襄公，襄公不说，是不辩也；欲立公子纠而不能，是无能也；家残于齐而无忧色，是不慈也；桎梏而居槛车中无惭色，是无愧也；事所射之君，是不贞也；召忽死之，管仲不死，是无仁也。夫子何以大之？’子曰：‘管仲说襄公，襄公不说，管仲非不辩也，襄公不知说也；欲立公子纠而不能，非无能也，不遇时也；家残于齐而无忧色，非不慈也，知命也；桎梏居槛车而无惭色，非无愧也，自裁也；事所射之君，非不贞也，知权也；召忽死之，管子不死，非无仁也。召忽者，人臣之材也，不死则三军之虏也；死之则名闻天下，夫何为不死哉？管子者，天子之佐，诸侯之相也，死之则不免为沟中之瘠；不死则功复用于天下，夫何为死之哉？由！汝不知也。’”

《说苑·敬慎》：“孔子论诗至于正月之六章，戄然曰：‘不逢时之君子，岂不殆哉？从上依世则废道，违上离俗则危身；世不与善，己独由之，则曰非妖则孽也；是以桀杀关龙逢，纣杀王子比干，故贤者不遇时，常恐不终焉。《诗》曰：“谓天盖高，不敢不局；谓地盖厚，不敢不蹐。”此之谓也。’”

简文中的“世”“遇”“时”实际上都是“天”所包含的具体内容。“冯友兰先生曾经说过，在中国文字中，‘天’一词至少有五种意义，即：物质之天，主宰之天或意志之天，命运之天，自然之天，义理之天或道德之天。上述的表现

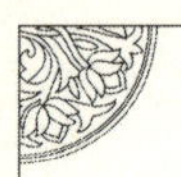

为‘世时遇’的天，应该算做命运之天，是一望可知的。”① 人的命运很大程度上取决于“天”，郭店简《唐虞之道》也说：

圣以遇命，仁以逢时。

历史上贤能之人很多，如果生不逢其时，没有机缘的垂青，即使有超群之才，也将“虽贤弗行”，此亦即《说苑·谈丛》所谓：

时不至，不可强生也；事不究，不可强求也。

王子比干剖心而死、伍子胥抉目东门、伯夷叔齐饿死首阳皆是其例。一旦有上天的惠顾，遇其人、逢其时，则能大展宏图，虞舜、傅说、伊尹、吕望、管夷吾、百里奚就是典型代表。《说苑·谈丛》有云：“五圣之谋不如逢时；辩智明慧，不如遇世。”可以为此作一注脚。

（二）“天人有分”的哲学内涵

“天”的地位是如此的重要，却并不等于说人在“天”的面前就无能为力，原因在于“有天有人，天人有分”。《礼记·礼运》郑玄注云：“分，犹职也。”正因为天、人之间有所区分，各有所职，所以在一定程度或者一定范围内，人的主体性是能够得到发挥的，可以“察天人之分，而知所行矣”。

《穷达以时》简文认为，人的穷达际遇取决于“世”“遇”“时”，取决于“天”，这不属于人的职分范畴，但是一个人的德行修为如何取决于其自身。穷达虽然都取决于“天”，但都只是一时的情况，不会长久，对君子来说最重要的就是始终如一地完善德行，而不应该执着于职分之外的事情。显然，简文是在表达对人自身能力和作用的重视。

商周之际，“以德配天”的思想开始出现，殷人的“天命有常”，变成了周人的“天命无常”。周人强调要以个人的高尚道德情操博得上天的眷顾，“敬天”“保民”“疾敬德”自然就能“受天命”，认为为善者必受赏，为恶者必受罚。但实际情况并非如此，好人未必有好报，恶人也未必就有恶报。越来越多的人开始怀疑“天”的公正性，“天”的权威开始动摇。人们不再执着地认为个人遭遇与自

① 庞朴：《天人三式——郭店楚简所见天人关系试说》，《郭店楚简国际学术研讨会论文集》，湖北人民出版社 2000 年版，第 32 页。

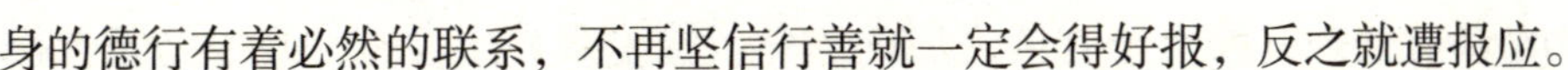

身的德行有着必然的联系，不再坚信行善就一定会得好报，反之就遭报应。

简文“天人有分”的说法将人的德行修为与人的穷达遭遇分离，行善并非为了得福，为恶并不一定遭到惩罚，修炼自我德行不过是为了尽人自己的职分。“这种以天人有分来认识德与命的区别，从而自觉地反己修身的思想在早期儒家文献中不同程度地存在着，它与以道德意志来认识天的‘天人合一’及以自然万物来认识天的‘天人有分’的思想是同时并存的。”①很显然，“天人有分”在尊重不可掌控之“天”的前提下，重视自身的修行与发展，体现了从官学到私学的历史变革时期诸子学人自我意识的觉醒。

二、孔子思想中的“天人有分”与“人为贵”思想

（一）孔子“天人有分”思想的蕴涵与体现

《穷达以时》篇的作者，学者多认为是子思。郭沂先生说：“窃以为，郭店楚简《穷达以时》正是子思所记孔子言论，乃子思书佚篇。”②我们认可这种说法。理由无外乎两点：一是简文内容近于子思的学术思想，二是《穷达以时》篇竹简的书体、形制与《鲁穆公问子思》《缁衣》《五行》篇相同，而后三篇的内容一般认为与《子思子》有非常密切的关系，甚至有可能是《子思子》原有的篇章。既然《穷达以时》记录的是孔子言论，那么，其思想内涵自然应当归属于孔子。

联系孔子一生的际遇以及相关著作，可以看出，孔子的思想实际上是包含“天人有分”成分的，只是这一成分还不是那么明白显露。孔子一生郁郁不得志，但对于自己的才能是很自信的。从《说苑·杂言》记孔子困于陈蔡之间时对子路说过的一句话“故夫君子博学深谋，不遇时者众矣，岂独丘哉”中，可以窥见其自信之情，但是“天下无道久矣”，他生不逢时，对自身的遭遇也是无能为力，所以语句中颇有些无奈。

即使不得志，孔子也一直采取“不怨天，不尤人”的处世态度，虽然有其无奈，

---

① 张羽：《〈穷达以时〉中的天人之辨》，《华夏文化论坛》2006年第1期。

② 郭沂:《子思书再探讨——兼论〈大学〉作于子思》,《中国哲学史》2003年第4期。

但更多的恐怕也是一种历经甘苦之后的豁然。徐复观先生说："孔子乃至孔门弟子，对于命运的态度，是采取不争辩其有无，也决不让其影响到人生合理地生活；而只采取听其自然的'俟命'的态度，实际上是采取互不相干的态度。"① 孔子讲"知天命"，应该是在说他已经知道了哪些是人自身可以做到的，哪些是超出人自身控制范围而属于"天"掌控的。对于人自身来说，只要积极修行，完善道德情操，做一个"惇于反己"的君子便足矣。天有分，人亦有分，做好自己的事情，其实也就是一种积极乐观的生活态度。

（二）"人为贵"思想的体现

一个人的穷达虽然是由"世""遇""时"决定，由"天"决定，但是并非说人就任由"天"摆布，毫无作为。

> 《穷达以时》简14："善伓（倍）吕（己）也。穿（穷）达㠯（以）旹（时），悳（德）行弌（一）也。譽（誉）皇（毁）才（在）仿（旁），圣（听）之弋（一）②〔也〕。母（梅）之白（伯）③。"

刘钊先生说："'伓'即'倍'字初文。《说文》：'倍，反也。''善伓（倍）吕（己）也'即'善于反诸己'之意。'反己'即求诸己。……'圣'读为'听'，古'圣'、'听'本为一字之分化，故可通用。"④

> 简15："不𠭊（厘）。穿（穷）达以旹（时），學（幽）明不再。古（故）君子憞（惇）于佊（反）吕（己）。"

---

① 徐复观：《中国人性论史》，华东师范大学出版社2005年版，第53页。

② 弋，读为"一"，信阳简2-10、15："一青（琪）□之（璧），至（径）四笲（寸）（闲）笲（寸），尃（博）一笲（寸）少笲（寸），厚釴笲（寸）。"釴，同"弌""一"。谓梅伯先受醢后名扬，子胥先有功后戮死，皆有圣名也。《天问》："梅伯受醢，箕子详狂。"上博藏五《鬼神之明》："及桀纣幽厉，焚圣人，杀谏者。"又："五（伍）子疋（胥）者，天下之圣人也。"参代生：《〈穷达以时〉第14、9简补说》，复旦大学出土文献与古文字研究中心网（http://www.gwz.fudan.edu.cn/SrcShow.asp?Src_ID=1275），2010年10月3日。

③ 梅之伯，即梅伯。简14下接简9，参陈剑：《郭店简〈穷达以时〉、〈语丛四〉的几处简序调整》，《新出简帛研究》，文物出版社2004年版，第316～322页。

④ 刘钊：《郭店楚简校释》，福建人民出版社2005年版，第175页。

黄人二先生说："㥁，惇也。末句意如《论语·卫灵公》：'君子求诸己。'"[①] 简文以为穷达取决于"天"，誉毁在于旁人，这都是人自己所不能决定的，但是德行的修养，是自己能够决定的，对个人来说最重要的是能"求诸己"，能从自身出发"惇于反己"。"惇于反己"最后能达到一种怎样的境界，我们或许可以从《说苑·政理》中所说的一句话得到一些启发，即"所谓不出于环堵之室而知天下者，知反之己者也"。

人应该完善自我德行，不埋怨命运，不埋怨天，最后"尽人事以听天命"。《中庸》云："大德必得其位，必得其禄，必得其名，必得其寿。"又"大德者必受命"。就是认为"德"与"命"有着极为紧密的联系。明白了所谓的"天人之分"，就能如郭店简《语丛一》所说："知天所为，知人所为，然后知道，知道然后知命。"最终达到的境界就是《说苑·谈丛》所说的："求以其道则无不得，为以其时则无不成。"

可见，简文虽然强调了"天"对个人穷达的重要影响，但是并没有否定人自身的作用，反而通过"天人有分"的观点张扬了人的主体性，体现了人的地位。

长期以来，人们一直认为中国古代哲学特别是儒家哲学中，"天人合一"的观念是其基本特征，"天人相分"的观念是荀子首先提出，形成时间较晚，影响范围也比较小，因而常常受到忽视，现在看来，"天人相分"的观念也有深远的历史渊源。

人之所以不同于其他生物，在于能在自己职分范围内发挥主观能动性"尽人事以听天命"，其根源在于人乃万物之灵，即《孝经·圣治》所谓："天地之性，人为贵。""人为贵"这一思想多见于儒家典籍：

> 《荀子·王制》："水火有气而无生，草木有生而无知，禽兽有知而无义；人有气，有生，有知，亦且有义，故最为天下贵也。"
>
> 《大戴礼记·曾子大孝》："天之所生，地之所养，人为大矣。"
>
> 《伪古文尚书·泰誓》："惟天地万物父母，惟人万物之灵。"
>
> 董仲舒《举贤良对策》："人受命于天，固然超异于群生……是其得天

---

① 黄人二：《郭店竹简〈穷达以时〉考释》，《古文字与古文献》（试刊号），台湾楚文化研究会，1999年，第133页。

之灵，贵于物也。”

上引诸条都是这一思想的体现。郭店简中也有相似语句：

《语丛一》简18：“天生百物，人为贵。”

《说苑》中也多处提到这一点：

《说苑·杂言》引荣启期云：“天生万物，唯人为贵。”

《说苑·建本》引孔子云：“天之所生，地之所养，莫贵乎人。”

“人为贵”的思想实际上是一种人本思想的体现。春秋时期，子产“天道远，人道迩”的观点已经显现出人本思想的萌芽。在这一时期，人的地位和作用开始受到重视，人不再是完全依从于“天”的附属，而是可以在一定程度和范围内发挥能动性的存在。

《论语》中没有孔子“人为贵”思想的直接表述，但是有不少记载从侧面反映了孔子重视人的思想：

《论语·先进》：“未能事人，焉能事鬼？”

《论语·乡党》：“厩焚，子退朝，曰：‘伤人乎？’不问马。”

“人为贵”思想表明人的地位和作用已经开始受到一定程度的重视，人已经不再仅仅是“天”的依附，而可以作为一个独立的存在。虽然这种独立并非是完全的绝对的，但是已经与“天”有了区分，并不仅仅是“天人合一”了。

三、从“天人有分”到“人为贵”

西周初年，统治者吸取殷商灭亡教训，提出了“敬德保民”的思想，以“德”标榜“受天命”的正义性，以此来巩固既得的政治地位。其出发点是为稳固政权而进行宣传，但客观上削弱了人们对“天”的普遍崇拜，起到了鼓舞人们重视自我“德”的修养，重视个人努力的作用。至春秋时期，人的作用、人的价值受到更广泛的关注，《左传》即有不少相关内容，虢公使史嚚享神，史嚚云：

虢其亡乎！吾闻之：国将兴，听于民；将亡，听于神。神，聪明正直而壹者也，依人而行。

周内史叔兴聘于宋，也曾指出“吉凶由人”。其时的人们显然已经一定程度上认可了人的独立性，不再把人单纯作为“天”“神”的附属物看待。

既然天和人已经有了分别，各有职分，对于人的认识当然要重新展开，而孔子的言行即表明了他对人的重视，“子不语怪、力、乱、神”，《论语》全书讲的都是人事，可以体现这一点。孔子的“人为贵”思想被后学所继承并进一步发挥。孟子一方面承认天对人的控制力，如《孟子·梁惠王下》所云：“吾之不遇鲁侯，天也。臧氏之子焉能使予不遇哉！”另一方面，孟子又对人的主体性有积极的认识，如《孟子·尽心上》：“夭寿不贰，修身以俟之，所以立命也……求则得之，舍则失之，是求有益于得也，求在我者也。”荀子继承了孔子的“天人有分”思想，强调人的主体性，但走得更远，提出了“制天命而用之”的思想，将人的地位提高到极致。

孔子重视人本身，必然首先是因为他破除了对传统“天命”论的迷信，重新对人本身的价值和作用进行了一番审视，进而发现了人自身的重要性，可以说，“天人有分”的思想观念一旦形成并提炼出来，“人为贵”的思想也就随之而生了。

读北大汉简《妄稽》《反淫》札记

蔡　伟

摘　要： 本文是对北大汉简《妄稽》《反淫》中的一些词语重新加以考释，如指出《妄稽》"孝弟（悌）兹（慈）悔"，应读为"孝弟（悌）兹（慈）悔（敏）"；对《反淫》中"洛纂"一词作了补充证明；认为素[illegible]之[illegible]应释为"笄"字，读为"枅"；紆奇直，"紆"应读为"闲"等。

关键词： 汉简；妄稽；反淫；札记

作　者： 蔡伟（1971—），辽宁锦州人，毕业于复旦大学，任职于安顺学院图书馆古籍部，研究方向为古文字学、训诂学和校勘学。

近年出版的《北京大学藏西汉竹书［肆］》①，其中收录了《妄稽》《反淫》两篇珍贵的文献。原整理者作了很多必不可少的基础性工作，在网上学者们也陆续发布了各类考释文章，这都为我们进一步研究和整理这两篇文献，打下了良好的基础。笔者曾较早在网上发表一系列研究文章，现在稍加整理汇集在一起，以供学者参考。

① 北京大学出土文献研究所编：《北京大学藏西汉竹书［肆］》，上海古籍出版社 2015 年版。

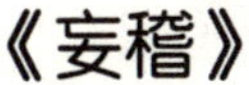

一、孝弟（悌）兹（慈）悔

北大汉简《妄稽》简 1 有下引一段话：

> 瞀[①]（荥）阳幼进，名族周春。孝弟（悌）兹（慈）悔，恭敬仁孙（逊）。乡党莫及，于国无论（伦）。

整理者注释说：

> “兹悔”即“慈诲”，慈爱教诲。或“悔”通“宥”，“慈宥”谓仁慈宽宥。[②]

网上已见多人对整理者的这一说法提出异议，但他们大都认为“悔”字当读为“惠”。[③] 只有王宁先生注意到：

> “悔”晓纽之部，阴声；“惠”匣纽质部，入声，二者读音差距较大，故言“悔”读为“惠”可疑。

但他疑整理者读“兹悔”为“慈诲”之说正确，并说：“慈”谓慈惠，诲谓教诲，是两个义项，又引《说苑·建本》“贤父之于子也，慈惠以生之，教诲以成之”为证[④]，则与我们的看法不同。

---

① 此字整理者释为“营”，此据杨元途说改释。见杨元途《北大汉简〈妄稽〉、〈反淫〉校读笔记》，复旦大学出土文献与古文字研究中心网（http：//www.gwz.fudan.edu.cn/Srcshow.asp?Src_ID=2812），2016 年 6 月 3 日。

② 北京大学出土文献研究所编：《北京大学藏西汉竹书［肆］》，上海古籍出版社 2015 年版，第 59 页。

③ 可参王晓明：《北大简〈妄稽〉校读简记（一）》，复旦大学出土文献与古文字研究中心网（http：//www.gwz.fudan.edu.cn/forum/forum.php?mod=viewthread&tid=7845），2016 年 6 月 7 日；《北大汉简〈妄稽〉初读》，武汉大学简帛网 - 简帛论坛 - 简帛研读（http：//www.bsm.org.cn/bbs/read.php?tid=3371&page=5），网友“海天游踪”说，48 楼；萧旭：《北大汉简（四）〈妄稽〉校补》，复旦大学出土文献与古文字研究中心网（http：//www.gwz.fudan.edu.cn/SrcShow.asp?Src_ID=2853），2016 年 7 月 4 日。

④ 王宁：《读北大简四〈妄稽〉零识》，武汉大学简帛网（http：//www.bsm.org.cn/show_article.php?id=2594#_ednref2），2016 年 7 月 14 日。

下面就来谈谈我们的意见。我们知道，“悔”“惠”二字的古音并不相近（“悔”为晓母之部，“惠”为匣母质部，古韵学家或以“惠”字为脂部去声字），并不具备通假的条件。而且在传世及出土文献中也未见“悔”“惠”相通之例，所以将“悔”读为“惠”，从语音方面来讲，是不能成立的。

我们认为，“悔”可读为“敏”，“悔”“敏”二字并从“每”得声（上博简二《子羔》简 4 有“每以[illegible]寺”语，何琳仪先生读“每”为“敏”，后来郭永秉先生释出了“[illegible]”字，并指出简文应读为“敏以好诗”，与古书中的“敏而好学”辞例相近。①），从《诗经》一直到汉魏时期的韵文，“敏”字皆与之部字押韵②，无一例外。③因此将“悔”读为“敏”，就语音方面来说，毫无问题。

“敏”有勤勉的意思。《礼记·中庸》“人道敏政，地道敏树”，郑玄注曰：“敏，犹勉也。”《汉书·东方朔传》“敏行而不敢怠也”，颜师古注：“敏，勉也。”《大戴礼记·五帝德》“长而敦敏”，王聘珍注：“敏，犹勉也。”上引《论语·公冶长》“敏而好学”，钱穆先生注：“敏，疾速义。孔子好古敏以求之是也。”对于“敏而好学，不耻下问，是以谓之文也”这句话，钱穆先生译为：“他做事勤敏，又好学，不以问及下于他的人为耻，这就得谥为文了。”④又《论语·阳货》：子张问仁于孔子，孔子曰：“能行五者于天下为仁矣。”请问之。曰：“恭、宽、信、敏、惠。恭则不侮，宽则得众，信则人任焉，敏则有功，惠则足以使人。”“敏则有功”，杨伯峻先生译注为：“勤敏就会工作效率高、

---

① 参见郭永秉：《说〈子羔〉简 4 的“敏以好诗”》，《古文字与古文献论集》，上海古籍出版社 2011 年版，第 181 ~ 186 页。

② 参顾炎武：《音学五书》，中华书局 1982 年版，第 334 ~ 335 页。

③ 只有刘熙《释名·释言语》云：“敏，闵也。进叙无否滞之言也，故汝颍言敏如闵也。”见王先谦：《释名疏证补》，上海古籍出版社 1984 年版，第 172 页。罗常培、周祖谟（《汉魏晋南北朝韵部演变研究》第 1 分册，中华书局 2007 年版，第 74 页）解释说：“敏”从每声，在之部，汝颍言敏如闵，闵真部字（引者案：闵为文部字），此为《切韵》“敏”归入轸韵的最早的方音。

④ 钱穆：《论语新解》，《钱宾四先生全集》（3），台湾联经出版社 1978 年版，第 169 ~ 170 页。

贡献大。”①

检日本写本《群书治要》引《尸子·劝学》云：

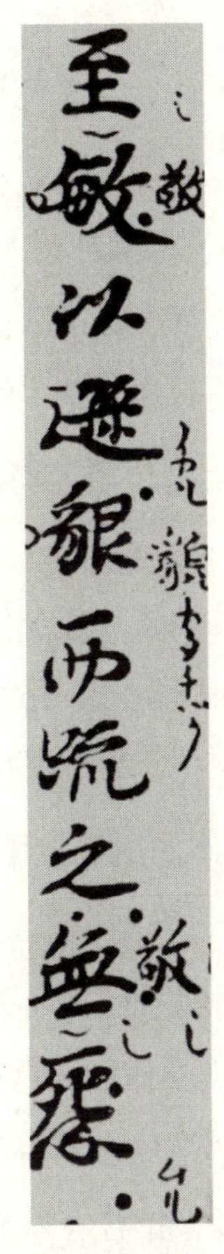

《群书治要》（五），日本汲古书院1989年版，第382页。

“敏”字右侧有校者所改之“敬”字，则为后来诸刻本所承用。案《说苑·臣术》有“君亲而近之，致敏以逊；貌而疏之，则恭而无怨色”语句，即本于《尸子》，可证写本“敏”字不误。“至敏以逊”“致敏以逊”，倒言之则作“逊敏”。《吕氏春秋·士容》云：

趋翔闲雅，辞令逊敏。

① 杨伯峻译注：《论语译注》，中华书局1988年版，第183页。

高诱注：

逊，顺也；敏，材也。

《荀子·修身》云：

端悫顺弟，则可谓善少者矣。加好学逊敏焉，则有钧无上，可以为君子者矣。

尤可注意者，颜真卿《颜鲁公文集》卷九《朝请大夫行江陵少尹兼侍御史荆南行军司马上柱国颜君神道碑铭》有“孝悌惇敏，有才干局力，所居以吏道称”语。其中“孝悌惇敏”（“惇敏”即上引《大戴礼记·五帝德》“长而敦敏”之“敦敏”，谓敦厚勤勉）[①]，与简文之“孝弟（悌）兹（慈）悔（敏）”文意至近。可资参证。

总之，《妄稽》云“孝弟（悌）兹（慈）悔（敏），恭敬仁孙（逊）”，其以“悔（敏）”“孙（逊）”对文，与传世文献或以“敏”“逊”连举，或以“逊敏”连言，其义相同。

简文是说周春具有“孝弟（悌）兹（慈）仁，恭敬孙（逊）悔（敏）”等各种优秀的品行。今简文不云“孝弟（悌）兹（慈）仁，恭敬孙（逊）悔（敏）”，而作“孝弟（悌）兹（慈）悔（敏），恭敬仁孙（逊）”者，乃倒错其文以就韵耳。简文描写周春有如此之美行，然而所娶之妻妄稽，则为典型的“妒妻悍妇”。作者正是通过这一鲜明的对比手法，来塑造人物，以加强艺术表现力。

案“妒妻悍妇”作为一种社会现象自古而存在，北大汉简《妄稽》是已知的最早一篇以“妒妻悍妇”为题材的文学作品。这一类题材直至明末清初之际，仍具有顽强的生命力。[②] 盖“妒妻悍妇”之结局多不得善终，具有强烈之劝诫与醒世作用。

最后，我们附带根据日本写本《群书治要》来校正刻本《群书治要》及诸辑本《尸子》中的几个误字。

1.《尸子·劝学》云：

---

① 又案“惇”亦可如字读。《方言》卷七：“惇，信也。”（《广雅·释诂一》同）。《吕氏春秋·责当》云：“其友皆孝悌纯谨畏令。”“纯谨”，《韩诗外传》《新序》并作“笃谨”，笃亦信也，见高诱注《吕氏春秋·孝行》。《吕氏春秋·士容》曰：“淳淳乎慎谨畏化，而不肯自足；乾乾乎取舍不悦，而心甚素朴。”王念孙曰：“淳淳、乾乾当互易”（转引自陈奇猷校释：《吕氏春秋新校释》，上海古籍出版社 2011 年版，第 1710 页），非是。

② 参冯月娟：《明末清初笔记小说中的妒妻悍妇》，厦门大学 2007 年硕士学位论文。

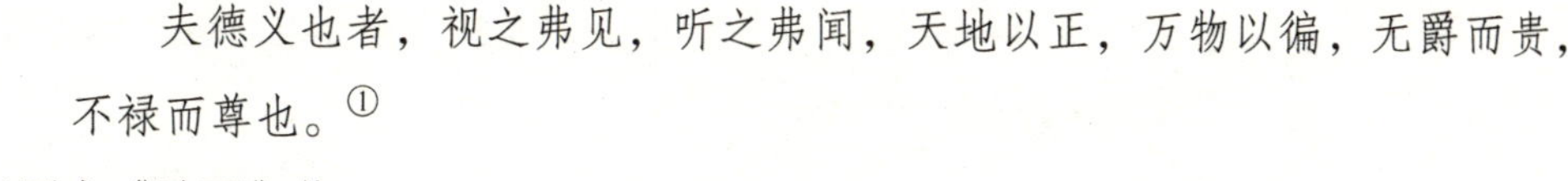

夫德义也者，视之弗见，听之弗闻，天地以正，万物以徧，无爵而贵，不禄而尊也。①

案写本《治要》作：

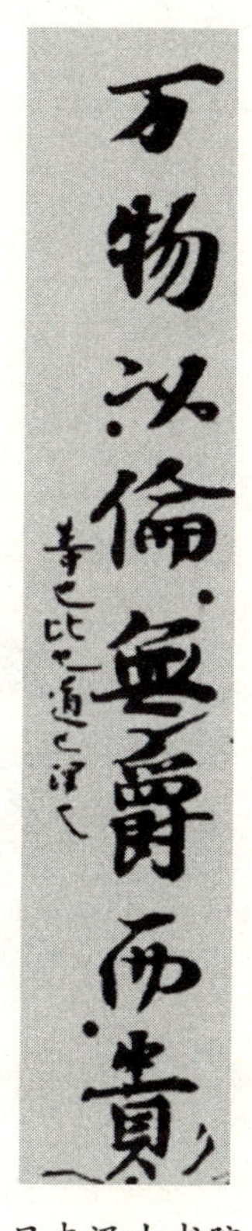

《群书治要》（五），日本汲古书院1989年版，第386页。

其作“万物以伦”，“伦”字左下侧有校者所注之“等也、比也、道也、理也”诸字。案《尸子》此文以“闻”“伦”“尊”为韵（古音文部），用韵自然而和谐，刻本《治要》因形近而误作“徧”，则失其韵矣。而孙星衍、洪颐煊及汪继培所辑之《尸子》，复据刻本《治要》，可谓踵讹沿谬，而《尸子》之文意，遂莫有能得其确解者矣。“天地以正，万物以伦”，“伦”，道也，理也。与《礼记·中

① 孙星衍、洪颐煊：《尸子集本》，《平津馆丛书》，凤凰出版社2010年版，第257页；汪继培辑校《尸子》，收入嘉庆十六年刊《湖海楼丛书》中，又上海古籍出版社影印浙江书局《二十二子》，其所收汪继培辑校《尸子》，亦据《湖海楼丛书》本，读者可参阅。《二十二子》，上海古籍出版社1987年版，第368页。

庸》“致中和，天地位焉，万物育焉”（郑玄注：“致，行之至也。位，犹正也。育，生也，长也。”[①]）文意相近。

2.《尸子·发蒙》云：

> 家人子侄和，臣妾力，则家富，丈人虽厚，衣食无伤也；子侄不和，臣妾不力，则家贫。[②]

案写本《治要》作：

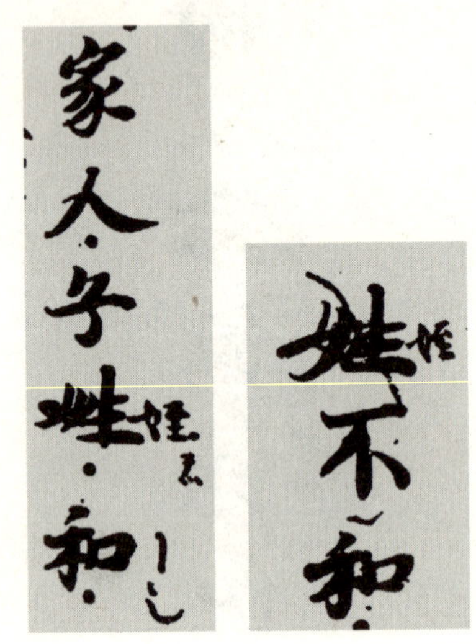

《群书治要》（五），日本汲古书院 1989 年版，第 408、409 页。

两“姓”字右侧皆有校者所改之“侄”字，则为后来诸刻本所承用。案“姓”“侄”形近，故书传中之“子姓”后人多误改为“子侄 / 侄”[③]，写本《治要》“子姓”本不误，校者不晓文意故以臆辄改，非是。北大简《妄稽》简 58 有“子生”一词，其辞例为“人有妾也，比之子生”，整理者已将“生”括注为“姓”，并作了正确的解释[④]，读者可以参看。

---

① 《十三经注疏》（下册），上海古籍出版社 1997 年版，第 1625 页。

② 孙星衍、洪颐煊：《尸子集本》，《平津馆丛书》，凤凰出版社 2010 年版，第 270 页；汪继培辑校：《尸子》，收入《二十二子》，上海古籍出版社 1987 年版，第 370 页。

③ 说见王念孙：《读书杂志·志余上·吕氏春秋》“子侄”下，江苏古籍出版社 2000 年版，第 1029 ~ 1030 页。

④ 北京大学出土文献研究所编：《北京大学藏西汉竹书［肆］》，上海古籍出版社 2015 年版，第 71 页。

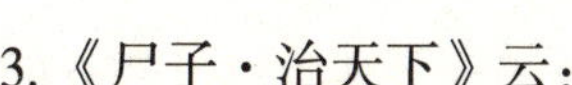

3.《尸子·治天下》云：

父母之所畜子者，非贤强也，非聪明也，非俊智也，爱之忧之，欲其贤己也，人利之与我利之无择也，欲其贤己也，人利之与我利之无择也，此父母所以畜子也。①

案写本《治要》作：

亦堅強也

《群书治要》（五），日本汲古书院1989年版，第415页。

其字明作“坚”字，刻本《治要》因形近而误作“贤”。孙星衍、洪颐煊及汪继培所辑之《尸子》，乃据刻本《治要》作“贤强”，非是。案《尸子》此文云“非坚强也，非聪明也，非俊智也”，“坚强”与“聪明”“俊智”皆为同义复词，作“贤强”则义不相属矣。

二、《妄稽》简27一些语词的释读

《妄稽》简27有一段话说：

① 孙星衍、洪颐煊：《尸子集本》，《平津馆丛书》，凤凰出版社2010年版，第275页；汪继培辑校：《尸子》，《二十二子》，上海古籍出版社1987年版，第371页。

齿若[illegible][1]骨，口类变[2]（脔）条（修）。大（太）息歌詠，谬＝（谬谬）爰恤。星（腥）腐臊箫（鳙），芀＝（芀芀）蛇臭[3]。（63 页）

关于“谬＝（谬谬）爰恤”这句，整理者是这样解释的：

“谬谬”疑同“穆穆”，安静，默默。“爰恤”，哀伤。“爰”读作“咺”，悲伤；恤，忧。

结合简文之用韵及文义，我们认为简文应作：

齿若[illegible]骨，口类变（脔）条（修）。大（太）息歌詠，谬＝（嗷嗷）爰（猿）箫（啸）。星（腥）腐臊恤（鱥/秽），芀＝（芀芀－烈烈）蛇臭。

如此，简文以“条（修）”“箫（啸）”“臭”为韵（古音幽部），用韵自然而和谐。

下面我们再来对简文括注的字词分别加以解释：

1. “谬谬”应为拟声词，可读为“嗷嗷”。《老子》“其上不皦”，马王堆汉墓帛书《老子》乙本作“其上不谬”，是其例证。[4]《文选》引谢灵运《登石门最高顶》云“活活夕流驶，嗷嗷夜猿啼”，李善注：“《楚辞》曰：‘声嗷嗷以寂寥。’《广雅》曰：‘嗷，鸣也。’”吕延济曰：“嗷嗷，猿声。”[5]

2. “恤”读为“鱥”（或“秽”）。“恤”“鱥”（或“秽”）声近而相通，犹《释名》：“血，濊也。出于肉，流而濊濊也。”[6]《广雅·释器》：“鯹、鱢……腐……鱥……臭也。”王念孙《疏证》：鯹鱢通作腥臊。……鱥之言秽也，《说

① 此字整理者释为“腊”，括注为“猪”。网友“东潮”指出，此字右旁非“者”字，疑释为“腊”，《玉篇》以为“嗜”之俗字。见武汉大学简帛论坛－简帛研读《北大汉简〈妄稽〉初读》（http：//www.bsm.org.cn/bbs/read.php?tid=3371&page=5，41 楼）。

② 此字整理者释为“樊”，此据杨元途说改释。杨元途谓：如严格隶定，诸“变”字下部当作“人”形。见杨元途《北大汉简〈妄稽〉、〈反淫〉校读笔记》，复旦大学出土文献与古文字研究中心网（http：//www.gwz.fudan.edu.cn/Srcshow.asp?Src_ID=2812），2016 年 6 月 3 日。

③ 臭，整理者释为“变”，此据何有祖说改释。见何有祖：《读北大简〈妄稽〉条记（一）》，武汉大学简帛网（http：//www.bsm.org.cn/show_article.php?id=2568），2016 年 6 月 5 日。

④ 参高亨纂著，董治安整理：《古字通假会典》，齐鲁书社 1989 年版，第 750 页。

⑤ 《六臣注文选》，中华书局 2012 年版，第 410 页。

⑥ 王先谦：《释名疏证补》，上海古籍出版社 1984 年版，第 104 页。

文》："饖，饭伤热也。"《尔雅》"食饐谓之餲"，郭注云："饭饖臭也。"《释文》引《仓颉篇》云："饖，食臭败也。"饖、餲、饐，一声之转。[①] 则"星（腥）腐臊恤（饖/秽）"四字同义，在简文中都是指臭味。检虞世南《北堂书钞·酒食部一》引《阙子》云："义渠之人，合烹龟鳖不熟，臊秽腥臭。中国火食之民，虽饥饿三日不启口，至死弗食也。"李昉《太平御览》（《四部丛刊》三编子部景宋本）卷第八四九《饮食部七》有类似的记载作："义渠之人，烹鼋鳖不熟，臊秽腥臭。中国之民，虽饥饿三日不启口，至死弗食也。"《阙子》之言"臊秽腥臭"，与简文言"星（腥）腐臊恤（饖/秽）"文意相同。

"蛇臭"之"臭"，即"臭味相投"之"臭"，气味的意思。[②] 案《诸病源候总论》卷五〇"狐臭候"下云："人有血气不和，腋下有如野狐之气，谓之狐臭。"[③] "蛇臭"与"狐臭"构词形式相似，取义亦类。陈寅恪先生曾撰《狐臭与胡臭》一文，其中有谓：

> 中古华夏民族曾杂有一部分之西胡血统……疑吾国中古医书中有所谓腋气之病即狐臭者，其得名之由来或与此事有关。……疑此腋气本由西胡种人得名，迨西胡人种与华夏民族血统混淆既久之后，即在华人之中亦间有此臭者，傥仍以胡为名，自宜有人疑为不合。因其复似野狐之气，遂改"胡"为"狐"矣。若所推测者不谬，则"胡臭"一名较之"狐臭"实为原始，而且正确欤？[④]

从汉简《妄稽》篇之"蛇臭"一词及其描述来看，我们认为"狐臭"之"狐"作如字读，最为直接允当。

简文言"芳芳"，整理者疑即"栗栗"，解释为战抖貌。显然与文意不合。

---

① 王念孙：《广雅疏证》，中华书局 1983 年版，第 251 页。

② 王宁说，"蛇臭"可能是指蛇本身所有的腥臊气味，民间所谓"蛇腥味"，并非蛇腐臭。唐王建诗"大蛇过处一山腥"，盖亦谓此（见武汉大学简帛论坛－简帛研读《北大汉简〈妄稽〉初读》，http://www.bsm.org.cn/bbs/read.php?tid=3371&page=3，26 楼），可从。

③ 巢元方：《诸病源候论》，人民卫生出版社 1955 年版，第 264 页。

④ 见《陈寅恪先生全集》（下册），台湾里仁书局 1979 年版，第 1207 ~ 1209 页；又参黄永年：《读陈寅恪先生〈狐臭与胡臭〉兼论狐与胡之关系》，收入黄永年《学苑零拾》，华东师范大学出版社 2001 年版，第 169 ~ 176 页。

“芀”字又见于《妄稽》简52及简55，皆与月部字押韵。其辞例分别为：

不来不筮（逝），邻里闻者，幼长皆芀（整理者注：疑“芀”通“栗”，害怕）

妄稽忿＝（忿忿），自身芀之。疏龇钳错，疾齧筮（噬）之（整理者注：疑“芀”通“扐”，捆绑。《集韵·职韵》：“扐，缚也。”亦或“芀”同“笏”，刺。）

根据押韵，可知整理者的“芀”通“扐”之说最无道理，不可从。“芀芀”，疑可读为“烈烈”，指气味浓烈熏人。陈剑先生指出，“芀”当释为“艾”（陈剑《〈妄稽〉〈反淫〉校字拾遗》，复旦大学出土文献与古文字研究中心网，http：//www.gwz.fudan.edu.cn/Web/Show/2850，2016年7月4日），则拙文读为“烈烈”似不确，俟考。

综上所述，简文之描写妄稽之语言动作——大（太）息、歌、訹（“訹”字整理者引《玉篇》训为“善言”），其声音如猿啸之谬谬（嗷嗷）；而其体味腥臊恶臭，则若蛇臭之芀芀（烈烈？）也。

最后，我们再根据押韵，来拟补简文中的一个脱字。《妄稽》简57–59有下引一段话：

虞士胃（谓）妄稽曰：濡（孺）子，人之有妾也，以为荣华。濡（孺）子之有妾，适乱室家；人有妾也，比之子生（姓）。濡（孺）子有妾也，比之祸。吾颟（俛）卬（仰）自念，吾窃蜀（独）何命。

案“比之祸”语意未完，疑应作“比之祸【星】”。“星”与“生（姓）”“命”押耕部韵。“祸星”，可参瞿昙悉达《开元占经》卷七八“客星占二·客星犯角一”下及李淳风《观象玩占》卷八中的有关记载。将人比之“祸星”或“灾星”，今世俗之詈语尚犹如此。

《反淫》

一、“洛纂”补证

《反淫》简18–21有下引一段话：

魂曰：“登京（景）夷之台，以望汝海。左江右胡（湖），其乐无有。兹（滋）味杂陈，殽柔（羞）措侅（该）。练色淫目，流声虞（娱）耳。眺

望直侄，目极千里，嫪（嫽）艾男女，相引为友。乃使阳文、洛纂，西它（施）、毛苁（嫱），含芳被泽，燕服从容，阳（扬）郑卫之浩乐，结敫（激）楚之遗风。此天下至靡乐也，夫子弗欲登邪？”

关于“洛纂”，整理者认为“即《七发》之闾娵”，又引李善注引《荀子》“闾娵、子奢莫之媒也”为证。

案整理者的意见是可以信从的。“洛纂”“闾娵”，初看起来似乎声不甚相近，比如说“洛”“闾”之通尚还可以，而“纂”“娵”二字声母虽然相同，然韵则一为元部字，一为侯部字，似乎远了一点。但其实元部合口字有部分与侯东部是有着密切关系的，有些研究者早已有过相关的论述。① 我们知道，有些人名和地名，在传世古书及出土文献中往往会有一些比较难以索解的异文，比如“管夷吾”之“夷”，郭店简《穷达以时》简6作“寺”（如按其时代，之部与脂部是截然分开的，但作为人名则可以例外），所以“洛纂”“闾娵”为同一人名之异写，是不足为怪的。

我们在这里想补充的是，其实在传世之类书中尚保存有关“洛纂”的一些踪迹，只是其字传写或刊刻多有讹误，遂不为常人所知耳。

日本汲古书院影印镰仓时代日本僧人手写本《群书治要》卷四一引《淮南子·齐俗训》有下列语句：

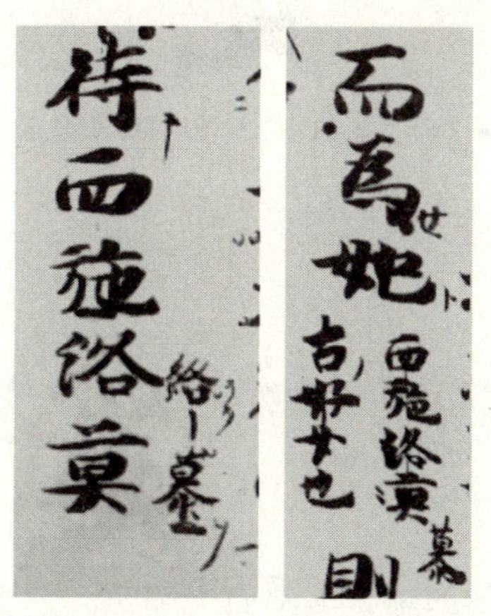

《群书治要》（6），日本汲古书院1989年版，第261页。

① 参程少轩：《试说战国楚地出土文献中歌月元部的一些音韵现象》，《简帛》第5辑，上海古籍出版社2010年版，第159页；董珊：《新蔡出土楚封泥释文校订》，“战国秦汉封泥文字国际学术研讨会”论文，2010年11月12—13日，杭州，西泠印社；又参陈剑：《汉简帛〈老子〉异文零札（四则）》，收入《“简帛〈老子〉与道家思想”国际学术研讨会论文集》，北京大学中国古代史研究中心，2013年10月25—26日。

校书者改为“络慕”，而为后来之刻本所承。景宋本《太平御览》卷八九六作：

待西施落纂而爲妃

《四部丛刊三编子部》（第54册），上海书店1985年影印本。

嘉庆十二年（1807）鲍崇城校刻本尚作“落纂”，《御览》之后来刻本亦改为“落慕”。

今北大简《反淫》篇出现了美女之名“洛纂”者，结合景宋本《御览》之作“落纂”，我们可以确知写本、刻本《群书治要》“洛/络莫”“络慕”之“莫”“慕”为误字[①]，诚一快事也。

今本《淮南子》作“待西施、毛嫱而为配”，王念孙指出：

> 《广韵》及《元和姓纂》“络”、“落”皆姓也，“慕”盖其名，《治要》《御

---

① 从“算”从“莫”之字形近而古书多讹混，可参裘锡圭：《考古发现的秦汉文字资料对于校读古籍的重要性》，收入《裘锡圭学术文集》第4卷，复旦大学出版社2012年版，第373 ~ 374页。

览》所引者原文也，今本作“毛嫱”者，后人不知络慕所出，又见古书多言“毛嫱、西施”，故改之耳，不知他书自作“毛嫱”，此自作“络慕”，不必同也。[①]
其卓识实在令人钦佩，只是其所引用之《治要》《御览》皆为误本，则稍稍有些遗憾耳。

二、素笑檐榱

《反淫》简 22 有下引一段话：

> 魂曰：今有广夏（厦）宫加（架），连垝接粱（梁）；素笑檐榱，连槛通房；列树橘柚，杂以众芳。

笑字整理者以为从竹从天，而括注为“题”。

结合简文文意及字形，我们认为笑应即“笄”字，“笄”所从之“幵”与“开”字所从同，在秦简中通常“开”字作如下形（详方勇《秦简牍文字汇编》，吉林大学 2010 年博士学位论文）：

開、開、開、開

在其他秦汉文字材料中常作如下形（《汉语大字典》字形组编：《秦汉魏晋篆隶字形表》，四川辞书出版社 1985 年版，第 846 页）：

開、開、開、開、開[②]

“笄”在简文中读为“枅”。《说文》：“枅，屋栌也。”《苍颉篇》：“柱上方木也。”[③]

---

① 王念孙：《读书杂志》，江苏古籍出版社 2000 年版，第 862 ~ 863 页。

② 以上字形皆转引自方勇：《汉简零拾两则》，武汉大学简帛网简帛论坛（http://www.bsm.org.cn/show_article.php?id=1607），2011 年 12 月 23 日。

③ 详参段玉裁：《说文解字注》，上海古籍出版社 1988 年版，第 254 页；又参王念孙：《广雅疏证》，中华书局 1983 年版，第 209 页。

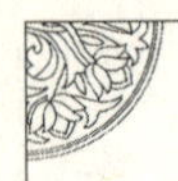

北大汉简《苍颉篇》简 54“桴楣榱槐，柱枅桥梁”，其中“枅”字作“枅”。《淮南子·主术训》云：

> 是故贤主之用人也，犹巧工之制木也，大者以为舟航柱梁，小者以为楫楔，修者以为榱榱，短者以为朱儒枅栌。无小大修短，各得其所宜；规矩方圆，各有所施。①

或以“榱”“枅”连言，或以“榱”“枅”对举。

综上所述，简文言“素笄（笄－枅）榱榱”，是谓不带彩饰的柱上方木及屋檐的椽子。

三、紆（闲）奇直

《反淫》简 29–30 有下引语句：

> 张溪子之弩，发宛路之矰；紆（观）奇直，别雌雄；合蒲苴之数，察逆顺之风。②

关于“紆（观）奇直”语，整理者注释说：

> 紆：与“观”皆见母元部，古音可通。奇直：即“奇正”；此指地势、猎者与狩猎对象等因素的常规与变化。……

“紆”字图版作紆，字从糸从干，隶定没有问题。但整理者读“紆”为“观”，虽然其古音相近可通，但是并非简文之文意。

我们认为，“紆”可读为“闲”，从干从闲之字，声近而通。如《仪礼·聘

---

① 何宁：《淮南子集释》（中册），中华书局 2010 年版，第 653 页。

② 北京大学出土文献研究所编：《北京大学藏西汉竹书［肆］》，上海古籍出版社 2016 年版，第 129 页。案《淮南子·原道训》：“夫峭法刻诛者，非霸王之业也；棰策繁用者，非致远之术也。离朱之明，察箴末于百步之外，不能见渊中之鱼；师旷之聪，合八风之调，而不能听十里之外。故任一人之能，不足以治三亩之宅也。修（循）道理之数，因天地之自然，则六合不足均也。”“合”与“察”相对，其文义与简文合。“合八风之调”之“合”，郑良树《淮南子斠理》疑当作“分”，非是。萧旭《淮南子校补》（台湾花木兰出版社 2014 年版，第 15 页）力辩郑说之非，甚是。

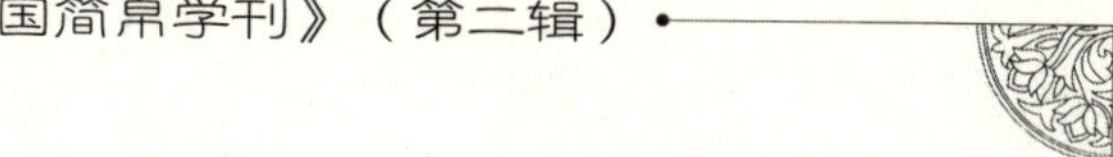

礼》“皮马相闲”，郑玄注“古文闲作干”[①]，是其例证。

闲，亦别也。《庄子·天运》“苟简”，《释文》：“司马本简作闲。闲，分别也。”《庄子·天地》云：“百年之木，破为牺尊，青黄而文之，其断在沟中。比牺尊于沟中之断，则美恶有闲矣，其于失性，一也；桀跖与曾史，行义有闲矣，然其失性，均也。”又《庄子·庚桑楚》“而物或闲之邪”，成玄英注并曰：“闲，别也。”案《淮南子·俶真训》云：“百围之木，斩而为牺尊，镂之以剞劂，杂之以青黄，华藻镈鲜，龙蛇虎豹，曲成文章。然其断在沟中，壹比牺尊沟中之断，则丑美有闲矣，然而失木性钧也。”[②]此即本于《庄子》，“有闲”，皆谓有别也。高诱注云：“闲，远也。方其好丑，相去远也。”非是。《淮南子·原道训》：“夫天下者亦吾有也，吾亦天下之有也，天下之与我，岂有闲哉！”

重言之则曰“闲闲”，如《庄子·齐物论》“小知闲闲”，《释文》：“闲闲，有所闲别也。”又《孟子·尽心上》云：“鸡鸣而起，孳孳为善者，舜之徒也；鸡鸣而起，孳孳为利者，跖之徒也。欲知舜与跖之分，无他，利与善之闲也。”“利与善之闲也”谓“利与善之分也”，“利与善之别也”。作分别之义讲的“闲”字亦作“简”。[③]

综上所述，简文言“纤（闲）奇直，别雌雄”，其实即谓“分别奇正及雌雄”耳。

最后，附带纠正整理者的一处断句错误。《反淫》简 43–47 有下引一段话：

> 魂曰：“于是处闲静之宫，冠弁以听朝，族天下博徹闲夏（雅）之士，若张义（仪）、蘚〈苏〉秦，孟柯（轲）、敦（淳）于髡、阳（杨）朱、墨翟、子赣（贡）、孔穿、屈原、唐革（勒）、宋玉、景瑣（差）之偷〈伦〉。观五帝之遗道，明（明）三王之法，藉以下巧（考）诸衰世之成败，论天下至精微，理万物是非，别同异，离坚白，孔老监（览）听，弟子伦属而争。天下至神眇，夫子弗欲□邪？”

① 《十三经注疏》，上海古籍出版社 1997 年版，第 1074 页；又参王引之《经义述闻》卷一九“以闲先王”下，江苏古籍出版社 2000 年版，第 468 页。

② 何宁：《淮南子集释》（上册），中华书局 2010 年版，第 125 ~ 127 页。

③ 宗福邦等主编：《故训汇纂》，商务印书馆 2003 年版，第 1691 页。

案简文当断读为：

观五帝之遗道，明（明）三王之法藉（籍）。

“法籍”为道家习语，屡见于《文子》《淮南子》等书，如：

执一世之法籍，以非传代之俗，譬犹胶柱调瑟。（《文子·道德》）

今欲学其道，不得其清明玄圣，守其法籍，行其宪令，必不能以为治矣。（《文子·道德》）

故三皇五帝，法籍殊方，其得民心一也。《文子·自然》

弃捐五帝之恩刑，推蹶三王之法籍。（《淮南子·览冥训》）

法籍礼仪者，所以禁君，使无擅断也。（《淮南子·主术训》）

故先王之法籍，非所作也，其所因也。（《淮南子·齐俗训》）

今握一君之法籍，以非传代之俗，譬由胶柱而调瑟也。（《淮南子·齐俗训》）

所谓礼义者，五帝三王之法籍风俗，一世之迹也。（《淮南子·齐俗训》）

今欲学其道，不得其清明玄圣，而守其法籍宪令，不能为治，亦明矣。（《淮南子·齐俗训》）

故三皇五帝，法籍殊方，其得民心均也。（《淮南子·齐俗训》）

不知法治之源，虽循古，终乱。今世之法籍与时变，礼义与俗易。（《淮南子·泛论训》）

西施、毛嫱，状貌不可同，世称其好美钧也。尧、舜、禹、汤，法籍殊类，得民心一也。（《淮南子·说林训》）

皆可以为证。

检傅刚、邵永海《北大藏汉简〈反淫〉简说》(《文物》2011年第6期）已于“藉”下断句，这本来是正确的，但不知为何后来又改从“法”下断句？拙说就算是对《北大藏汉简〈反淫〉简说》小小的补充吧

四、《反淫》篇校字一则

《反淫》简35-36有下引一段话：

且也吾闻之：大灌（观）者弗小□，湛于道者弗无闲。夫子何不游于埍（逍）

垗（遥），处于大廓，以万物为一，[illegible]（修）死生同宅？①

案“[illegible]（修）”字，因未见原图版，不知整理者的隶定是否准确，亦不知整理者如何解释。然其括注为“脩（修）”，则文意不可通。颇疑此字是“随”之误释，“随”字，如北大汉简《老子》作：

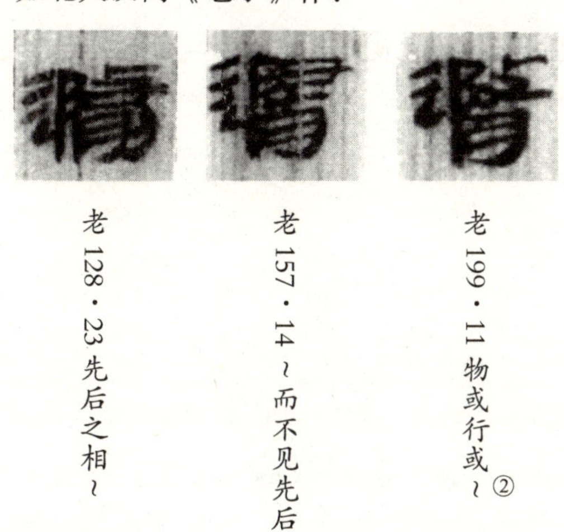

老128·23先后之相~　老157·14~而不见先后　老199·11物或行或~②

退一步讲，此字若非误释果如整理者之隶定，则应视为“随”字的误写。随、隋与脩（修）隶书形近，古书中往往讹混，例证见于王念孙《读书杂志》“而被甲兵不随南畝”及“既拚以脩”下。③除了王氏所举之例证外，古书中如《淮南子·墬形训》“南方阳气之所积，暑湿居之，其人修形兑上，大口决眦”，《太平御览》卷三六三引“修”作“堕”；《淮南子·齐俗训》“窥面于盆水则员，于杯则隋”，《太平御览》卷七五八引作“于杯水则修”，何宁指出，作“修”非，隋误为修，书作修耳。④又《尉缭子·攻权》说：

异口虚言，将无修容，卒无常试，发攻必衄，是谓疾陵之兵，无足与斗。

① 转引自杨元途：《北大汉简〈妄稽〉、〈反淫〉校读笔记》，复旦大学出土文献与古文字研究中心网（http：//www.gwz.fudan.edu.cn/Srcshow.asp?Src_ID=2812），2016年6月3日。

② 转引自李红薇：《北京大学藏西汉竹书集释及字表》，吉林大学2015年硕士学位论文。

③ 王念孙：《读书杂志》，江苏古籍出版社2000年版，第838、911页。

④ 何宁：《淮南子集释》（中册），中华书局2010年版，第807页。

《淮南子·兵略训》有相似的语句作：

将无疑谋，卒无二心，动无堕容，口无虚言，事无尝试，应敌必敏，发动必亟。①

银雀山汉简《尉缭子》简497相应的文句作：

……无尝试，发童（动）必蚤（早），亩（敏）②凌而兵，毋与战矣。（P81）

案“修容”当作“隋容”，读为“堕容”。今本《尉缭子》可校订为：

异口虚言，将无修〈隋－堕〉容，卒无常（尝）试，发攻〈动〉必蚰（早），是谓疾陵之兵，无足与斗。

又《孙子·火攻》有下引一段话：

夫战胜攻取而不修其功者凶，命曰费留。故曰：明主虑之，良将修之。

《群书治要》《太平御览》并作“修”。银雀山汉简本《孙子·火攻》简139作：

得，不隋其功者，凶，命之曰费留。故曰：明主虑之，良将随之。③

李零先生指出：

可能字本作“隋”而讹为“修”，又通作“修”。简本“隋”应读为“随”，是顺随之义。④

凡此皆随、隋与脩（修）形近而讹混之例。上引银雀山汉简本《孙子》“良将随之”之“随”，即“夫唱妇随”之“随”，“随”，从也。“明主虑之，良将随之”与马王堆帛书《衷》36行上“武夫昌（倡）虑，文人缘序（绪）”语意类似。⑤

简文“以万物为一”与“[illegible]〈随〉死生同宅”相对为文，其句式与《庄子·德充符》“胡不直使彼以死生为一条，以可不可为一贯者，解其桎梏，其可乎”相类，又传世文献每以“万物”与“死生”对文，如《淮南子·精神训》“以死生为一化，以万物为一方”，“细万物，则心不惑矣；齐死生，则志不慑矣”皆是。又简文

① 何宁：《淮南子集释》（下册），中华书局2010年版，第1071页。

② 参萧旭：《银雀山汉简〈尉缭子〉校补》，简帛研究（http：//www.jianbo.org/admin3/2010/xuedeng014/xiaoxu.htm）。

③ 《银雀山汉墓竹简〔壹〕》，文物出版社1985年版，第25页。

④ 李零：《〈孙子〉十三篇综合研究》，中华书局2006年版，第86页。

⑤ 裘锡圭主编：《长沙马王堆汉墓简帛集成（叁）》，中华书局2014年版，第103页。

"游于埍（道）垗（遥），处于大廓，以万物为一，脩〈随〉死生同宅"，其用辞命意多与道家相契合，如《庄子·天运》"古之至人，假道于仁，托宿于义，以游逍遥之虚，食于苟简之田，立于不贷之圃。逍遥，无为也；苟简，易养也"，《淮南子·精神训》"夫天地运（混）[①]而相通，万物总而为一"，《淮南子·精神训》："处大廓之宇，游无极之野。"（高诱注："廓，虚也。"）是其证。

检《管子·正》有下引语句：

> 无德无怨，无好无恶，万物崇一，阴阳同度，曰道。

黎翔凤引俞樾《诸子平议》：

> "崇"读为宗。《尚书·牧誓》："是崇是长"，《汉书·谷永传》"崇"作"宗"，是古字通也。《广雅·释诂》："宗，本也"。"万物宗一"，言万物本乎一也。《老子》曰："一生二，二生三，三生万物。"（黎翔凤《管子校注》（中册），中华书局2012年版，第894页）

案"万物崇（宗）一，阴阳同度"，可以与简文"以万物为一，随死生同宅"对读。又嵇康《嵇中散集》卷一《兄秀才公穆入军赠诗十九首》曰：

> 至人远鉴，归之自然，万物为一，四海同宅。

其文例亦近。

总之，简文言"以万物为一，脩〈随〉死生同宅"，是谓"混一万物，等其生死"耳。

小文在复旦大学出土文献与古文字研究中心网发表后，网友"老学生"先生在跟帖中指出：

> 《反淫》简39"脩（修）镡曲校"之"脩"字作[illegible]，亦当据黔之菜先生说改释为"随"。"随"字似当读为"椭"。"椭镡"与"曲校"正相对。

网友"紫竹道人"先生也指出：

> 本篇"随"字，所从"隋"旁写得与"脩"极似，故整理者皆误释。如简38"随死生同宅"的"随"，"黔之菜"先生已正确改释；简39"随镡曲校"的"随"，原亦误释为从"脩"，已有人改释为"随"，读为"椭"。（以

---

① 此"运"似可读为"混"，"运""混"古音相近，如《老子》"故混而为一"，北大汉简《老子》简156作"故运而为一"，可以为证。

> 上皆看复旦网：http：//www.gwz.fudan.edu.cn/SrcShow.asp?Src_ID=2813，以及第2楼“老学生”评论）北大简整理者在注释“随镡曲校”句时，已引出《淮南子·本经》之“脩掞曲挍”。现在看来，《淮南子·本经》此句之“脩”，应该也是“陏”的形近误字，当据《反淫》校正（“掞”“镡”音近可通）。此外，本篇简4“叶菀脩（原释作从‘草’从‘辵’从‘脩’），榦车（枯）槁”，整理者释读为“脩”之字，实亦从“随”，这个字应该就是“蓨”的异体。“叶菀蓨”的“菀蓨”，盖即“委随”一声之转。“委随”有萎弱义，《七发》云：“四支委随，筋骨挺解。”简文因为说的是叶子，所以“菀随（委随）”二字都加了“草”头。①

读者亦可以参考。

① 《北大汉简〈反淫〉初读》，武汉大学简帛网简帛论坛（http：//www.bsm.org.cn/bbs/read.php?tid=3372&page=3），第25楼。

北大竹书《周训》“非爵勿羁”解义 *

侯乃峰

摘　要：阎步克先生发文披露了北京大学藏西汉竹书《周训》中的一个片段，并重点对其中的“非爵勿罷”加以考释。随后又有两篇文章对此发表意见。本文整合已有的三家研究成果，对此句简文提出了新的看法，认为“非爵勿罷”当释为“非爵勿羁”，读为“非雀勿罗”，意思是“若非麻雀之类的害鸟就不要网罗”。

关键词：非爵勿羁；非雀勿罗；大不仁

作　者：侯乃峰（1979—），山东郯城人，曲阜师范大学历史文化学院副教授，博士，研究方向为出土文献、先秦史。

阎步克先生在《中华文史论丛》2012年第1期发表《试释“非骏勿驾，非爵勿罷”兼论“我有好爵，吾与尔靡之”——北大竹书〈周训〉札记之三》一文，披露了北京大学藏西汉竹书《周训》中的一个片段，对其中一处文字“非骏勿驾，非爵勿罷”加以考释，并将“非爵勿罷”与《周易·中孚》的“我有好爵，吾与

* 本文系国家社会科学基金重点项目“简帛诗学文献释读与研究”（编号：13AZD034）成果。

尔縻之”相联系，进而对“羁縻”理念与早期君臣关系做出了若干推论。[①] 阎文以为，“非骏勿驾”比较好理解，应是“若非骏马，就不要驾驭”的意思；反过来说，就是所驾驭的应是骏马，以此比喻君主应该任用贤材。阎文同时将简文的“非爵勿䍦”释为“非爵勿羁”，以为“爵”是酒器，引申为爵位、爵禄；“羁”训为“羁縻”，即加以笼络约束，使之为己所用；“非爵勿羁”解释为“若未酬之以爵，则勿加以羁縻、寄以事任”，反过来说，“若加以羁縻、寄以事任，则应酬以爵禄，否则就是所谓的‘大不仁’”。[②]

阎文发表之后，林志鹏、陈剑两位先生几乎同时发表文章，对阎文关于“非爵勿䍦”的解释提出异议。林志鹏先生发表《北京大学藏竹书〈周训〉“非雀勿罗”试解》一文，将“非爵勿䍦”释读为“非雀勿罗”，以为“雀”为依人小鸟，“非雀”者则为大鸟兽；“非雀勿罗”是说“不要用网罟来捕捉大鸟兽”。[③] 陈剑先生发表《北大竹书〈周训〉“非爵勿骀”小考》一文，指出《晏子春秋·内篇杂上》第十九章“景公游纪得金壶中书晏子因以讽之”一段可与简文对读，以为“爵”字应读为“雀”，“䍦”字可隶定作“从网骀声”的“䍦”。并跟马王堆简帛的“骀”字联系起来理解，认为“䍦”字可读为指“雀卵”的“骀”，但在简文中系作动词用，意为“取其骀”，亦即“取其卵”。《周训》简文对“非爵（雀）勿䍦（骀）”的解释跟“仁”相联系，而不取鸟雀之卵，尤其是当春日鸟雀孵化之时不取其卵，正乃古代君王“仁政”之一。简文“雀”字应专指“麻雀”，麻雀乃是最为常见且繁殖力又很强的鸟类，同时它又为害农作物，故取其卵（致其不多育）亦不为大害，非“大不仁”。简文说“非麻雀之卵则不要取”，即不取其他鸟类之卵而妨其生，故可算“毋大不仁”或者说“近于仁”，充其类即可喻指“不要作大不仁之事”。[④]

---

① 阎步克：《试释“非骏勿驾，非爵勿䍦”兼论“我有好爵，吾与尔靡之”——北大竹书〈周训〉札记之三》，《中华文史论丛》2012 年第 1 期。

② 阎步克：《试释“非骏勿驾，非爵勿䍦”兼论“我有好爵，吾与尔靡之”——北大竹书〈周训〉札记之三》，《中华文史论丛》2012 年第 1 期。

③ 林志鹏：《北京大学藏竹书〈周训〉“非雀勿罗”试解》，武汉大学简帛网，2012 年 4 月 28 日。

④ 陈剑：《北大竹书〈周训〉“非爵勿骀”小考》，复旦大学出土文献与古文字研究中心网，2012 年 4 月 29 日。

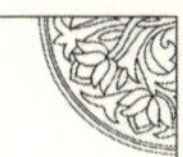

笔者以为，以上三种对于简文“非爵勿驅”的考释意见各得一端，将三种意见综合起来考虑，庶几可得正解。下面我们整合三家之说，谈谈对简文“非爵勿驅”的理解。

为方便行文，先将阎文披露的六枚简文内容转录于下：

> 曰昔晋文君伐曹，克之，而夷其宗庙。穿地三仞而得金匮焉，其【2138】中有书，曰：“非骏勿驾，非爵勿驅。”文君问于昝犯曰：“是何谓也？”昝【2260】犯对曰：“非骏勿驾，毋使肖（小）人也；非爵勿驅，毋大不仁也。”文君曰：【2127】“是善言也，而曹君贵之，何故以亡？”昝犯对曰：“贤主之贵善言也，令【2333】工庸（诵）之于庙，令史繇之于朝，日闻于耳。今曹君之贵善言也，入【2390】之于地而已，深狸（薶）而弗视，不亡奚待？”文君曰：“善哉！”（后略）【3862】①

同时，为使读者更好地理解简文内容，笔者将陈文指出的可与简文对读的《晏子春秋·内篇杂上》第十九章“景公游纪得金壶中书晏子因以讽之”一段文字逐录于下：

> 景公游于纪，得金壶，乃发视之，中有丹书，曰：“食鱼无反〈勿食反鱼〉，勿乘驽马。”公曰：“善哉，知（如）苦（若）言！食鱼无反，则恶其鱢也；勿乘驽马，恶其取道不远也。”晏子对曰：“不然。食鱼无反，毋尽民力乎！勿乘驽马，则无置不肖于侧乎！”公曰：“纪有书，何以亡也？”晏子对曰：“有以亡也。婴闻之，君子有道，悬之间。纪有此言，注之壶，不亡何待乎！”②

此段文字中的“食鱼无反，勿乘驽马”，蔡伟先生据吴则虞《晏子春秋集释》所引文献指出当作“勿食反鱼，勿乘驽马”，以鱼、马为韵（参陈文下的“学者评论”）。由先秦类似的箴言性质的文献大都押韵以及从句式的对应角度来看，蔡说显然是可信的。陈文已经指出，“勿乘驽马”与“非骏勿驾”相当，皆喻远小人也。

---

① 阎步克：《试释“非骏勿驾，非爵勿驅”兼论“我有好爵，吾与尔靡之”——北大竹书〈周训〉札记之三》，《中华文史论丛》2012年第1期。

② 吴则虞：《晏子春秋集释》，中华书局1962年版，第336页。

我们先来看简文"爵"字的释读。阎文已经指出，古籍中"爵"又通"雀"，西汉年号"神爵"，意即"神雀"。但阎文同时又认为，考虑到上句中"骏"指人才，"雀"却看不出相关的寓意，那么这个"爵"字，似乎就不是"雀"的假借字。[①] 对此，林文、陈文皆主张简文中的"爵"字应读为"雀"。今按"爵"读为"雀"的意见应该是可信的。《晏子春秋》中的"勿食反鱼，勿乘驽马"，以"鱼、马"两种动物为喻，简文"非骏勿驾"亦以骏马为喻，则"爵"字似无理由不读为表动物的"雀"字。同时，先秦典籍中这类箴言性质的文句往往是以具体常见的事物来隐喻抽象深刻的道理，而且基本上都是以对偶的句式出现。如果就字为训将"爵"字理解为酒器，其实已经偏离了与上句对应的动物的范畴；至于引申为爵位、爵禄，就进入了抽象事物的范畴，古人恐怕不会如此行文的。

汉代文献中多借"爵"为"雀"，例如：

景公探爵鷇，鷇弱，故反之。晏子闻之，不待请而入见，景公汗出惕然。晏子曰："君胡为者也？"景公曰："我探爵鷇，鷇弱，故反之。"晏子逡巡北面再拜而贺曰："吾君有圣王之道矣！"景公曰："寡人入探爵鷇，鷇弱，故反之，其当圣王之道者，何也？"晏子对曰："君探爵鷇，鷇弱，故反之，是长幼也。吾君仁爱，［曾］禽兽之加焉，而况于人乎？此圣王之道也。"（《说苑·贵德》）

昔者殷王帝辛之时，爵生乌于城之隅。（《说苑·敬慎》）

孔子见罗者，其所得者皆黄口也。孔子曰："黄口尽得，大爵独不得，何也？"罗者对曰："黄口从大爵者不得，大爵从黄口者可得。"（《说苑·敬慎》）

夫爵俯啄白粒，仰栖茂树，鼓其翼，奋其身，自以为无患，与民无争也。（《新序·杂事第二》）

宋康王时，有爵生鹯于城之陬。（《新序·杂事第四》）

再看简文"羁"字的释读。阎文释"羁"为"羁"，应属可信。林文疑简文"羁"字下部所从为"维"之异体，右半为"纟"之省形，字从纟从马，会

---

① 阎步克：《试释"非骏勿驾，非爵勿羁"兼论"我有好爵，吾与尔靡之"——北大竹书〈周训〉札记之三》，《中华文史论丛》2012 年第 1 期。

系马意。“羉”字从网、从维，即“罗”字。陈文释“羉”为“騒（骀）”，显然是有问题的。因为如林文指出的那样，简文此字无论释为“羈”还是读为“罗”，与前句“非骏勿驾”之“驾”古音皆属歌部字，可以谐韵。若释为“騒（骀）”，则古音在之部，与“驾”不再押韵。陈剑先生后来引用程少轩先生之说，以为此字可释为“羈”，读为“罗”，如阜阳汉简“说”类残简“晋公子重耳亡之曹”章“凌负罗”之为“僖负羈”之类（参陈文下的“学者评论”）。林志鹏先生后来在陈剑先生新说基础上又认为“羉”为“羈”之异体；在字音上，同意程少轩先生所说，以为“羈”可读为“罗”。[1] 既然汉简中有“羈”与“罗”通用之例，则“羈”读为“罗”似可论定。古人捉雀以罗，“雀”与动词“罗”的搭配是很常见的，如成语即有“门可罗雀”。

综上所述，简文“非爵勿羈”应读为“非雀勿罗”就可以确定下来。按照“非骏勿驾”理解成“若非骏马，就不要驾驭”类推，“非雀勿罗”即可理解成“若非麻雀，就不要网罗”。然这种理解与后面简文的进一步阐发“非雀勿罗，毋大不仁也”还是存在一定的距离：所罗之鸟是否是“雀”，为什么要与“仁”联系起来呢?《孟子·梁惠王上》记载齐宣王坐于堂上，因“不忍其觳觫”而下令将准备杀死用于衅钟的牛释放，孟子说“是乃仁术也”。由此推论，笔者认为陈文中将“雀”理解成“麻雀”，并指出“麻雀乃是最为常见且繁殖力又很强的鸟类，同时它又为害农作物”，可以帮助我们理解此句简文的深层含义。也即，将简文的“雀”理解成麻雀之类的害鸟，则简文“非雀勿罗”意即“若非麻雀之类的害鸟就不要网罗”，言外之意就是“不是坏人就不要伤害”。此句简文似乎含有点类似后来佛家所谓的“杀恶人即是善念”的意味在其中。因为杀生、伤害鸟兽生命（实则由此人君对待生灵的态度，可喻指人君对待民众生命的态度）为“不仁”之举，但杀伤有害的鸟类非“不仁”（从杀生行为来说为“不仁”，但从实际结果来看则是“仁”），故“非雀勿罗”可以引申出“毋大不仁”的深层含义。

而且，陈文的理解在典籍中亦可找到旁证。如《后汉书·祭祀志下》记载，西汉初年高帝令天下立灵星祠以祭后稷，“牲用太牢，县邑令长侍祠。舞者用童

① 林志鹏:《关于〈非雀勿罗〉文的一则补正》，武汉大学简帛网，2012年5月1日。

男十六人，舞者象教田，初为芟除，次耕种、芸耨、驱爵（雀）及获刈、舂簸之形，象其功也"。古代生态环境良好，鸟雀繁多，尤其是麻雀之类糟蹋庄稼的鸟雀，必然会对农作物产生很大的危害。故在农业生产过程中，"驱爵（雀）"就成为其中一个非常重要的活动。由《后汉书》的记载可知，直到西汉初年，危害农作物的鸟雀依然是被驱赶的对象，则古人将网罗鸟雀看作理所当然之事而非"不仁"之事就顺理成章了。

在先秦时期的儒家文献中，类似简文这种摒除恶人（或者说"不仁者"）即为"仁"的观念同样也是存在的，例如：

子曰："唯仁者能好人，能恶人。"（《论语·里仁》）

唯仁人放流之，迸诸四夷，不与同中国。此谓唯仁人为能爱人，能恶人。（《礼记·大学》）

以下文献虽然不是很直接，但从根本上说，也是与上述观念相关的：

子曰："我未见好仁者、恶不仁者。好仁者，无以尚之；恶不仁者，其为仁矣，不使不仁者加乎其身。……"（《论语·里仁》）

樊迟问仁。……子夏曰："富哉，言乎！舜有天下，选于众，举皋陶，不仁者远矣。汤有天下，选于众，举伊尹，不仁者远矣。"（《论语·颜渊》）

万章曰："舜流共工于幽州，放驩兜于崇山，杀三苗于三危，殛鲧于羽山，四罪而天下咸服，诛不仁也。……"（《孟子·万章上》）

以上就是我们综合三家之说，对北大竹书《周训》"非爵勿羁"这句简文的理解意见。概言之，"非爵勿羁"当读为"非雀勿罗"，"雀"当指麻雀之类的害鸟，"非雀勿罗"意即"若非麻雀之类的害鸟就不要网罗"，实质上隐含"不是恶人就不要伤害"之义，由此引申出简文"毋大不仁"的讽谏之语。

关于北大简《苍颉篇》释文注释的一些意见*

苏建洲

摘　要：北大西汉简《苍颉篇》是目前几种出土《苍颉篇》中保存字数最多的文本，内容十分重要。整理者已经做了十分精当的释文及注释，本文拟针对若干可以补充或需要商榷的意见提出补正，供学界参考。

关键词：北大汉简；《苍颉篇》；释文；注释

作　者：苏建洲（1974—），彰化师范大学国文系教授，博士，研究方向为古文字学。

《苍颉篇》是字书之祖，但大约在唐、宋年间就失传了。20世纪初，斯坦因在甘肃敦煌一带汉代鄣燧遗址出土的汉简中首次发现有《苍颉篇》。其后在甘肃敦煌、额济纳河流域的居延（1930年）、居延破城子（1972年至1976年）、玉门花海（1977年）、敦煌马圈湾（1979年）、新疆塔克拉玛干沙漠中的尼雅（1993年）等地的汉代遗址以及安徽阜阳双古堆西汉汝阴侯墓中出土的汉简内，先后发现了不同文本的《苍颉篇》残文。2008年8月至10月，甘肃省考古研究所在甘肃永昌红山窑乡水泉子村汉墓M5中又发掘出土140余枚七言的《苍颉篇》。

* 本文为“《北京大学藏西汉竹书》壹、叁、伍卷研究”的研究成果之一，获得台湾科学委员会的资助（计划编号NSC105-2410-H-018-028），特此致谢。

2009年入藏的北大西汉简《苍颉篇》是目前保存字数最多的文本，计有1300余字。[①]朱凤瀚先生为本篇简文做了极好的释文及注释，为研究者进一步研究《苍颉篇》打下很好的基础，不过也存在一些问题。本文拟针对若干可以补充或需要商榷的意见提出补正，供使用北大汉简《苍颉篇》的学者们参考。

（一）

简2释文作“貇鬻吉忌”，对于“貇鬻”，注释云：“貇”，通“悬”，诚恳。《吕氏春秋·下贤》：“卑为布衣而不瘁摄，贫无衣食而不忧慑，狠乎其诚自有也。”毕沅《吕氏春秋新校正》改“狠”为“豤”，曰：“豤，即悬字。”《玉篇》：“悬，悲也，诚也，信也。”其次，“鬻”同音字有“僭”，《说文》：“僭，假也。”《诗经·大雅·抑》：“覆谓我僭。”郑玄笺：“僭，不信也。”“僭”与“豤”字义相反。[②]

谨按：整理者所说不可信。简文“貇”字作：

与毕沅所指出的“豤”在秦汉时期的书写习惯是两个不同的字，并不混用。“貇”实为“貌”，“豤”则是“貇”。帛书《五行》79/249“然后颜色容貌温以悦，变也”，对于“貌”字，释文注释说：

> 马王堆帛书中“貌”字的右半往往写得与“艮”同形（参看《文字编》391页）。这种写法的“貌”在汉代铜镜文字中也能看到（参看《字形表》616页所引铜华镜字形）。“貌”、“邈”等从“貌”之字，在汉代文字数据中也多写作“**藐**”、“**邈**”等形（参看《字形表》38、119-120页）。……大概在汉代人笔下，“貌”所从是“皃”就以写作“艮”形为常。隶楷“貇”

① 丁瑞茂编辑：《小学之道：从汉简看汉代识字教育》，“中研院”历史语言研究所2013年版，第6页。朱凤瀚：《北大藏汉简〈苍颉篇〉的新启示》《北京大学藏西汉竹书［壹］》，上海古籍出版社2015年版，第170页。

② 北京大学出土文献研究所编：《北京大学藏西汉竹书［壹］》，上海古籍出版社2015年版，第72页。

及从“豤”之字，在《说文》中本皆作“豤”。睡虎地秦简《秦律十八种》简 9、银雀山汉简《守法守令十三篇》简 905“开垦”之“垦”原作“豤”；汉印有“恳”字，亦从“豤”而不从“豤”（《汉印文字征》10.19）。所以，即使汉人把“貌”写作“豤”形，在当时一般也不会造成误认。[①]

另外，也可以比对《熹平石经》118“自我后藐藐”的“藐”作■。《北大四·妄稽》“貌”字多次出现，如简 17 作■。可见《苍颉篇》的“豤”当是“貌”，与“豤 / 豤”无关。

陈剑先生审阅拙文时，又为秦汉时期“貌”“豤”的书写现象补充了不少重要例证，兹引用如下：

秦印中数见“貌”作姓氏或人名者，旧或误释为“豤”，或更误作“鍚”。《珍秦斋藏印（秦印篇）》245“貌戏”■，■原释作“豤”，并谓“豤《说文》作豤”；《陕西新出土古代玺印》807“赵貌”■，原书所释甚是，高佑仁《〈陕西新出土古代玺印释文〉补正》（《台北大学中文学报》第 10 期）改释为“豤”，反非是（《盛世玺印录》177■应即同一方，释文亦误作“赵豤”）。故宫博物院藏秦印人名“貌突”■，■系“貌”字右下之“反人”形笔画略有断裂而已，《故宫博物院藏古玺印选》428 号即因此而误释为“鍚”，为多种书所承袭，如《古鉨印精品集成》《秦代印风》《秦印文字汇编》，等等。

见于竹简者，《苍颉篇》之外，如《银雀山汉墓竹简〔贰〕》“论政论兵之类”之《为国之过》篇简 1073“夫君万民而以豤畜之，故亓（其）”云云，按所谓“豤”原作■，亦应改释为“貌”。[②] 君主以貌畜民，即仅有表面恭敬而缺乏“中情”之类。[③]

其次，简文“鬻”作：

---

① 裘锡圭主编：《长沙马王堆汉墓简帛集成（肆）》，中华书局 2014 年版，第 78 页。

② 引按：此字诸家皆释为“豤”，或读为“垦”，或读为“狠”，或读为“圂”，皆不可信。参见白于蓝：《银雀山汉简〔贰〕校读六记》，《简帛》第 10 辑，上海古籍出版社 2015 年版，第 231 ~ 232 页。白氏之文乃闻之于陈伟武先生，谨致谢忱！

③ 2017 年 8 月 7 日电子邮件内容。

整理者将“鬵”读为“僭”的方向是可取的，秦汉文字“鬵”与“朁”关系密切。《马王堆》有“鬵”作：

（《养生方》66 行） （《养生方》141 行） 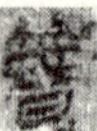（《养生方》142 行）

（《五十二病方》06 行）

陈剑先生指出：

> 《养生方》和《五十二病方》两篇的“鬵”形皆较为特别，其下半“鬲”旁写法跟“䰜（羹）”“鬻（粥）”等所从“鬲”旁头部为一长横笔者不同，而是头部皆作“曰”形。这类“⿱簪鬲”和“鬵”字，皆应看作上半本系从“簪”或“朁”，下半的“鬲”旁则头部借用其上“朁”形下半的“曰”旁；当然，也可以说是此部分因有两重相近的形体从而省去一重，如“釜”“斋”等字之比。……马王堆简帛从“朁”之字多见繁化为从“簪”作者，如《五十二病方》481/ 残片 7a+19+14+7b“铁⿰金簪（鬵）”（参看《马集（伍）》300 页注释）、三号墓遣册简 87/104“瓦雍（瓮）⌞、⿰金簪（鬵）各一”，“⿰金簪”应即“鐕”字繁体（“鐕”用为“鬵”见于《墨子·备城门》等，其字可视为“鬵”字异体而不必看作系假借义为“钉”之“鐕”）；帛书《二三子问》18 下的“⿰言簪（渐）”，应即“谮”字繁体。故“⿱簪鬲”形实亦可看作从“簪”从“鬲”，其上半亦系将“朁”形变为“簪”旁。[①]

依据上说，可知《苍颉篇》的“鬵”可读为从“朁”声的字。比对下一词组“吉忌”来看，“貌鬵”的意思可能也相反，可以考虑读为“忟憯”。《郭店·五行》简 32：“颜色伀（容）（貌）”可见“貌”与“爻”声可通，自然也可以读为“忟”，“忟”即“恔”，《集韵·效韵》：“佼，《方言》：‘快也。’或从爻。”《孟

① 陈剑：《读马王堆简帛零札》，“《长沙马王堆汉墓简帛集成》修订国际研讨会”论文，湖南省博物馆、复旦大学出土文献与古文字研究中心和中华书局联合主办，2015 年 6 月 27—28 日。又载《上古汉语研究》第 1 辑，商务印书馆 2016 年版。

子·公孙丑下》："且比化者无使土亲肤，于人心独无恔乎？"赵岐注："恔，快也。"这个"快"是满意、称心、畅快之类的意思。[①]"憯"，《说文》云："憯，痛也。"《诗经·小雅·雨无正》："曾我暬御，憯憯日瘁。"朱熹《集传》注："憯憯，忧貌。"[②]总之，"悎/恔"是称心；"憯"是忧心，二者意思相对。这种句式正如朱凤瀚先生所说："有相当一部分属罗列式的句子，四个字并非字义相近或相类，而是前两个字之间、后两个字之间各有字义（或为假借义）上的联系，是同义字、同类字或义近字，而前两个字与后两个字之间并无字义上的联系，如'泫沄娘侄，髳弟绖枭'（简一三）。"[③]

本则写毕之后，笔者又查到张新俊先生也指出故宫博物院藏秦印人名当释为"貌突"，以及北大简《苍颉篇》简2这个字当释为"貌"[④]，但张文没有加以通读，也没有考证"鬻"字，本则可作为其的补充。

（二）

简06"戏藂奢掩"[⑤]，其中"藂"写作：

注释云即《说文》"蘘"字，并分析"藂"为"从艹，叢省声"。《说文》："蘘，

① 《汉语大字典》，崇文书局、四川辞书出版社2010年版，第2460页。《王力古汉语字典》，中华书局2012年版，第310页。

② 《故训汇纂》，商务印书馆2003年版，第827页。

③ 朱凤瀚：《北大藏汉简〈苍颉篇〉的新启示》，《北京大学藏西汉竹书［壹］》，上海古籍出版社2015年版，第174页。

④ 张新俊：《鉴印山房藏古玺印文字考释二则》，纪念于省吾先生诞辰120周年、姚孝遂先生诞辰90周年学术研讨会论文，吉林大学主办，2016年7月10—11日。

⑤ "奢掩"二字是网友"Jileijilei"先生的意见。见《北大汉简〈苍颉篇〉释文商榷》，复旦大学出土文献与古文字研究中心网，2015年11月14日，http：//www.gwz.fudan.edu.cn/forum/forum.php?mod=viewthread&tid=7733&extra=&page=1。

艹叢生皃。从艹叢声。”[①]

谨按：整理者对“蘩”的字形结构说解并不准确。《清华二·系年》54“遳”作，《清华六·子仪》10“遳”作，《清华七·越公其事》31“慸”作。《说文》云：“叢，聚也。从丵，取声。”汉简或将“丵”旁简化为“𦍌/羊”形，如《居延汉简甲编》简1778（出土号为349.15）中有“”字，裘锡圭先生分析说：“此字上从‘𦍌’，下从‘聚’，即应‘叢’字别体。……‘𦍌’似即‘丵’的简写。‘聚’字从‘取’声，与‘叢’字音义俱近。传世的汉代人所著之书，往往把‘叢’字写作‘藂’……‘藂’应即‘’之变体。”[②]另外，《居延》EPS 4T1：12“叢”作[③]，其上亦从“𦍌”。“𦍌”与“羊”形体相近，汉简“羊”字的“羊角”部分可以拉平为一横笔。如：

（“美”，《周驯》45）、（《妄稽》14）、（《妄稽》28）

（“羛”，《妄稽》12）、（“羌”，《苍颉篇》61）

对这种现象，任攀先生指出：“（羊）没有上面两点的写法中，最上一横以及上部两横笔中间的竖笔（类似横长竖短的T形笔画）可以看成是由像羊角的两笔拉直、合并进而连写变成的。”[④]其说可参。所以《苍颉篇》简6的“蘩”理解为“叢”省声并不精准，应该是经过简化与类化的结果。《马王堆·阴阳十一脉灸经甲本》58行“毄（系）于足大指菆（叢）毛之上”，其中“叢”写作“菆”。[⑤]

① 北京大学出土文献研究所编：《北京大学藏西汉竹书［壹］》，上海古籍出版社2015年版，第76页。

② 裘锡圭：《谈谈辨释汉简文字应该注意的一些问题》，《江汉考古》1991年第4期。

③ 于淼：《汉代隶书异体字表与相关问题研究》（上编），吉林大学2015年博士学位论文，第114页。

④ 引自劳晓森：《据〈妄稽〉文字补正〈周驯〉旧释一则》，复旦大学出土文献与古文字研究中心网，2016年6月5日，http：//www.gwz.fudan.edu.cn/SrcShow.asp?Src_ID=2816。

⑤ 裘锡圭主编：《长沙马王堆汉墓简帛集成（伍）》，中华书局2014年版，第201页。

汉印印文常见以“菆”为姓，如“菆常乐”“菆忠之印”[①]，“菆”自然也当读为“叢”。“菆”字有作[字形]形，其“取”上一横笔，于淼先生认为是由“菆（叢）”作[字形]（《张家山·脉书》36）的“丷”旁简化而来。[②]但是否为[字形]的进一步省简，似乎也不是不能考虑的。当然也不能排除只是“取”之上加一饰笔。

另外，简48“达”作[字形]，比对[字形]（《北大二·老子》159），显然也是“羊角”形拉平为一横笔的现象。简66“牦”作[字形]，“[字形]”旁战国文字已简化为“来”[③]，秦汉文字也继承这种写法，如（“釐”，王舍人碑）。西汉文字“来”作[字形]（来，周驯33），中间所从亦类似“羊角”，若拉平便成为上述简66“牦”字。

（三）

简10“骫奊左右”的“奊”写作：

字形比较特殊。《说文》：“骫，骨耑骫奊也。”“奊，头邪，骫奊态也。从夨，圭声。”段玉裁注“骫奊者，头不正之皃也。”依照《说文》的解释，从源头来说“奊”所从的“夨”是倾夨的“夨”，与音“吴”“虞”的“夨”无关[④]，但是两种写法在甲骨文时代已经混在一起了，如[字形]（倾夨的“夨”，《合集》27164）、[字形]（音“吴”“虞”的”夨”，《合集》14708）。秦汉文字的“奊”作：

[字形]（《睡虎地·日甲》8背）[字形]（《睡虎地·日甲》9背）[字形]（秦印）[⑤]

---

① 罗随祖主编：《罗福颐集·增订汉印文字征》（上），紫禁城出版社2010年版，第42页。

② 于淼：《汉代隶书异体字表与相关问题研究》（下编），吉林大学2015年博士学位论文，第161页。

③ 参刘传宾：《“𠂭”字补论（节选）》，《古文字研究》第30辑，中华书局2014年版，第296～302页。刘传宾：《“厘”字释读疏证》，《语言研究集刊》第15辑，上海辞书出版社2015年版。

④ 陈剑：《据〈清华简（伍）〉的“古文虞”字说毛公鼎和殷墟甲骨文的有关诸字》，《古文字与古代史》第5辑，“中央研究院”历史语言研究所，2017年4月，第281～286页。

⑤ 汤余惠主编：《战国文字编》，福建人民出版社2001年版，第687页。

（《张家山·二年律令》41）（《印台汉简》）（《印台汉简》）[①]

所从“矢”旁均作“”形，与“吴”作（《说文》小篆）、（《珍秦》92）[②]、（《张家山·算术书》96）、（《马王堆·纵横家书》206）、（《马王堆·春秋事语》65）等字的“矢”旁相同。比对起来，《苍颉篇》“㠙”字的“矢”旁作“”，未见左旁竖笔，与“”不同。但是“矢”字确实也存在这种写法，如，（《银一》155）、（《苍颉篇》10）、（《苍颉篇》47）、（《居延》180.8）。特别是比对同篇的“娱”字“矢”旁作“”来看，可以说明“㠙”的“矢”旁最上笔与“土”旁下笔有共笔的现象。“㠙”前缀见这种写法，可以留意关注。

附带一提，本简“骫”作，其“丸”旁与简71“丸”作笔势相近，只是最末一笔有所延长拖曳。亦可比对《北大四·妄稽》36“丸（纨）冰绢霜”的“丸”作，其最末一笔有所延长拖曳。“丸”由“夗”分化出来，于省吾、刘钊等先生已有论及。[③]

（四）

简12“祱𧻚坞闉”，“祱”原释为“棁”，不确。[④]“𧻚”字作：

---

① 这两字的考释见“大丙”（郭永秉）：《印台汉简日书释字补说（两条）》，复旦大学出土文献与古文字研究中心网，2009年12月23日，http://www.guwenzi.com/SrcShow.asp?Src_ID=1024。

② 汤余惠主编：《战国文字编》，福建人民出版社2001年版，第687页。

③ 于省吾：《商周金文录遗·序言》、刘钊：《释金文中从夗的几个字》，《古文字考释丛稿》，岳麓书社2005年版，第114页。

④ 参周飞：《北大简〈苍颉篇〉初读》，清华大学出土文献研究与保护中心网，2015年11月16日，http://www.tsinghua.edu.cn/publish/cetrp/6831/2015/20151116085553204455185/20151116085553204455185_.html、胡平生：《读〈苍〉札记四》，复旦大学出土文献与古文字研究中心网，2015年12月3日，http://www.gwz.fudan.edu.cn/SrcShow.asp?Src_ID=2704。

整理者注释云："虺"，即"虺"。此类似于"軏"通常写作"軏"。《国语·吴语》"为虺弗摧"，韦昭注："虺，小蛇。"①

谨按：此说不确。"元"与"兀"虽然声纽相同，但韵部有元、物之别，彼此来源实不相同。裘锡圭先生曾指出小篆的"兀"有两个来源，一是"元"的变体，如"髡"或做"髡"。另一种是读为"五忽切"的"兀"，亦即通常所用的"兀"，应该是由刖足人形讹变的。（刖根据中古韵书亦有"五忽切"的读法。）《庄子·德充符》数称刖足者为"兀者"，正是用的兀的本义。兀者既失去了脚，就不能像常人那样安稳。"兀"及从"兀"之字大都有危义或动摇不定之义，也许正是从刖足之义引申而来。②《说文》分析"軏"为从车，"元"声，"軏"右旁所代表的是"元"。而"虺"，《说文》分析为从虫，"兀"声，与"軏"的偏旁不能相提并论。"虺"的"兀"旁加饰笔就是《苍颉篇》的"虺"字了。"祱虺"，整理者胡平生先生读为"蜕虺"，就是蛇蜕皮。③可备一说。

相同情况亦见于简61"阮嵬陀坑"，对于"阮"，整理者提出两种意见，一是"阮"如字读，理解为平地名或山名；二是认为"阮"即"阢"字：

《说文》："阢，石山戴土也。"段玉裁注曰："《释山》曰'石戴土谓之崔嵬。'然则崔嵬一名阢也。"《玉篇》亦曰："阢，崔也。""阢"亦可写成"阮"。"元"、"兀"二字为一字之分化，直至春秋、战国在写法上仍常有互作现象，此点早已有学者指出。所以虽然在秦代以后"兀"已渐从"元"字中分化出来，但在汉初将小篆字体的《苍颉篇》作隶定时，还是将可能应读成"阢"字的这个字写成"阮"。"元"、"兀"二字分化后，可能是因其在使用时各自字义有别，其音亦出现差别。故"阢"在疑母

① 北京大学出土文献研究所编：《北京大学藏西汉竹书［壹］》，上海古籍出版社2015年版，第81页。

② 裘锡圭：《甲骨文中所见的商代五刑——并释"刖""刵"二字》，《古文字论集》，中华书局1992年版，第211页。

③ 胡平生：《读〈苍〉札记四》，复旦大学出土文献与古文字研究中心网，2015年12月3日，http：//www.gwz.fudan.edu.cn/SrcShow.asp?Src_ID=2704。

元部，而“阢”在疑母物部，韵部已有距离。①

上述观点对错参半，简61“阮嵬”显然应读为“阢嵬”。本句在水泉子汉简七言本《苍颉篇》作“阮嵬阤坑水不行”（暂28），程少轩、胡平生两位先生已指出“阮”即“阢”：

> 程少轩说“阮”恐当是“阢”，应可从。按，《说文·阜部》“阢，石山戴土也。从阜，从兀，兀亦声。”又，《玉篇·阜部》“阢，崔也。”是“阢嵬”即“崔嵬”。上古音“兀”是疑母物部字，“嵬”是疑母微部字，声音相近。②

谨按：其说可从。“崔嵬”亦可作“嵔巍”（见《鲁灵光殿赋》），“嵔”是疑纽微部，则“嵔巍”犹“阢嵬”，故阢作首字是可以的。“阢”的“兀”旁加饰笔就是本简的“阮”了。总之，“兀”字既代表源自“→”的“元”字，也代表源自“”，“五忽切”的“兀”，二者来源不同，不能轻率地说“元”“兀”本为一字。

再看简12的“坞”字，字形作：

字形上部与汉代文字的“乌”不似，请比较：

“乌”：（马·相马经22）

“坞”：（肩73EJT 23：780）（居新EPF 22：269）

“鹄”：（马·相马经68）

“鴈”：（银一409）（银二1533）③

① 北京大学出土文献研究所编：《北京大学藏西汉竹书［壹］》，上海古籍出版社2015年版，第129页。

② 胡平生：《读水泉子汉简七言本〈苍颉篇〉》，复旦大学出土文献与古文字研究中心网，2010年1月21日，http：//www.gwz.fudan.edu.cn/old/SrcShow.asp?Src_ID=1064。

③ 以上字形参见于淼：《汉代隶书异体字表与相关问题研究》（上编），吉林大学2015年博士学位论文，第163、654、160、161页。

看得出来，“坞”的“乌”旁头部写作“”在秦汉文字可谓前所未见。但比对西周金文“乌”可知前有所承：

（1）（4330，沈子它簋盖）、（2841，毛公鼎）、（5428，叔趯父卣）

（2）（6014，何尊）、（5428，叔趯父卣）、（2833，禹鼎）

（1）形“乌”上加“口”旁，（2）形的“口”旁断为爪形。“”显然是继承第二形而来，可为北大简《苍颉篇》保存较早字形再添一例。其他还有简59“寒”作，其上尚有艹旁。简63“郁”作，所从“勹”旁与西周中期（孟𢧁父壶9571）相同，惟“大”旁已讹变为“爻”则与秦汉文字相似。“坞闉”，整理者分别引《说文》释为“坞，小障也，一曰庳城也”，“闉，城内重门也”，可从。王宁读为“呜咽”似无必要。①

《清华七·越公其事》简3–4“𩠐（振）鸣【三】□□□亲辱于 （寡）人之𩫏＝（敝邑）”。整理者指出：𩠐，即“晨”字，读为“振”。《国语·吴语》：“王乃秉枹，亲就鸣钟鼓、丁宁、錞于、振铎。”同篇又有“君王以亲辱于弊邑”句，第四简首所阙三字据以补为“钟鼓，以”。② 简文中的“鸣”写作：

03、65

“乌”旁写作从“爪”从“隹”，与简12“鸡”作，以及同一书手的《清华六·太伯》甲02“鸡”作、《清华六·子仪》08“鸟”作等常见的“鸟”形不同。一种可能是鸣字“鸟”旁写错了，另一种可能鸣字右旁所从实为“乌”，源自一类写法，是将“鸟”误写为“乌”，或是以“乌”来表示鸣叫的意符，《太平广记·禽鸟三·梁祖》：“见飞乌止于峻坂之间而噪，其声甚厉。副使李璠曰：‘是乌鸣也，将不利乎！’”③ 可以参考。另外，《左传·昭公二十一年》记载齐国有大夫“乌枝鸣”，不知其名字与乌鸦鸣叫是否有关？

---

① 王宁：《北大汉简〈苍颉篇〉读札（上）》，复旦大学出土文献与古文字研究中心网，2016年2月22日，http://www.gwz.fudan.edu.cn/SrcShow.asp?Src_ID=2744。

② 李学勤主编：《清华大学藏战国竹简（柒）》，中西书局2017年版，第116页。

③ 李昉等编：《太平广记》，中华书局1961年版，第3797页。

（五）

简 15“猞骜骕謷”，所谓的“猞”作：

整理者认为“猞”即“狧”。《说文》：“犬食也。”即犬舔食也。[①] 此说不确，胡平生先生指出：实则原本即从反犬，但审看图版此字右旁并不作舌形，而是从告，因此应释为“狤”。《说文》所无，疑当读为“獒”。“狤”“獒”是大犬；“骜”是骏马，也是大马。[②]

谨按：胡先生所说大致可从，惟从字形来看，此字确实是“狧”，请比对：

（狗，《北大二·老子》120）

（舌，《马王堆·周易》61 下）

（告，《银雀山二》1572）（浩，《北大四·反淫》10）

看得出来“告”的“牛”旁中间竖笔突出。《苍颉篇》反映的是秦汉文字“舌”“告”讹混的现象。如帛书泰卦“尚（上）六，城复于湟（隍），□【□】用师，自邑舌〈告〉命，贞閵（吝）。47 上”[③] 此处的“告”字实为“舌”，故释文作“舌〈告〉”。《苍颉篇》的释文也当作“狧〈狤〉骜骕謷”。

（六）

简 17“毲屦帑袍”，其中“毲”作：

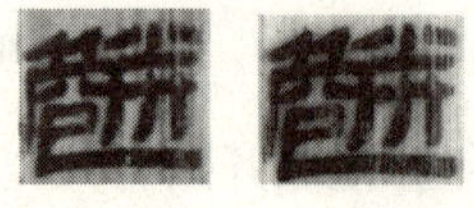

---

① 北京大学出土文献研究所编：《北京大学藏西汉竹书［壹］》，上海古籍出版社 2015 年版，第 84 页。

② 胡平生：《读〈苍〉札记一》，复旦大学出土文献与古文字研究中心网，2015 年 12 月 21 日，http：//www.gwz.fudan.edu.cn/SrcShow.asp?Src_ID=2687。

③ 《长沙马王堆汉墓简帛集成（叁）》，中华书局 2014 年版，第 25 页。

整理者注释云：[illegible]，即“𦊕”字。《说文》：“𦊕，羽猎韦绔。从𦉩弁声。𧝑，或从衣从朕。《虞书》曰：‘鸟兽𧝑毛。’”“𦉩，柔也。”此“绔”指无裆套裤。《后汉书·马援列传》“身衣羊裘皮绔”，亦作“袴”。[①]

谨按，《说文》曰：“[illegible]【𦉩】，柔韦也。从北，从皮省，从夐省。凡𦉩之属，皆从𦉩。读若耎。一曰若隽。[illegible]【[illegible]】，古文𦉩；[illegible]【[illegible]】，籀文𦉩从夐省。”阜阳汉简《苍颉篇》“𦊕”字作[illegible]。[②]

戴侗《六书故》“奂”字条说：“按夐、[illegible]（引者按：此为《说文》“𦉩”字籀文的隶定）、奂皆从[illegible]而声相近。疑[illegible]自为一字，三字皆以[illegible]为声。”[③] 徐宝贵、陈剑先生均赞同戴侗的说法。张永言先生也赞同“奂”与“𦉩”有互谐的现象。[④]《苍颉篇》简21“坐𡕤讂求”的“讂”作[illegible]，虽然右边缺了一直笔，但从“[illegible]”应无问题。[illegible]与[illegible]两处《苍颉篇》的写法都很固定，但其上都与“[illegible]”不似。我们知道阜阳汉简与北大汉简《苍颉篇》的祖本都源自秦代[⑤]，所以字形上与“秦小篆”相似是很合理的推断，周飞先生就认为北大简《苍颉篇》“可能就是由秦小篆本《苍颉篇》隶定而来，只是为了适应当时的政治形势，将个别字

---

① 北京大学出土文献研究所编：《北京大学藏西汉竹书［壹］》，上海古籍出版社2015年版，第87页。

② 汉语大字典字形组编：《秦汉魏晋篆隶字形表》，四川辞书出版社1985年版，第210页。

③ 戴侗《六书故》（上），中华书局2012年版，第325页。

④ 徐宝贵、孙臣：《古文字考释四则》，《考古与文物》2001年第1期；陈剑先生给笔者的电子邮件，2016年12月24日；张永言：《上古汉语有送气流音声母说》，《语文学论集》（增补本），语文出版社1999年版，第147页。张文蒙、邬可晶先生向我指出。但在裘锡圭、陈剑《说“徇”、“讂”》一文中，裘先生则认为“‘𦉩’字的结构很难分析，《说文》所录籀文是否可信也很难说，而且‘夐’、‘奂’皆晓母字，而此字则为日母字，故可暂置不论。至于‘夐’、‘奂’二字，戴说要比《说文》合理”。见朱庆之、汪维辉、董志翘、何毓玲编：《汉语历史语言学的传承与发展——张永言先生从教六十五周年纪念文集》，复旦大学出版社2016年版，第257页。

⑤ 参拙文：《论北大简〈苍颉篇〉源自秦国底本——以简55“桶概参斗”为讨论的对象》，《第三届出土文献与上古汉语研究（简帛专题）学术研讨会暨2017中国社会科学院社会科学论坛论文集》，中国社会科学院主办，2017年08月14日—16日，第136～144页。

加以替换”[①]。那么与的上部与“”的“北”形相似，而与“”不同就不意外了。

对于“⿱北㞋”的下部，陈剑先生曾撰文指出，《合集》20883（《京人》3177）旧或释“球”之/字（《甲骨文编》972页5919号），即《说文》“㞋”字所从之声符[“赧”、“⿰車㞋（辗、软）”、“⿸疒㞋（“痈”字籀文）”等字从“㞋”得声；《说文》“⿱北㞋”字下半以及“古文⿱北㞋字”亦皆即“㞋”之变]；其字像手中揉搓两小圆物，以音求之，盖即“挼/捼、撋/㨎/擩”等字共同的表意初文。[②]谨按：此说的好处是“㞋”与“⿱北㞋”声音相近，“⿱北㞋”的古文“”确实也与“㞋”形体相近，应当可信。《苍颉篇》简49“赧”作，其右旁就是“㞋”。但“”与“（㞋）”形体差距不小，似乎对陈先生的说法不利。但根据上述的看法，的“”旁应该是“”字“瓦”旁的形近讹变。小篆的“瓦”形当与籀文“”有关，但西周金文目前未见“瓦”字，这个“瓦”形很有可能是“（㞋）”的讹变，二者笔势比较相近。所以依照陈剑先生的意见，“⿱北㞋”当分析为上从“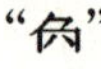”，下从“㞋”，是个双声字。

（七）

简43“椅姘觟”，对于“姘觟”，整理者认为“姘”字通“骈”，并联系到《庄子·骈拇》“骈拇枝指”，认为“骈枝”意为多余、累赘。至于“觟”是“牝羊角者也”，牝羊生角亦是不正常之增生，与“骈枝”义近。[③]王宁则认为“姘”有“合”义，“觟”当读为“解”，分也，二字亦义相反。[④]

谨按：“姘”字虽可通“骈”，但单一“骈”字并无累赘的意思，整理者所说不可信。《广韵》引《苍颉篇》云：“男女私合曰姘。”这与“解”并非反义关系，

---

① 周飞：《出土〈苍颉篇〉版本探讨》，《出土文献》第8辑，中西书局2016年版，第192～193页。

② 陈剑：《甲骨文释字四则（摘要）》，2013年吉林大学第七届文字年会论文。

③ 北京大学出土文献研究所编：《北京大学藏西汉竹书［壹］》，上海古籍出版社2015年版，第110页。

④ 王宁：《北大汉简〈苍颉篇〉读札（下）》，复旦大学出土文献与古文字研究中心网，2016年3月7日，http：//www.gwz.fudan.edu.cn/SrcShow.asp?Src_ID=2747。

王氏之说亦不可信。笔者同意“姘”通“骈”，而“觟”可以读为“枝”。“觟”与“规”同为见纽支部。从古文字来看，“规”与“支”关系密切，二者声音相近，近来已有学者专门论述。[①] 马王堆简帛材料有闺与窥、规与跂的相通例证。[②] 以上都可以说明“圭”与“支”的声音关系，则简文当释读为“骈觟（枝）”。

（八）

简 58“维楫舩方”，其中“舩”作：

整理者认为：舩字不见于《说文》，《广韵》曰：“舩，与船同。”“舩”与“舡”通，二字所从之“公”“工”皆见母东部字。“舡”亦不见《说文》，《玉篇》收有“舡”字，训为“船”。[③]

谨按：这个字就是“船”。所谓的“公”旁当是“㕣”之误，之后再误造出“舡”。这种情况跟秦汉文字常见“私”与“和”相混如出一辙。[④] 请比对“船”作：

（《张家山·二年律令》5）

（《睡虎地·日书甲》128 背）[⑤] （《张家山·二年律令》7）。

---

① 李守奎：《释楚简中的“规”——兼说“支”亦“规”之表意初文》，《复旦学报（社会科学版）》2016 年第 3 期。

② 白于蓝编著：《战国秦汉简帛古书通假字汇纂》，福建人民出版社 2012 年版，第 286 页。

③ 北京大学出土文献研究所编：《北京大学藏西汉竹书［壹］》，上海古籍出版社 2015 年版，第 126 页。

④ 裘锡圭：《考古发现的秦汉文字资料对于校读古籍的重要性》，《裘锡圭学术文集》第 4 册，复旦大学出版社 2012 年版，第 375 页。

⑤ 方勇编著：《秦简牍文字编》，福建人民出版社 2012 年版，第 261 页，亦收此字于“船”字下。

（九）

简62“铸冶容镶”，整理者注释云：容，盛也。引申为“容受”，亦谓容貌。字通“镕”，意为熔化。《玉篇》：“镕，镕铸也。”《慧琳音义》：“金销在炉未铸曰镕。”《说文》：“镶，作型中肠也。”即铸造容器时所用内范，因像果实之穰故名。后亦用作“镶嵌”之义。[①]

谨按：整理者认为“容”通“镕”可从，但是此处的“镕”并非熔化的意思。《说文》：“镕，冶器法也。”段注云：“冶者，销也、铸也。《董仲舒传》曰：‘犹泥之在钧，唯甄者之所为。犹金之在镕，唯冶者之所铸。’师古曰：‘镕谓铸器之模范也。’今人多失其义。”朱骏声《说文通训定声》：“木曰模，水曰法，土曰型，竹曰范，金曰镕。”陈剑先生告诉我：“此义与‘作型中肠也’之‘镶’更合。马王堆帛书《太一祝图》有黄龙题记‘黄龙持炉’，青龙题记‘青龙奉容’，李家浩先生疑‘容’应读为‘镕’，指铸造器物的模型[②]，显是。其字亦以‘容’为之。由汉初文字看尚如此，加意符‘金’作‘镕’是后来的事。”[③]其说合理可从。如此“冶铸”与“容（镕）镶”的关系就十分清晰了。从语源上看，“容”与“镶”确实是有密切关系的。焦循《易余钥录》记载一则声近义通的例证：

> 丁丑冬，偶以完粮米入城，饮于友家，座间有举肴馔中有以“让”为名者，皆以他物实之于此物之中。如以肉入海参中则名“让海参”。凡“让鸡”“让鸭”“让藕”，无非以物实其中。或笑曰，让当与瓤通，谓以物入其中，如瓜之有瓤也。说者固以为戏名，而不知古者声音假借之义正如此也。瓜之内何以称瓤？瓤从裹者也。瓤从襄犹酿。从襄《说文》：“酿，酝也。”酝与缊通。《穀梁传》“地缊于晋”，谓地入于晋也。《论语》“衣敝缊袍”，谓絮入于袍也。酝为包裹于内之义，而酿同之，此所以名瓤名让也。《说文》：“镶，作型中肠也。”《释名》云：“中央曰镶。”皆以在中者为义。囊，

---

① 北京大学出土文献研究所编：《北京大学藏西汉竹书［壹］》，上海古籍出版社2015年版，第126页。

② 李家浩：《论〈太一避兵图〉》，《国学研究》第1卷，北京大学出版社1993年版，第277～292页。

③ 2017年8月7日电子邮件。

> 裹物者也，从襄省声，即亦与让同声。然则让取、包裹、缊入之义明矣。夫让犹容也，容即包也。争则分，让则合矣，故四马驾车两服在两骖之中而《诗》曰“上襄”。水围于陵，而《书》曰“怀山襄陵”，俱包裹之义也。不争则退逊，退逊则却，故让有却义，禳攘与让通，皆训却。能让则附合者众，故穰之训众，瀼之训盛，众则盛也。①

焦氏根据从“襄”之字根来会通诸字之义，归纳其所说的引申序列是“让—容—包—合—（却）—众—盛”，演变清晰明了。《苍颉篇》的“容”与“镶”本来都有“容受”“包蕴”的意思，后来引申为“铸器之模范”也是很自然的。

（十）

简70“罪蛊讼却”，对于“蛊”，整理者注释云：“蛊”，《说文》：“腹中虫也。”引申为蛊惑、迷乱，亦引申为伤害人的各种邪术。②

谨按：依整理者所说，看不出“蛊”与“罪”的关系。所以王宁认为“蛊”疑读为“辜”，《说文》：“辜，罪也。”“罪”“辜”义类同故连言。《史记·宋微子世家》：“皆有罪辜。”③其说有其道理。不过，“蛊”可以如字读。清华简《祭公之顾命》简15：“女（汝）母（毋）吕（以）戾孳（灾）辠（罪）蠱【15】巟（芒-亡）寺（时）睘（袁-远）大邦。”陈剑先生读“蠱”为“蛊”，“罪蛊”相当于文献的“罪疾”。“蛊”与“疾”义有密切联系。此外，天水放马滩秦简《日书》乙种两见“罪蛊”一语，如“上多下少，事君有初毋（无）后，贾市行贩皆然，唯利贞罪蛊、言语。【243】”，此处的“罪蛊”是指有得罪之事和因巫蛊/蛊毒而致疾病，与《祭公之顾命》的“罪蠱（蛊）”实为同一语，只是后者之“罪蛊”系就上天鬼神所“降下”或“导致”者而言，与此《日书》言人事者微有区别而已。传世典籍有不同的写法，如《诗经·大雅·思齐》：“烈假（厉蛊）不

---

① 焦循：《易余钥录》卷四，《从书集成续编》（第91册），上海书店1994年版，第392页。

② 北京大学出土文献研究所编：《北京大学藏西汉竹书［壹］》，上海古籍出版社2015年版，第137页。

③ 王宁：《北大汉简〈苍颉篇〉读札（下）》，复旦大学出土文献与古文字研究中心网，2016年3月7日，http：//www.gwz.fudan.edu.cn/SrcShow.asp?Src_ID=2747。

瑕（遐）。”《大雅·召旻》：“天降罪罟（蛊）。”①“罪蛊”指“罪害”与“蛊疾”，都属不利于人的灾祸，目前已见于楚简、秦简、汉简，传世文献则以不同写法传承下来。

附记：拙文承蒙陈剑、邬可晶两位先生审阅指正，笔者非常感谢！

① 陈剑：《清华简“戾灾罪蛊”与〈诗经〉“烈假”、“罪罟”合证》，《饶宗颐国学院院刊》第2期，中华书局（香港）有限公司2015年版，第55～78页。另参见蒋文：《先秦秦汉出土文献与〈诗经〉文本的校勘和解读》，复旦大学2016年博士学位论文，第87～89页。

关于《北京大学藏西汉竹书》叁、肆、伍册释文注释的一些意见

邬可晶

摘　要：《北京大学藏西汉竹书》叁、肆、伍诸册所收《赵正书》《反淫》《节》《雨书》《荆决》诸篇，整理者的释文注释存在一些问题。本文对此提出16条商榷意见，供学界参考。

关键词：北大汉简；释文；注释

作　者：邬可晶（1983—），浙江宁波人，复旦大学出土文献与古文字研究中心副研究员，研究方向为古文字学。

近年，《北京大学藏西汉竹书》叁、肆、伍册陆续发行。这几册书里收录了不少颇为重要的新见文献，必将对古代文史研究的许多方面产生深远影响。不过，整理者为这些出土文献所做的释文注释，似存在一些问题，有待补正。下面本文准备分条提出商榷意见，供使用北大汉简的学者们参考。

需要说明的是，以下所说各条大意，笔者基本上都用网名在网站上发表过：第一节关于《赵正书》的4条，2015年11月14日发表于复旦大学出土文献与古文字研究中心网；第二节关于《反淫》的2条，2016年6月21、22日先后发表于武汉大学简帛网论坛；第三节关于《北京大学藏西汉竹书［伍］》的10条，

2015年11月14日发表于复旦大学出土文献与古文字研究中心网。现在整理成文，大多作了补充修改，但主要观点均无改变。

一、关于《北京大学藏西汉竹书［叁］·赵正书》

本篇屡见句末语气词“于”（如简2、4、29等），整理者一律读为“欤”。[①] 按“于”是匣母字，“欤”是余母字，二字声母有隔。其实古书里本有语气词“于”，如《吕氏春秋·审应》：“昭王曰：‘然则先生圣于？’”高诱注：“于，乎也。”《论衡·知实》作“然则先生圣乎”，可知“于”实近于“乎”而不近于“欤”（“乎”是晓母字，声母与“于”同系）。但也没有必要把此种“于”读为“乎”。

子婴因胡亥杀李斯而进谏曰：“夫变俗而易法令，诛群忠臣，而立无节行之人，使以法从其约，而行不义于天下臣，臣恐其有后咎。……”（简45～46）末两句二“臣”字，原写作“臣”下加重文号的形式。[②] 从文意看，“行不义于天下”后似不当有“臣”字，疑重文号为抄手误加。[③]“使以法从其约”句，整理者读“从”为“纵”，读“约”为“欲”。[④] 但“约”“欲”韵远，无相通之理。按“约”古有求取义，《商君书·修权》“则奸臣鬻权以约禄”，《史记·赵世家》“务以论德而约功”，“约禄”“约功”即求禄、求功，与“约”音近的“要”“徼/邀”，亦有此义。简文的“从其约”乃从其所求之意，“从”“约”如字读即可。

简33“北驰胡幕”，《史记·李斯列传》作“北逐胡貉”。整理者认为简文“幕”

---

① 北京大学出土文献研究所编：《北京大学藏西汉竹书［叁］》（下册），上海古籍出版社2015年版，第189、192页。

② 同上注，第193页。

③ 出土文献中误衍重文号的现象是存在的，参看蔡伟：《误字、衍文与用字习惯——出土简帛古书与传世古书校勘的几个专题研究》，复旦大学2015年博士学位论文，第59～62页。

④ 北京大学出土文献研究所编：《北京大学藏西汉竹书［叁］》（下册），上海古籍出版社2015年版，第193页。

通“漠”，与《史记》“文意有所不同”。[①] 按古书“貉”“莫”有相通之例[②]；“貉”有异体作“貊”，从“百”声之“陌”与“幕”亦可通。[③] 所以“胡幕”与“胡貉”应该是一回事。

李斯临死前言于胡亥，有“察登高智（知）其危矣，而不智（知）所以自安者；前据白刃自智（知）且死，而不智（知）所以自生者”语（简 42 ~ 43），整理者据《吴越春秋·勾践入臣外传》伍子胥谏言“臣闻桀登高自知危，然不知所以自安也；前据白刃自知死，而不知所以自存也”，为“察”括注“桀”。[④] 按“察”“桀”一为初母字，一为群母字，谓其相通并无确据。王辉先生认为“察”当训“至”“到达”，字或作“际”，“简文‘察登高’即至登高，至登上高处”[⑤]。但是，当“至”“到达”讲的“察”或“际”指行动的结果，“登高”的“登”则是行动本身，按照汉语的一般语序，表结果的“到达”怎么能放在“登”前说呢？笔者认为“察”就指视察、考察，并无深意。上文李斯言：“王见病者乎？酒肉之恶，安能食乎？破国亡家，善言之恶，安能用乎？”“破国亡家”云云，亦“王见”的宾语。紧接其后的“登高”一段，以“察”领起，“登高知其危矣，而不知所以自安者”和“前据白刃自知且死，而不知所以自生者”都是“察”的宾语；“察”与“王见”之“见”同例。上引《吴越春秋》之文，用“臣闻”总冒，“闻”亦与“察”“见”相类。至于《吴越春秋》的“桀”字，王辉先生已指出有误，因为“谏文所言为一般道理，与夏桀似无涉”[⑥]。这是正确的。但他怀疑“桀”为“祭（察）”之误字[⑦]，似可商。而且既已言“臣闻”，再用

① 北京大学出土文献研究所编：《北京大学藏西汉竹书［叁］》（下册），上海古籍出版社 2015 年版，第 192 页。

② 高亨纂著、董治安整理：《古字通假会典》，齐鲁书社 1989 年版，第 883 页。

③ 同上注，第 924 页。

④ 北京大学出土文献研究所编：《北京大学藏西汉竹书［叁］》（下册），上海古籍出版社 2015 年版，第 193、194 页。

⑤ 王辉：《北大藏汉简（叁）、（伍）词语释读》，《古文字论坛》第 2 辑，中西书局 2016 年版，第 272 ~ 273 页。

⑥ 同上注，第 273 页。

⑦ 同上。

视察之“察”，也颇不辞。窃疑“椉”或与《赵正书》的“察”无关，有可能是“椉（乘）”的讹脱。“乘”“登”音义皆近（“乘高”“登高”之说都见于古书），似有一字为旁注误入正文，或二本误合为一而衍。

二、关于《北京大学藏西汉竹书［肆］·反淫》

简28言各种神异鸟“芬（纷）云（纭）窈（幽）海（晦），浩洋于上”。整理者为“浩洋”加注说：“喻（鸟群）如洪漭水流之浩荡。”[①] 按此释嫌迂曲。“浩洋”可读为“翱翔”（“皋”“告”二声之字屡通[②]，“洋”“翔”皆从“羊”声），言鸟群翱翔于“纷纭幽晦”之上，直截了当。《淮南子·人间训》谓筋骨已就、羽翮既成之鸿鹄，“翱翔乎忽荒之上”；《新序·杂事》谓凤鸟“翱翔乎窈冥之上”，并可与简文合看。

本篇“随”字，所从“隋”旁写得与“修”极似，故整理者皆误释。如简37“随死生同宅”的“随”，“黔之菜”先生已正确改释[③]；简39“随镡曲校”的“随”，原亦误释为从“修”，“老学生”先生改释为“随”，读为“椭”[④]。北大简整理者在注释“随镡曲校”句时，已引出《淮南子·本经训》之“修掞曲挍”。[⑤] 现在看来，《淮南子》此句的“修”，应该也是“隋（椭）”的形近误字，当据《反淫》校正（“掞”“镡”音近可通）。此外，本篇简4“叶菀修（原释作从‘艹’从‘辵’从‘修’），干车（枯）槁”[⑥]，整理者释读为“修”之字，从图版看，

---

① 北京大学出土文献研究所编：《北京大学藏西汉竹书［肆］》，上海古籍出版社2015年版，第130页。

② 高亨纂著、董治安整理：《古字通假会典》，齐鲁书社1989年版，第710、711、712页。

③ 黔之菜：《北大汉简〈反淫〉篇校字一则》，复旦大学出土文献与古文字研究中心网（http：//www.gwz.fudan.edu.cn/old/SrcShow.asp?Src_ID=2813），2016年6月3日。

④ 见上注所引文下评论，第2楼，2016年6月5日。

⑤ 北京大学出土文献研究所编：《北京大学藏西汉竹书［肆］》，上海古籍出版社2015年版，第133页。

⑥ 同上注，第121、122页。

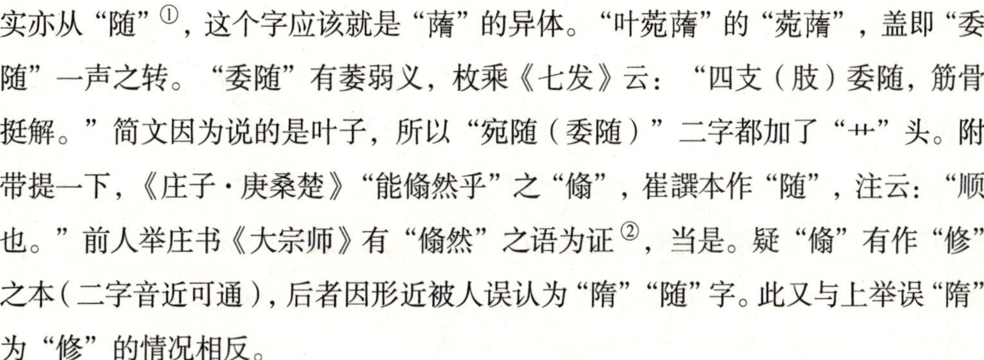

实亦从“随”[①]，这个字应该就是“蓨”的异体。“叶菀蓨”的“菀蓨”，盖即“委随”一声之转。“委随”有萎弱义，枚乘《七发》云：“四支（肢）委随，筋骨挺解。”简文因为说的是叶子，所以“宛随（委随）”二字都加了“艹”头。附带提一下，《庄子·庚桑楚》“能翛然乎”之“翛”，崔譔本作“随”，注云：“顺也。”前人举庄书《大宗师》有“翛然”之语为证[②]，当是。疑“翛”有作“修”之本（二字音近可通），后者因形近被人误认为“隋”“随”字。此又与上举误“隋”为“修”的情况相反。

三、关于《北京大学藏西汉竹书［伍］》

《节》简1“虞土至”，整理者疑“虞”读为“腴”。[③]按“虞”“腴”声母不近（前者为疑母，后者为余母），彼此相通的可能性不大。“虞土”当如何解，待考。

《节》简4“枸藩闭”、简40“藩垣不可坏也”、简45“高藩”之“藩”[④]，从字形看，不从“氵”而从“爿”。我们曾认为这个藩篱之“藩”字，可分析为从“牆（墙）”省（“藩”“墙”义近）、“番”声［末一例所从“番”近乎“啬”，稍有讹；也有可能就是“牆（墙）”字］。陈剑先生进一步指出，此篇诸“藩”字皆“牆（墙）”之误释。[⑤]其说可从。

《节》简16、19（3见）、20（3见）整理者释“御”之字[⑥]，原作［字形］，显

---

① 北京大学出土文献研究所编：《北京大学藏西汉竹书［肆］》，上海古籍出版社2015年版，第89页。

② 参看王叔岷：《庄子校诠》（下册），中华书局2007年版，第879页。

③ 北京大学出土文献研究所编：《北京大学藏西汉竹书［伍］》，上海古籍出版社2014年版，第39页。

④ 同上注，第39、43页。

⑤ 《关于〈北京大学藏西汉竹书［伍］〉释文注释的几点意见》文后评论第3楼，复旦大学出土文字研究中心网（http://www.gwz.fudan.edu.cn/old/SrcShow.asp?Src_ID=2634），2015年11月17日。

⑥ 北京大学出土文献研究所编：《北京大学藏西汉竹书［伍］》，上海古籍出版社2014年版，第41页。

然当释为“迎”。马王堆帛书“迎”字即如此作。[①]

《节》简20：“迎（原误释为‘御’，看上条。下同）大音，战，士卒罙眻，令尉伤。”整理者注：“‘罙’，疑同‘眯’（引者按：此说非是。简文‘罙’字明明从‘网’而不从‘目’），指物入目中。‘眻’，目也。”[②]按训“目”之“眻”，见于《篇海类编》等较晚字书，恐非秦汉时代所有之字。简19～21之文皆有韵：“迎德”一段“三军灭亡，其将亡”，韵脚同字；“迎丰隆”一段“削其土疆，亡其司空”，“疆”“空”，阳、东合韵；“迎风伯”一段“士卒走，失其侯公”，“走”“公”，侯、东对转；“迎雷公”一段“中折其兵，司马不得其乡（向）”，“兵”“乡（向）”皆阳部字；“迎雨师”一段“士卒病腹肠，仓吏走行”，“肠”“行”皆阳部字。疑“眻”为“盳”之讹写（“乍”“亡”只差两画），“盳”与“令尉伤”之“伤”亦皆阳部字，正可相押。“罙眻”当读为“迷芒”，《管子·势》：“战而惧险，此谓迷中，分其师众，人既迷芒，必其将亡之道。”可与简文对照。马王堆帛书《刑德》甲篇《日月风雨云气占》说：“正月军（晕），兵备战而遂行；两军（晕）及三军（晕），兵遂行；参（三）军（晕），壹迷（迷）；五军（晕），再迷（迷）；六军（晕），三迷（迷）。”（22行）[③]陈剑先生指出，就兵而言的“迷”，“即迷路、失道，行军不遂”。[④]所谓“士卒迷芒”，当包括行军迷路等事。

《节》简22整理者释“泽”之字[⑤]，实为“蘀（泽）”。

《节》简27整理者所释“地有五则”之“则”[⑥]，原作 ，实当释“助”。

《雨书》简4“（二月）旬五日（引者按：整理者指出此处脱‘角’字），雨。不雨，蛰虫青，羊牛迟，民有几（饥）事”，整理者注谓“青”读为“惊”，引《礼

---

① 陈松长编著：《马王堆简帛文字编》，文物出版社2001年版，第62页。

② 北京大学出土文献研究所编：《北京大学藏西汉竹书［伍］》，上海古籍出版社2014年版，第41页。

③ 裘锡圭主编：《长沙马王堆汉墓简帛集成（伍）》，中华书局2014年版，第10页。

④ 陈剑：《〈上博（六）·孔子见季桓子〉重编新释》，《战国竹书论集》，上海古籍出版社2013年版，第306页。

⑤ 北京大学出土文献研究所编：《北京大学藏西汉竹书［伍］》，上海古籍出版社2014年版，第41页。

⑥ 同上注，第42页。

记·月令》"孟春之月……蛰虫始振"，孔颖达疏："谓之惊蛰者，蛰虫惊而走出。"[①]按"青""惊"声母远隔，古无通用之例。本篇凡言本当"雨"而"不雨"者，出现的都是反常的凶事。如讲成"蛰虫惊"，正为"孟春之月"的物候，与文例不合。所谓"青"字原作[illegible]，当释为"脊"（参看本书《堪舆》简44"积"字）。"羊牛迟"之"迟"，整理者读为夷伤之"夷（痍）"，似有理。据此，"蛰虫脊"之"脊"可读为"瘠"。[②]

《雨书》简5："唯疾恙、天夭并行。"整理者在"疾"后括注"機"，"恙"后括注"祥"。[③]按"疾""機"声母有从、见之别，二字不能相通。其实"疾恙"当如字读，此句意谓人世之疾病与天所现之妖祥并行。

《荆决》简6"登高曲望"、简22"道路曲望"之"曲"，整理者皆读为"矚"。[④]按"曲"有"周""遍"义，即《易·系辞上》"曲成万物而无不遗"之"曲"。《逸周书·官人》："曲省其行，以观其备。"朱右曾《校释》："曲，委曲；备，细也。"梁启雄在解释《荀子·非相》"曲得所谓焉"句时说："荀卿书'曲'字多半有'周遍'的意义。"[⑤]银雀山汉简"论政论兵之类"《为国之过》简1056～1057："所有□物见者病，匿者利，则损于田畴，损于畜长，损于树蓺（艺），损于蓄积，损于器□。五者曲损，则国贫，有大事不可以持久，其吏便以为重利。"整理者注："曲，皆也。"[⑥]亦其例。有学者读银雀山汉简之"曲"为"俱"[⑦]，似无必要。"曲

① 北京大学出土文献研究所编：《北京大学藏西汉竹书［伍］》，上海古籍出版社2014年版，第79页。

② 《节》篇简2也有一个整理者释"青"之字，实当释为"脊"读为"瘠"，陈剑先生已指出。陈说见《关于〈北京大学藏西汉竹书［伍］〉释文注释的几点意见》文后评论第3楼。

③ 北京大学出土文献研究所编：《北京大学藏西汉竹书［伍］》，上海古籍出版社2014年版，第79页。

④ 同上注，第173页。

⑤ 梁启雄：《荀子简释》，中华书局2010年版，第56页。

⑥ 银雀山汉墓竹简整理小组：《银雀山汉墓竹简〔贰〕》，文物出版社2010年版，第144页。

⑦ 白于蓝：《银雀山汉简［贰］校读六记》，《简帛》第10辑，上海古籍出版社2015年版，第231～232页。

望”犹言“周望”“四望”。

《荆决》简29～30：“有人将来，直其隨盈。”整理者读“直”为“值”，训“当”，读“隨”为“遄”，训“速”，并谓“‘盈’即上辰卦的‘盈意中欲’”。[①] 按所谓“隨”字原作[illegible]，当释为“归”。“归盈”可能是指“盈来归之意”（所以说成“归盈”，盖为与下句“百事皆成”之“成”趁韵）；也可能读为“怀赢”，谓怀揣着赢利。

附识：拙文蒙苏建洲先生审阅指正，谨致谢忱。

① 北京大学出土文献研究所编：《北京大学藏西汉竹书［伍］》，上海古籍出版社2014年版，第177页。

北大汉简《妄稽》中的妄稽形象及其疗妒方法研究*

颜建真

摘　要：北大汉简《妄稽》用铺陈、夸张、烘托、对比等手段塑造了妄稽这个形象，这是目前所见资料中的第一个丑妇兼妒妇的形象。此形象在丑妇、妒妇文学形象发展史上是不可或缺的。此外，这篇俗赋中提出了一种别具一格的疗妒方法——以嫉妒者的死亡来终止妒忌，这种方法不同与《妄稽》之前或者之后同类题材的文学作品所提出的方法，也更贴切地表述了嫉妒的危害——既害人又害己。

关键词：妄稽；丑妇；妒妇；疗妒

作　者：颜建真（1980—），女，山东汶上人，济南大学文学院讲师，文学博士，主要从事中国古代神话和小说研究。

北大汉简《妄稽》在最初被发现和整理的时候被认定为“是一篇中国所知时

* 本文系济南大学博士基金项目“中国古代神话中‘恶神’的演变及其文化意蕴”（课题代号：B1309）、2013 年度济南大学科研基金（人文社科）项目“中国古代神话中的‘恶神’形象研究”（项目编号：X1317）阶段性成果。

代最早、篇幅最长的‘古小说’”[①]，后来整理者称“随着整理和解读的深入，现在将其归入汉赋中的‘俗赋’来看待和研究是合适的”[②]。以《妄稽》作为篇名，可见作品叙述的中心人物是妄稽，“妄稽”疑即“无稽”，无可查考之意，汉赋中常用这类名称来命名虚拟人物，如“乌有先生”“无是公”之类。[③]赋中用铺陈、夸张、对比、烘托的手法塑造了一个兼丑妇、妒妇于一体的妄稽形象，此形象在丑妇、妒妇文学形象发展史上具有特殊的意义。此外，赋中提出了一种别具一格的疗妒方法——以嫉妒者的死亡来终止妒忌，这种方法不同于《妄稽》之前或者之后同类妒妇题材的小说或者戏曲所提出的方法，也更贴切地表述了嫉妒的危害——既害人又害己。

一、妄稽形象的特点：兼丑妇、妒妇于一体

（一）特点之一：丑妇

妄稽之丑，无与伦比。赋中用铺陈、夸张、对比、烘托的手法塑造了一个丑妇的形象。

文中多次用铺陈、夸张的手法写其丑。如介绍完周春后，周春的父母为其娶妻妄稽，这时对妄稽有一番描写：

> 妄稽为人，甚丑以恶。穜（肿）肵广胏，垂颡折骼（额）。臂肰（夭）八寸，指长二尺。股不盈拼（骿），胫大五揌。……勺乳绳萦，坐肆（肆）于席。……目若别杏，逢（蓬）髮颇（皤）白。年始十五，面尽鲶腊。足若县（悬）樿（姜），胫若谈（棪）株。身若胃（猬）棘，必好抱区（躯）。口臭腐鼠，必欲钳须。[④]

---

① 何晋：《北大汉简〈妄稽〉简述》，《文物》2011 年第 6 期。

② 何晋：《文学史上的奇葩——北京大学藏西汉竹书〈妄稽〉简介》，《文汇报》2015 年 12 月 18 日，第 W10 版。

③ 何晋：《文学史上的奇葩——北京大学藏西汉竹书〈妄稽〉简介》，《文汇报》2015 年 12 月 18 日，第 W10 版。

④ 北京大学出土文献研究所编：《北京大学藏西汉竹书［肆］》，上海古籍出版社 2015 年版，第 60 页。以下所引《妄稽》原文均同此版本。

在得知周春之母为丈夫娶妾后，妄稽试图献媚取悦丈夫，这时又有对其外貌和动作的描写：

鲶（鳞）若陵（鲮）鲤，色若腐虾。谑（号）评（呼）哭泣，音若皋（嗥）牛。……齿若睹（猪）骨，口类脔修。大（太）息歌詸，谬谬爰恤。星（腥）腐臊箫（鳙），芀芀蛇变。笑胃（谓）周春，奉（捧）颊豆（竖）杂。

后妄稽企图制作新衣裳挽回周春，这时也有对其外貌的描写：

妄稽因新制踵绪之衣，縠帛之常（裳）……踵长于跗，脚废摄屐。髀若（木今）柃版，少肉多骨。腹若抱曳，㑦（荦）胁膺波。发若龟尾，宿（缩）宿（缩）必施（拕）。

妄稽又试图与虞士比美，这时又写到妄稽之丑：

毛若被（披）衰（蓑），未唇若判桃。

后来周春出门过妄稽门，又有对妄稽外貌的描写：

见春而笑，仞仞口口。辟（臂）涶（垂）九寸，耳枷（形）堇（仅）存。鬼（魋）獾（颧）低準，坚根隐（殷）轸。……瞻诸，前龟后胣。曲指黷（蠋）踝，穜（肿）朏废腊。目……口口以垂。

文中不仅多次用铺陈、夸张的手法写其丑，而且通过其他人物之口写出了妄稽之丑。如妄稽跟公婆表达反对纳妾意见的时候，公婆说："女（汝）貌状甚恶，口舌甚诅（粗）。"后面又通过众人之口道出了妄稽之丑，这发生在众人为被妄稽殴打的虞士打抱不平时，众人批评妄稽说："脰若诎（屈）蠲，面以（似）腐蛴。鸢肩倸胅，肃肃淮淮。"

文中不但多次铺陈描写妄稽之丑，而且用烘托的手法写其丑。赋并没有一开始就写妄稽，而是先写周春："荥阳幼进，名族周春。孝悌慈诲，恭敬仁逊。乡党莫及，于国无伦。辞让送揖，俗节理义。行步周还，进退矜倚。颜色容貌，美好姱丽。精洁贞廉，不肯淫议。血气齐疾，心不怒暴。力劲决觡，不好手扶。勇若孟贲，未尝色挠。"这样一个"不仅出身名门，年轻漂亮，品行端正，而且还勇武有力"[①]的堪称读书人楷模的周春，却娶了"甚丑以恶"的妄稽，这形成了

① 何晋：《文学史上的奇葩——北京大学藏西汉竹书〈妄稽〉简介》，《文汇报》2015年12月18日，第W10版。

巨大的反差。所以，周春后来的反应也在情理之中了："周春见之，曾弗频视。坐兴太息，出入流涕。遍告乡党，父母兄弟：'必与妇生，不若早死。'"后来周春还被试图献媚挽回其心意的妄稽惊而走。这一切的描写都烘托了妄稽之丑。

不仅如此，文中还"对丑妇、美女极尽能事的形容与夸饰"[①]，多次用虞士之美与妄稽之丑形成强烈的对比。文中写周春的母亲去市场为其买妾："顾望闲中，适见美子。靡曼白皙，长发诱绐。[illegible]还之，不能自止。色若春荣，身类縳素。赤唇白齿，长颈宜顾。……手若阴蓬，足若揣卵。丰肉小骨，微细比转。眺目钩折，蚁管。廉不签签，教不勉究。言语节检，辞令愉婉。好声宜笑，靥辅之有选。发黑以泽，状若莆断。臂胫若蒻，奇牙白齿。姣美佳好，至京以子。发黑以泽，状若纤缁。"在周春被"毛若披蓑，未唇若判桃"的献媚的妄稽惊走后，过虞士之堂，见到的是娇羞的虞士："夫（芙）容（蓉）江离，兰分□〈茖〉熏（熏）芳。嫖缈便旋……色若紫英。"二者在容貌上形成鲜明的对比，而且在穿衣打扮上也形成了鲜明的对比：妄稽"因新制踵绪之衣，縠帛之常（裳）……流项□有，玑狗桀祒，马跃往来之裴"，虞士则"郢（捏）命（领）骞（褰）衣，齐阿之常（裳）。韱（纤）费缋（绘）纯，裹以郑黄。弱锡（緆）微罗，长彘以行。衡（蘅）若麋（蘪）芜。芷惠（蕙）连房。畸（奇）绣倚（绮）文（纹），雍锦蔡方（纺）。宋绀圉青，綿绪（赭）缇黄。绛熏（纁）赞茈（紫），丸（纨）冰绢霜。邯郸直美，郑库（裤）缯（鄫）带，翡翠为当（珰），玉瑵（爪）玦印，色若秋包（苞）之英。高朐（珣）大綦（璂），翡翠譃式。韱（纤）隄（缇）袭縦（屣），虞士宜服。桃支（枝）象笿，鉴蔚（熨）粉墨。白脂兰膏，繁（虆）泽在则（侧）"。妄稽打扮不得体，愈增其丑，使得周春更加厌恶她，而虞士打扮得体，愈增其美，使得周春"揽手大（太）息"，对虞士感慨："何然日月，与女（汝）相得。"

可见，《妄稽》赋中用铺陈、夸张、烘托、对比的手法塑造了一个丑妇的形象。这个丑妇形象在文学史上具有什么样的地位呢？我们可以跟《妄稽》之前的及之后的文学作品中所描写的丑妇形象作一下对比。

宋玉的《登徒子好色赋》是较早刻画丑女的作品。文中的丑女是登徒子之妻：

---

① 何晋：《文学史上的奇葩——北京大学藏西汉竹书〈妄稽〉简介》，《文汇报》2015 年 12 月 18 日，第 W10 版。

“蓬头挛耳，齞唇历齿，旁行踽偻，又疥且痔。”[①] 刘向所编辑的《列女传·辨通传》中也写到了几位丑女：一个是无盐女钟离春，“其为人极丑无双：臼头深目，长指大节，卬鼻结喉，肥项少发，折腰出胸，皮肤若漆。行年四十，无所容入，衒嫁不售，流弃莫执”（《齐钟离春》）。；另一个是宿瘤女，“项有大瘤，故号曰宿瘤”（《齐宿瘤女》）；还有一个是即墨孤逐女，“状甚丑，三逐于乡，五逐于里，过时无所容”（《齐孤逐女》）[②]。上述几位女性与妄稽一样都是丑女，但是由于文体的原因，作者在描写这些丑女时并没有渲染她们的丑，而是重点突出她们的才德。“与《妄稽》截然不同的是，这些丑女全部为虽面相丑陋但却极富才德的贤女圣女，且均以德才取胜，由此位列王侯夫人。”[③]

可见，《妄稽》之前或同时代的描写丑女的作品，“无论是在篇幅长短还是文学手法上，都是比不上《妄稽》的”[④]。

《妄稽》之后的描写丑妇的作品，有《全后汉文》卷九三载录的繁钦《明□赋》，仅存残句“唇实范缘，限惟双穴。虽蜂膺眉鬓，梓……”，加之题有缺讹，所以钱锺书先生推测赋题当作《胡女赋》。[⑤]《文心雕龙·谐隐》提道：“潘岳丑妇之属，束晰卖饼之类，尤而效之，盖以百数。”[⑥] 这“说明晋代以来，写丑妇的作品为数不少。然而包括潘岳《丑妇》在内的作品，大都失传了”[⑦]。先唐刘思真的《丑妇赋》还保存至今，内容如下：

> 人皆得令室，我命独何咎。不遇姜任德，正值丑恶妇。才质陋且俭，姿容剧嫫母。鹿头猕猴面，（推）［椎］额复出口。折頞（厌）［靥］楼鼻，

① 朱碧莲编注：《宋玉辞赋译解》，中国社会科学出版社 1987 年版，第 100 页。

② 刘向撰，刘晓东校点：《列女传　高士传》，辽宁教育出版社 1998 年版，第 65 ~ 68 页。

③ 廖群：《“俗讲”与西汉故事简〈妄稽〉〈神乌赋〉的传播》，《民俗研究》2016 年第 6 期。

④ 何晋：《北大汉简〈妄稽〉简述》，《文物》2011 年第 6 期。

⑤ 钱锺书：《管锥编》，中华书局 1986 年版，第 1044 页。

⑥ 周振甫：《文心雕龙今译》，中华书局 2000 年版，第 133 页。

⑦ 伏俊琏、巨虹：《魏晋南北朝时期的咏物俗赋》，《淮阴师范学院学报（哲学社会科学版）》2005 年第 2 期。

两眼𩒼如臼（《艺文类聚》作“折頞厌黑面，楼鼻两眼颐”）。肤（如）［似］老桑皮，耳如侧两手。头如研米槌，发如掘扫帚。恶观丑仪容，不媚如铺首。暗钝拙梳髻，刻画又更丑。妆颊如狗舐，额上偏独厚。朱唇（加）［如］踏血，画眉如鼠负。傅粉堆颐下，面中不遍有。领如盐豉囊，袖如常拭釜。履中如和泥，爪甲长有垢。脚皲可容箸，熟视令人呕。（《初学记》十九，《御览》三百八十二）①

刘思真此赋纵笔恣肆地描写丑妇从头到脚的丑陋，极尽嘲弄戏谑之能事，在中国文学史上显得非常特别。②

再可与之媲美的就是敦煌俗赋《丑妇赋》，赵洽所作。此赋内容如下：

畜眼已来丑数，则有此一人。幅飞蓬兮成鬓，涂嫩甚兮为唇。无兮利之伎量，有妒毒之精神。天生面上没媚，鼻头足津。闲则如能穷舌，馋则佯推有娠。耽眠嗜睡，爱釜憎薪。有笑兮如哭，有戏兮如嗔。眉间有千般碎皱，项底有百道粗筋。贮多年之垢污，停累月之重皲。严平未卜悬知恶，许负遥看早道贫。

或人忽然而叹曰：可羞可耻，难生难死。甚没精神，甚没举止。结束则前褰后踍，披掩则藏头出齿。以犊速兮为行，以屈淬兮为跪。五色鬼之小妇，三家村之大姊。豪豪横横，或恐马而惊驴；咋咋邹邹，即喧邻兮聒里。仡脂磨逻之面，恶努膖肛之嘴。尔乃只爱说非，何曾道是。闻人行兮撼战，见客过兮自捶。打女而高声怒气，何忍更涂香相貌，摆敷妆眉。只是丑上添丑，衰中道衰。告冤屈者胡粉，称苦痛者烟脂。唯学嫉中出行，当十恶里矜持。厌蛊家问法，符书上趁师。

人家有此怪疹，亦实枉食枉衣。须则糠火发遣，不得稽迟。勿客死外，宁可生离。所有男女总收取，所有资藉任将随。好去好往，信住信依。各自皆得努力，苦兮乐兮焉知。③

① 严可均：《全上古三代秦汉六朝文》，中华书局1958年版，第4240页。

② 伏俊琏、巨虹：《魏晋南北朝时期的咏物俗赋》，《淮阴师范学院学报（哲学社会科学版）》2005年第2期。

③ 伏俊琏：《敦煌文学文献丛稿》，中华书局2004年版，第176～177页。

赵洽的《丑妇赋》是一篇淋漓尽致地描写丑妇的作品。全篇不仅写丑妇相貌之极端丑陋，不堪入目，而且通过丑女的举止行动，更深一层地揭示她内心的丑恶。[①]

由此可以看出，《妄稽》与其后出现的文学作品相比，只有敦煌俗赋《丑妇赋》可与之媲美，《妄稽》依然在篇幅及描写手法上具有优势，塑造了一个丑得无与伦比的妄稽形象。五代以后专门写丑妇的文学作品也不少，伏俊琏对此做过梳理[②]，但不可否认，《妄稽》在丑妇文学发展史上具有重要的地位。

（二）特点之二：妒妇

《说文解字》解释"妒"字："妇妒夫也。"[③]古代，"妒妇"是"贤妇"的对立面，缺乏贤惠、温柔贤淑的女性特点，不遵从"三从四德"。大体而言，"妒妇"具有奇妒无比、凶悍泼辣的性格特点，会做出忤逆公婆、欺虐妾婢、打骂丈夫等举动。汉代《大戴礼记》中的"七去"中就有妒："妒，为其乱家也。"[④]

妄稽作为妒妇的表现有三点：反对纳妾、殴打小妾虞士、听墙角。

妄稽作为妒妇的第一个表现是反对纳妾。妄稽在反对纳妾的斗争中也是采取了策略的，首先做公婆的工作，劝说公婆不成又献媚拉拢丈夫，拉拢丈夫不成又劝小妾改嫁。

首先在做公婆的工作的时候，妄稽采用了声东击西的方法，表面是劝丈夫，实则是做公婆的工作，希望公婆打消为丈夫买妾的念头。妄稽先是说"吾不单（惮）买妾，君财恐散"，再则说"凡人口产，必将相闲（谏）。君不义（宜）听买妾，家室恐畔（叛）。吾直爱君财，不然何恶焉"。三则说"吾暨（既）执箕帚，几（岂）能毋樁（善）。美妾之祸，人必矜式。君固察吾言，毋及（急）求胜"。但是公婆都没有反应。妄稽只得又说："差（嗟）！皆得所欲，莫得所宜。诚买美妾，君忧必多。今不蚤（早）计，后将奈何。"至此公婆才开口："女（汝）貌状甚恶，

---

① 伏俊琏：《敦煌本〈丑妇赋〉与丑妇文学》，《敦煌研究》2001年第2期。

② 伏俊琏：《敦煌本〈丑妇赋〉与丑妇文学》，《敦煌研究》2001年第2期。

③ 许慎撰，段玉裁注：《说文解字注》（第2版），上海古籍出版社1998年版，第622页。

④ 阮元校刻：《十三经注疏》，中华书局1980年版，第1463页。

口舌甚诅（粗）。吾自为买妾，终不夬（决）汝。”买妾已成定局。妄稽继续搬大道理：“怀（否），何极之有。以君之智，（悉）夬（决）于妇。庶人有言：谋毋失誃（多）子。若人言不行，民称将止。殷纣大乱，用被（彼）亶（妲）己。杀身亡国，唯美之以。美妾之祸，必危君子。若此不忧，不为屰（逆）父母？”这一番美女祸水加上忤逆父母的大道理，引得公婆反唇相讥，说：“玺（尔）不自量，尔貌可以惧鬽（魅），有（又）何辨伤。玺（尔）自妒……义（议）买妾，乃称殷王。吾子畜（蓄）一妾，因何遽伤。”妄稽最后只能认为自己是自取其辱：“怀（否），小妾不微（孅），陵且（祖）微父。猷有与责（愤）。毗休得生，漠（嫫）母事舜。妾亦诚恶，未以取寠（窭）。君欲买妾，不爱金布。小块耳目，不念生（往）故。小妾忠闲（谏），乃以为妒。请勿敢复言，走归下舍。”妄稽在与公婆的斗争中落了下风。

其次，在公婆为丈夫买妾后，她又采取色诱献媚的手段来取悦拉拢丈夫。首先，纳妾的当天妄稽“不怡”，并大声痛哭，后笑谓周春说“来与我相貌”，“奉（捧）颊壴（竖）杂”，丈夫不听。妄稽大怒，指责丈夫喜新厌旧，并说“我今与女（汝）处，訾孰之瘣者”。其次是制作新衣服希望能挽回丈夫的心意，“示以都形”，并笑着对周春说出“长与子生”的长相厮守的誓言。但这些“自饰”的举动引来的是周春“俞（愈）恶”。最后，妄稽与虞士比美，“言笑为为。笑胃（谓）周春：‘视我孰与虞士丽？’”，但最终周春被“毛若披蓑，未唇若判桃”的妄稽之色吓得“惊而走”，过虞士之堂。拉拢丈夫的行动也以失败告终。

最后，妄稽只能劝小妾虞士改嫁。但是虞士拒绝了妄稽：“妾乃端（专）诚，不能更始。壹接周春，无所用士（事）。命舍周春，蜀（独）事濡（孺）子。”

妄稽作为妒妇的第二个表现是殴打小妾虞士。第一次殴打虞士是在劝虞士改嫁失败后，“妄稽大怒，真（嗔）目瞲视，摇臂两指”，要“速杀”虞士。虞士无处可逃，周春猝至，依然没能幸免。“妄稽为布席善传之，邑（挹）入其衣而数掮之。……囗之，囗击捣之，随而犹之，执而穷之，楬解囗之，虞士乃三旬六日焉能起。”这次殴打小妾的结果是众人朋友都同情虞士，指责妄稽：“人处妾，虽百贵之，名终不与女（汝）资（齐）。……妒闻巍（魏）楚，乃诫（骇）燕齐。女（汝）为长亦足矣，何必求私。”在这之后好像又发生过殴打虞士的事情，因为缺简的缘故，我们无从详细得知其情况，但后果是“邻里闻者，长幼皆芳”。由此也促成周春采取了保护虞士的一系列措施：“谨筑高甬（墉），重门设巨（拒）。去水九里，屋上涂傅。勇士五伓（倍），巧能近……御。地室五达，莫智（知）其处。”但周春因君事“出之竟（境）外，离家甚久。守者解（懈）骀（怠）”，妄稽趁机抓到虞士，“左手把之，右手挀之。适得其指，因朐折之。适得其耳，究絜而起”，断指、抽耳等一系列非人的折磨虐待：“柘修（条）百束，竹笞九秉。昏笞虞士，至旦不已。时羸其死，扶墙而起。令设衡（横）桐，纷发县（悬）之。盈釜赤菽，累足圜之。县（悬）累纺之，息息鞭之。跪进淫（唾）浅（溅），以时闲之。”用虞士的话说就是：“笞击伓（伾）伓（伾），谇（捽）绲（混）绲（混）。”面对虞士诉苦似的指责：“濡（孺）子，人之有妾也，以为荣华。濡（孺）子之有妾，适乱室家。人有妾也，比之子生（姓）。濡（孺）子之有妾也，比之祸。……吾为妾亦诚苦，大不得人纶（伦）。”妄稽则曰：“计来女（汝）犹宾（频）言虖（呼）。女（汝）始来之日，女（汝）固设变故。女（汝）未见我黑百叶，绝我曰必妒。女（汝）妇居中间，使家大潞（露）。我为女（汝）大赐，乃始笞骂。且春未行也，我固告女（汝）。与女（汝）微（媚）于 （奥），宁微（媚）于灶。丈夫亡于此也，夜入其士盈室。昼暝（眠）夜视，反夜为日。稽暨（既）宵夜，固弗敢节。过（祸）盗不材者，皆与交通。外骸（骇）州乡，内骸（骇）里巷。”陈述了有了妾的危害，妄稽恐吓丈夫：“遬（速）鬻虞士，毋羁狱讼……遬（速）鬻虞士，毋羁大顾。”丈夫实行了缓兵之计：“若（诺），吾察其请（情）必得。一小妇人，亦甚易伓。诚有大罪，则得鬻犹幸。仆新罢行，君与我相规（窥）。我得听其言，而察其辞。”

妄稽作为妒妇的第三个表现是听墙角。妄稽在得知打骂都不能阻挡虞士与周春的爱情后，只能听墙角了。妄稽“念周春虞士之居也，不能宁息。尚（上）堂扶非（扉），卑身户枢。以听其能（态），而不敢大息。……妄稽大越，纔纔（叽叽）哭极。怒颈触牖”。

以上是妄稽作为妒妇的表现。这个妒妇形象在文学史上具有什么样的地位呢？我们依然通过与《妄稽》之前、之后的作品作比较，来看一下《妄稽》这个妒妇形象所处的地位。

《左传·襄公二十一年》中的叔向之母是先秦典籍中记载的第一位妒妇：“叔向之母妒叔虎之母美而不使。其子皆谏其母。其母曰：‘深山大泽，实生龙蛇。彼美，余惧其生龙蛇以祸女。女，敝族也。国多大宠，不仁人间之，不亦难乎？余何爱焉！’使往侍寝，生叔虎。”① 其妒行是妒忌叔虎母亲的美貌而不让其侍寝。

《韩非子·内储说下》也有关于两则妒妇的记载：

> 卫人有夫妻祷者而祝曰：“使我无故，得百束布。”其夫曰：“何少也？”对曰：“益是，子将以买妾。”
>
> 荆王所爱妾有郑袖者。荆王新得美女，郑袖因教之曰：“王甚喜人之掩口也，为近王，必掩口。”美女入见，近王，因掩口。王问其故，郑袖曰：“此固言恶王之臭。”及王与郑袖、美女三人坐，袖因先诫御者曰：“王适有言，必亟听从。”王言美女前，近王，甚数掩口，王悖然怒曰：“劓之。”御因揄刀而劓美人。
>
> 一曰：魏王遗荆王美人，荆王甚悦之。夫人郑袖知王悦爱之也，亦悦爱之，甚于王，衣服玩好择其所欲为之。王曰：“夫人知我爱新人也，其悦爱之甚于寡人，此孝子所以养亲，忠臣之所以事君也。”夫人知王之不以己为妒也，因为新人曰：“王甚悦爱子，然恶子之鼻，子见王，常掩鼻，则王长幸子矣。”于是新人从之，每见王，常掩鼻，王谓夫人曰：“新人见寡人常掩鼻何也？”对曰：“不已知也。”王强问之，对曰：“顷尝言恶闻王臭。”王怒曰：“劓之。”夫人先诫御者曰：“王适有言，必可从命。”御者因揄刀而劓美人。②

上述记载中，卫人妻的妒行是因为担心丈夫纳妾而宁愿过苦日子。郑袖则是战国时期比较有名的妒妇，她工于心计，先取得魏国美人的信任以及楚王“不妒”的赞赏，然后施展计策成功地割掉了情敌的鼻子，使之失去楚王的宠爱。

可见，先秦时期比较有名的妒妇中，叔向之母、卫人妻虽妒，并没有造成实际恶劣的后果，而郑袖的妒行则比较恶劣了。

汉代文献记载中令人印象深刻的妒妇则是吕雉。《史记·吕太后本纪》记载：“吕后最怨戚夫人……遂断手足，去眼，辉耳，饮瘖药，使居厕中，命曰‘人彘’。”③ 吕雉的妒行令人发指，非常恐怖。

---

① 杨伯峻编著：《春秋左传注》，中华书局 1990 年版，第 1061 页。

② 王先慎集解，姜俊俊校点：《韩非子》，上海古籍出版社 2015 年版，第 297、302 ~ 303 页。

③ 司马迁：《史记》，中华书局 1959 年版，第 397 页。

《妄稽》之后的作品如南朝宋虞通之《妒记》也写到了一些妒妇的行为：或虐待妾，或体罚丈夫，或迁怒于桃花而砍桃花。

此后描写妒妇的作品还有描写张缵的《妒妇赋》。原文如下：

惟妇怨之无极，羌于何而弗有。或造端构末，皆莠言之在口，常因情以起恨，每传声而妄受，乍隔帐而窥屏，或觇窗而瞰牖，若夫室怒小憾，反目私言，不忍细忿，皆成大冤，闺房之所隐私，床第之所讨论，咸一朝之发泄，满四海之嚣喧，忽有逆其妒鳞，犯其忌制，赴汤蹈火，瞋目攘袂，或弃产而焚家，或投儿而害婿。（《艺文类聚》三十五）[①]

伏俊琏评价此赋说："狠毒嫉妒、撒泼放肆者当以梁张缵《妒妇赋》为代表。这篇作品中的妒妇确实有些可怕……妒病一发，无所顾忌，甚至杀人放火的事也干得出来。"[②]

在随后的作品中，尤其是明清时期的小说或者戏曲中，妒妇和悍妇被冠以"母夜叉""胭脂虎""母大虫""河东狮""鸠盘荼"之类狰狞、恐怖的封号。这些作品中比较典型的妒妇和悍妇形象有都氏（《醋葫芦》），秦淑贞（《疗妒缘》），薛素姐、童寄姐（《醒世姻缘传》），尹氏、江城（《聊斋志异》），李凤娘（《西湖二集》），淳于氏（《连城璧》）等。她们的行为让人感觉可憎的成分居多，觉得她们所受的一切都是咎由自取，而不是像妄稽一样，让人在感觉可憎的同时，还能让人对其悲惨的结局生出一丝怜悯同情之心。

总之，妄稽之妒不同于同时期的妒妇，面对即将出现的情敌，她比较有头脑，有研究者推测妄稽的身份，"妄稽虽丑，但必有可与周春相匹配的地方，可惜这方面的情况，篇中并无交代，但也可见一些端倪。……妄稽不仅受过较多的教育，而且应该出身富贵大族，其强横跋扈，有恃无恐，可能即与其出身、地位相关。这与汉代婚姻的通常情况也是符合的，史书所载的大多数汉代人婚姻个案中，男女双方的经济、政治和社会地位都是十分接近的"[③]。的确如此，

① 欧阳询撰，汪绍楹校：《艺文类聚》，上海古籍出版社 1982 年版，第 616 页。

② 伏俊琏：《敦煌本〈丑妇赋〉与丑妇文学》，《敦煌研究》2001 年第 2 期。

③ 何晋：《文学史上的奇葩——北京大学藏西汉竹书〈妄稽〉简介》，《文汇报》2015 年 12 月 18 日，第 W10 版。

妄稽采取了一系列的措施，先是反对纳妾，后又拉拢取悦丈夫，最后才是对妾殴打辱骂。她跟其后出现的妒妇相比，特别是《妒妇赋》以及明清小说戏曲中的妒妇可怕的妒行相比，她的妒入情入理，再加上她无与伦比的丑注定了她悲剧的结局，反而会让人生出一丝怜悯同情之心。这个奇特的妒妇形象在文学史上也是比较少见的。

综上所论，北大汉简《妄稽》中的妄稽这个人物形象呈现出了新的特点，即她是文学史上目前所知较早的丑妇与妒妇的融合体。

三、《妄稽》中别具一格的疗妒手段

《妄稽》中提出了别具一格的疗妒手段，即以嫉妒者的死亡来终结妒忌。我们先来看看《妄稽》之前的古代典籍中提到的疗妒手段。

《山海经》记载：

> 又东四百里曰亶爰之山。多水，无草木，不可以上。有兽焉，其状如狸而有髦，其名曰类，自为牝牡，食者不妒。——《山海经·南山经》
>
> 又东北二百里，曰轩辕之山，其上多铜，其下多竹。有鸟焉，其状如袅而白首，其名曰黄鸟，其鸣自詨，食之不妒。——《山海经·北山经》
>
> 又东三十里，曰泰室之山。其上有木焉，叶状如梨而赤理，其名曰栯木，服者不妒。——《山海经·中山经》①

上述文字记载了食用就可以疗妒的动物或植物。

《妄稽》中则提出了一种别具一格的疗妒方法，这种方法不同于《山海经》的疗妒方法。《妄稽》中的疗妒方法就是以嫉妒者的死亡来终结妒忌。《妄稽》赋的结尾，妄稽大病，“音若搕。淫瑟缘辟（臂），魋暴（皾）瘁（癃）沛。临勺疥肠”。她在临死前召见其少母，对少母所说的一番话，表明她意识到是嫉妒害了自己：“我妒也，不知天命乎！祸生乎妒之，为我病也，将常难止。我妒也，疾堕累瓦毁袭杯，解择（释）成索别瓶桔，而离卑李，昼宵不眠。我妒也，得常

---

① 袁珂校注：《山海经校注》，巴蜀书社 1992 年版，第 5 ~ 6、110、177 页。

难止。”可见，嫉妒不但害人，如辱骂殴打虞士，使丈夫周春惴惴不安，破坏了家庭的祥和，而且害己，最终伤害的还是自己，甚至危及自己的性命。“这个故事好像仍然落于恶有恶报的窠臼……可知本篇要告诉读者的是，妄稽的丑并不是最大的错，妒才是给自己带来祸害与毁灭的关键。悔恨之余，妄稽死前召来虞士，告诉虞士：‘吾请奉汝，以车马金财，綦组五彩，尽尽来取，不告无有。’将自己的赀财嫁妆尽数赠予虞士。妄稽临死前悔恨的这些言行，述说了《妄稽》篇作者这样一种道德伦理观：妇人之妒是祸害与悲剧产生的根源。”①

在《妄稽》之后的文学作品中也有疗妒手段的出现。题为东晋陶潜撰的《搜神后记》中也记载了干宝母妒忌妾的故事：“干宝字令升，其先新蔡人。父莹，有嬖妾。母至妒，宝父葬时，因生拉住婢著藏中。宝兄弟年小，不之审也。经十年而母丧，开墓，见其妾伏棺上，衣服如生。就视犹暖，渐渐有气息。舆还家，终日而苏。云宝父常致饮食，与之寝接，恩情如生。家中吉凶，辄语之，校之悉验。平复数年后方卒。宝兄尝病气绝，积日不冷。后遂寤，云见天地间鬼神事，如梦觉，不自知死。”②同样也是以嫉妒者的死亡结束妒忌。但与《妄稽》不同的是，妄稽是因妒忌生病而亡，因而结束了妒忌。干宝母亲则是因寿终正寝的死亡结束妒忌。

南朝宋代文学家虞通之的志人小说集《妒记》中也有两篇涉及疗妒手段，一种是通过与巫师串通变羊的手段疗妒，一种是通过暴力手段，即朋友及兄长殴打妒妇的手段疗妒：

> 京邑有士人妇，大妒忌；于夫小则骂詈，大必捶打。常以长绳系夫脚，且唤，便牵绳。士人密与巫妪为计：因妇眠，士人入厕，以绳系羊，士人缘墙走避。妇觉，牵绳而羊至，大惊怪，召问巫。巫曰：“娘积恶先人怪责，故郎君变成羊。若能改悔，乃可祈请。”妇因悲号，抱羊恸哭，自咎悔誓。师妪乃令七日斋，举家大小悉避于室中，祭鬼神，师祝羊还复本形。婿徐徐还，妇见婿啼问曰：“多日作羊，不乃辛苦耶？”婿曰：“犹忆啖草不美，腹中痛尔。”

① 何晋：《文学史上的奇葩——北京大学藏西汉竹书〈妄稽〉简介》，《文汇报》2015年12月18日，第W10版。

② 陶潜撰：《搜神后记》，《百子全书》五五，扫叶山房1915年版，第13～14页。

妇愈悲哀。后复妒忌，翚因伏地作羊鸣；妇惊起，徒跣呼先人为誓，不复敢尔。于此不复妒忌。（类聚三十五）

泰元中，有人姓荀，妇庾氏，大妒忌。荀尝宿行，遂杀二儿。为屋不立斋室，唯有厅事，不作后壁，令在堂上泠然望见外事。凡无须人不得入门；送书之人若以手近荀手，无不痛打；客若共床坐，亦宾主俱败。邻近有年少径突前诣荀，接膝共坐，便闻大骂，推求刀杖。荀谓客曰："仆狂妇行，君之所闻；君不去，必误君事。"客曰："仆不畏此。"乃前捉荀手，妇便持杖直前向客，客既大健，又有短杖在衣里，便与手，老妪无力，即倒地，客打垂死。荀走叛不敢还。妇密令觅荀云："近遭狂人，非君之过，君便可还。"荀然后敢出。妇兄来就荀，共方床卧，而妇不知便来捉兄头，曳着地欲杀，方知是兄，惭惧入内。兄称父命，与杖数百，亦无改悔。（类聚三十五）[①]

前一种疗妒手段效果比较好。后一种效果不佳，妒妇毫无改悔。

明清时期出现了一大批描写妒妇的戏曲或小说，甚至出现了以疗妒命名的作品，如《疗妒缘》《疗妒羹》等，这其中也涉及了疗妒手段。美国学者马克梦对这些手段作了总结："第一种，男人应该意识到对自身命运应承担的责任，懂得夫妻之间的敌对是命中注定的。《醒世姻缘传》的说教性旁白强调说，生活的每个细节都是命中注定。……第二种方式，是根据有关传说，用药物或食物来疗治嫉妒。例如用一种浓汤，也就是"羹"，这在晚明吴炳（约卒于 1647 年）广受欢迎的剧作《疗妒羹》中可以见到。其他疗法包括用指目树叶和仓庚（一种黄鹂鸟）肉下药。……第三种解决方式是超度自我，这是附在《醋葫芦》之后的《怕婆经》所提出的一种方式。男人惧内，即惧怕老婆，因为他过分地'沉溺爱河'……简言之，男人要想避免受女人的摆布，惟一的办法是逐渐将她淡忘。"[②] 国内也有不少期刊文章对明清文学作品中的疗妒手段作总结。比较典型的如许祥麟《中国戏曲的妒妇形象及其疗妒剧旨》中提到了五个疗妒的药方：（1）男儿增其雄强之气，

---

① 鲁迅：《古小说钩沉》，《鲁迅全集》第 8 卷，人民文学出版社 1973 年版，第 476 ~ 477 页。

② 马克梦著，王维东、杨彩霞译：《吝啬鬼、泼妇、一夫多妻者——十八世纪中国小说中的性与男女关系》，人民文学出版社 2001 年版，第 62 ~ 63 页。

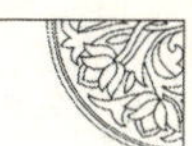

以压倒妒妇之泼悍。（2）以暴力迫使妒妇就范。（3）巧设骗局，耍弄伎俩，使妒妇在不知不觉中成为男性的俘虏。（4）令妒妇魂游冥间，在异常恐怖中痛改前非；或是由神仙点化，使妒妇堕入佛门。（5）抛出“休弃”的杀手锏，迫使妒妇收敛妒心。[①] 刘君在其硕士论文《明清小说中的“妒妇—疗妒”主题研究》中也提出了疗妒的方法有五：药物的治疗、道德的教化、欲望的满足、现实的教训、鬼神的惩戒。[②] 刘敏《论明清小说中的女性悍妒文化———以〈聊斋志异〉中的“悍妒妇”形象为例》总结出明清小说家提出的“疗妒”法有五种：“以悍治悍”、佛法疗妒、道德说教、药物或食物疗妒 、政治力量。[③] 这些疗妒手段都不同于《妄稽》的死亡疗妒方法。

这种以死亡作为疗妒的手段后来出现在《红楼梦》第八十回“美香菱屈受贪夫棒 王道士胡诌妒妇方”中。贾宝玉到天齐庙去烧香，顺便向庙中卖膏药的王道士讨要能贴女人妒病的膏药。王道士给出了“疗妒汤”的方子：

> 王一贴道：“这叫做‘疗妒汤’：用极好的秋梨一个，二钱冰糖，一钱陈皮，水三碗，梨熟为度。每日清晨吃这一个梨，吃来吃去就好了。”宝玉道：“这也不值什么。只怕未必见效。”王一贴道：“一剂不效吃十剂；今日不效明日再吃；今年不效吃到明年。横竖这三味药都是润肺开胃不伤人的，甜丝丝的，又止咳嗽，又好吃。吃过一百岁，人横竖是要死的，死了还妒什么？那时就见效了。”[④]

王道士的这个方子正如回目中所点出来的是“胡诌”，其药效也无法考证，只是说人寿终正寝自然死亡，嫉妒自然终止，类似《搜神后记》中的疗妒方法。

可见，与《妄稽》之前或者之后的文学作品相比，《妄稽》的疗妒手段——“死亡”及其所表现出的妒妇悔过主题是别具一格的。这种悔过并不是借助于外

① 许祥麟：《中国戏曲的妒妇形象及其疗妒剧旨》，《南开学报》1994 年第 5 期。

② 刘君：《明清小说中的“妒妇—疗妒”主题研究》，陕西理工学院 2012 年硕士学位论文，第 20 ~ 30 页。

③ 刘敏：《论明清小说中的女性悍妒文化———以〈聊斋志异〉中的“悍妒妇”形象为例》，《陕西学前师范学院学报》2015 年第 6 期。

④ 曹雪芹、高鹗著，黄渡人校点：《红楼梦》，齐鲁书社 1992 年版，第 591 页。

力或者神秘的因素，而是主人公发自内心的悔过，也体现出了妒忌的危害——害人害己。

总之，“《妄稽》却是讲述了一个貌丑性也丑的真正的丑女的故事，属于鞭笞文。但最后让丑女反省，其中蕴含的是正面的训诫之意。可见，就丑女故事而言，《妄稽》也是一种新的类型”[①]。就目前所见资料而言，妄稽是中国文学史上的第一个丑妇兼妒妇的形象，《妄稽》中提出的疗妒手段也是别具一格的。

① 廖群：《“俗讲”与西汉故事简〈妄稽〉〈神乌赋〉的传播》，《民俗研究》2016年第6期。

随州孔家坡汉墓简牍释文订补*

单育辰

摘　要：在综合诸家释读意见的基础上，本文对《随州孔家坡汉墓简牍》释文进行订补，并对相关词语提出新的意见。

关键词：孔家坡汉墓简牍；释文；订补

作　者：单育辰（1976—），河北秦皇岛人，吉林大学古籍研究所副教授，博士，研究方向为出土文献。

《随州孔家坡汉墓简牍》所收图版大都清晰可辨，整理水平也很高[①]，在发表后的几年里，有不少学者对原始释文进行了订正考辨，不过仍有剩义可寻。下面我们准备摘择几条，以向大家求教。

1.《日书·星官》简59：不可取（娶）妻、嫁女。虽它大吉，勿用。

“勿”整理者误释为“毋”。

2.《日书·嫁女》简179：丙申、丁酉，天地相去也；庚申、辛酉，汉河相

---

* 本文受到国家社科基金一般项目“近出楚简与传世文献对读研究”（项目编号：16BYY148）的资助。

① 湖北省文物考古研究所、随州市考古队：《随州孔家坡汉墓简牍》，文物出版社2006年版。

去也；壬申、癸酉，参辰相去也。

“汉河”整理者误释为“沟河”，陆平先生已改释为“汉”，但他把“汉”理解为“天河”则有误。[①]“汉”指汉水、“河”指黄河，二者水道绝不相属，和上面的“天地”“参辰”对应。《古诗十九首》：“迢迢牵牛星，皎皎河汉女。”指牛郎、织女如河、汉之相阻隔。古语多云“如河、汉之不相涉”，亦此意。

3.《日书·五子》简182贰：五子不可以祠百鬼，利为囷。

首二字“五子”上有一横杠，上有篇题，已漶漫，作“”，或即“五子”二字。整理者未言。

4.《日书·入官》简196：入官，寅、巳、子、丑，吉。申，不计徙。亥，易去。戌，行。卯，凶。

此简言任官日期之禁忌。“易”整理者疑读为“伤”。此句和睡虎地秦简《日书乙种·入官》大致相同，其中相关句作“子、丑入官，久，七徙。【二二八贰】戌入官，行。【二二九贰】亥入官，傷去。【二三〇贰】申入官，不计而徙。【二三一贰】酉入官，有罪。【二三二贰】卯入官，凶。【二三三贰】”。孔家坡的“易”秦简作“傷”，它们都应是“易”的讹字，言以亥日入官易离职而去。

5.《日书》简231：为灶，忌辛、壬。

“灶”作“”形，乃从“穴”从“黾”，即“灶”。整理者未释。

6.《日书·直室门》简288壹：食过门：……丧，家门乃多恙。反是，主必厕。

睡虎地秦简《日书甲种·直室门》简一二四正贰相关之句作“食过门，大凶，五岁弗更，其主痒（癃）”。“厕”疑来源于楚文字的“𠟭”（包山简60、67等），“𠟭”在上博二《容成氏》作“𧿹”，其简16：“疫不至”，“𧿹”用为“疠”。此简的“厕”疑亦用为“疠”。

7.《日书·盖屋、筑室》简248：秋乙丑、巳、未，己未，丁丑、无〈未〉。

最后一个“未”讹写为“无”，整理者径释为“未”。又《日书》简34：“小事果成，大事有庆，它事无小大尽吉。”“无”，整理者释为“未”，“未小大”

① 陆平：《汉简“参辰”小议》，简帛网，2008年7月26日，http：//www.bsm.org.cn/show_article.php?id=856。

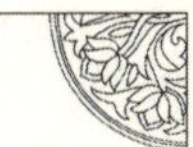

不辞，查图版作“[图]”，应即“无”，读为“无”。

8.《日书·直室门》简292壹：起门：……□必盖之。

睡虎地秦简《日书甲种·直室门》简一一五正叁相关之句作“起门，八岁昌，十六岁弗更，乃去”，和此颇有不同。孔家坡的“必”仍存残形“[图]”，整理者未释。

9.《日书·死》简359壹：申有疾……患旱殇。

按，前简言“患三公主”“患大父”“患高姑姊□”等，可知“旱殇”亦已死鬼之名，但“旱殇”不辞，“旱”应为“早”之讹。

10.《日书·天牢》中的天牢图，从外数第三圈简354贰那个字，整理者释为“亥”，按，是“丑”字。

11.《日书·生子》简389贰：卌五年以壬子死。一曰廿年。

整理者在“廿年”后释有“死”字。查图版“廿年”后无字。

12.《日书·占》简403：……□不雨，大旱，至百日。

“不”作“[图]”，整理者疑为“夭”，按，应是“不”。“至百日”整理者释为“至六日”，六日不成大旱，查图版，作“[图]”，实是“百”字。

13.《日书·籴》简449：风从南方来，籴籴……

“籴”下有重文符，整理者未释出。也有可能与下面简450残缺之处连读为“籴□。籴□……”。

14.《日书·始种》简452：正月七日，二月十四日，三月廿一日，四月八月〈日〉。

“四月八日”的“日”讹写为“月”，整理者径释为“日”。

15.《日书·始种》简453：五月东井，利澍（树）蓝、韭，司清。

“司清”整理者未注，按，应读作“治圊”，“圊”，《释名·释宫室》：“厕……或曰圊，至秽之处宜常修治使洁清也。”“治圊”即修治厕所。蓝草和韭菜都嗜粪肥，故需治圊。韭菜生长离不开粪肥，今尚为人知，而蓝草则今人多已不知栽培之法。《农政全书》引《便民图纂》述植蓝之法云：“正月中，以布袋盛子浸之。芽出，撒地上，用粪灰覆盖。待放叶，浇水粪。长二寸许，分栽成行，仍用水粪浇活。至五六月，烈日内将粪水泼叶上，约五六次，俟叶厚方割。”又，《农政全书》引《齐民要术》述植韭之法：“以升盏合地为处，布子于围内。薅令常净。（原注：韭性多秽，数薅为良）。高数寸，剪之。至正月，扫去畦中陈叶。冻解，以铁杷耧起，下水，加熟粪。韭高三寸，便剪之。”①

16.《日书·岁》简 463：是胃（谓）五胜，胜者以占强弱。

“胜”下有重文符，整理者未释出。

17.《告地书》：库啬夫辟与奴宜马、取、宜之、益众，婢益夫、来众。

婢“来众”的“来”作“”，整理者误释为“末”。按，“来众”之起名正可以和奴名“益众”、婢名“益夫”相比。又，这些奴婢的名字过于整齐划一，颇疑本是子虚乌有之人。

① “韭”“蓝”嗜粪肥的特性可参看徐光启撰，石声汉校注：《农政全书校注》，上海古籍出版社 1985 年版，第 722 ~ 724、1114 ~ 1116 页。

张家山汉简《奏谳书》字词札记四则

张新俊

摘　要：本文结合秦简、马王堆帛书、北大汉简、汉印资料，考释了张家山汉简《奏谳书》中的“祿”，并对“子女”“归宁”“受婢、受军奴”等词语提出新的意见。

关键词：张家山汉简；《奏谳书》；字词考释

作　者：张新俊（1974—），河南南阳人，河南大学文学院副教授，博士，研究方向为古文字学。

一、释“祿”

张家山汉简《奏谳书》第二例中，出现一个爵位大夫，名叫“禒”的人，该人名在本案中共出现六次。释作“禒”是整理者的意见。根据右下方写法的不同，大致来说此字有A、B两种形体：

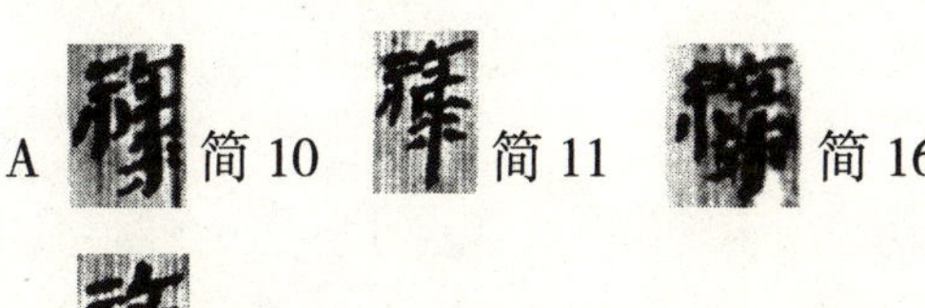

A 简10　简11　简16

B 简11

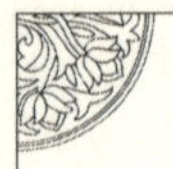

大概是受整理者的影响，目前所能见到的两本张家山汉简的字编，即张守中的《张家山汉简文字编》和邱玉婷的《张家山汉简文字编》都把它把收录在“禒”字下，后者还指出“禒”是“禄”字异体[①]。我们认为今后可以把这两个字径释作“禄”字。

从A形的写法来看，它与“禄”字的写法更为接近。如下所示是睡虎地秦简、北大汉简《老子》、秦汉玺印文字中的“禄”字[②]：

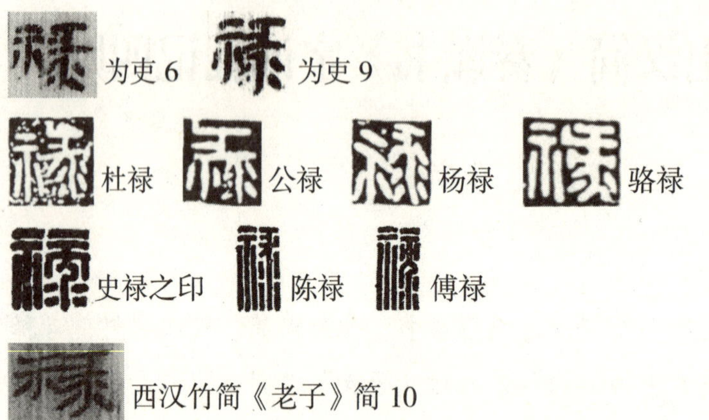

可见，把A形的字该释作“禄”，是完全没有问题的。

B形的字，右边所从的部分与“彖”形很接近。这也是导致整理者把它释作“禒”的重要证据。在秦汉时期的文字中，用作偏旁的“彔”，确实与“彖”形体相近或相同。如睡虎地秦简《效律》与张家山汉简《奏谳书》中的“掾”字，形体如下：

另外，在马王堆帛书《周易》中，与“遁”相通假的“掾”字，写作如下之形：

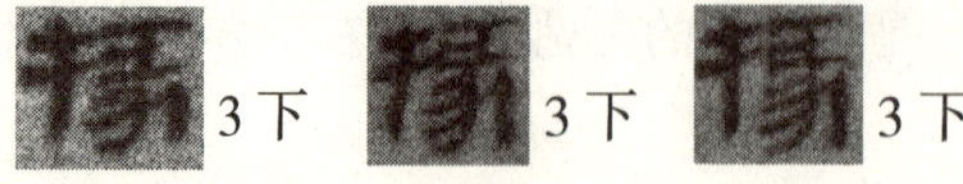

① 张守中编撰：《张家山汉简文字编》，文物出版社 2012 年版，第 5 页。邱玉婷：《张家山汉简文字编》，复旦大学 2015 年硕士学位论文，第 31 ~ 32 页。

② 许雄志主编：《秦印文字汇编》，河南美术出版社 2001 年版，第 3 页。罗随祖主编：《罗福颐集·增订汉印文字征》（上），紫禁城出版社 2010 年版，第 3 页。

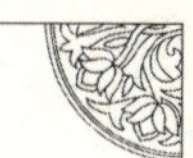

尤其是《奏谳书》144简中的“掾”字所从“彖”形，写法与B几乎完全相同。

在秦汉文字中，用作偏旁的“彔”往往会写成“彖”形，似乎是比较常见的现象。如马王堆帛书中的“剥”字，写作：

周易12下

五十二病方246

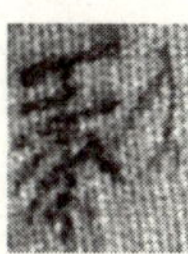

五十二病方112

又如张家山汉简《二年律令》简397有“录”字，写作：

“剥”“录”二字所从“彔”，与上揭“掾”字所从的“彖”，也几乎没有什么两样。

汉印文字中的“禄”，右边也有写成“彖”形的例子[①]：

杨承禄印

张禄

这种形体就与上面《奏谳书》简11是相同的。但是在秦汉文字中，我们很少见到把用作偏旁的“彖”，写成“彔”形的例子。从这一点来说，我们很难想象把上揭《奏谳书》中A形的字，释作“椽”是可以成立的。这也是我们赞同把《奏谳书》中旧释作“椽”的字，改释作“禄”的原因。

许雄志先生《秦印文字汇编》“禄”字下收录如下一字：

该字可与睡虎地秦简《日书》甲种第75简背上作为人名的字相比：

① 罗随祖主编：《罗福颐集·增订汉印文字征》（上），紫禁城出版社2010年版，第3页。

这两个形体，严格而言更像是从“彖”。因为秦汉文字中用作偏旁的“彔”形往往可以写成“彖”形，所以把这两个字看作“禄”，是可以成立的。再者，“禄”作为人名，古今都很常见。这要比释作“禒”合理一些。

另外，岳麓秦简《猩、敞知盗分赃案》有下字：

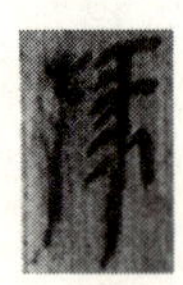
简 44

整理者隶定作“掾”，认为是“录”字。并且解释说：严格隶定，“掾”字从“彖”作“掾”形。按，秦汉隶书彖、录两旁常常混用，本简“掾”字所从声符“彖”其实系录旁，如同人名“禄”从彖旁作“禒”形，“掾”字不见于先秦及秦汉文献，与“录”字的关系应属更换形旁，与“谳”字作“瀗”形相似。[①]

同篇又三次出现人名“上造禄”，其形体如下：

 52  52  53

整理者注释说：严格隶定，“禄”从彖作“禒”形。按，“禒”字初见于《龙龛手鉴》，音洗浅反，实系“䄅”字讹体。“禄”字又为秦汉时代常见人名，本案“禒”形字也是人名，因为可以将其释为“禄”字无疑。《奏谳书》案件之二所谓“大夫禄”亦然。[②]

我们认为岳麓简整理者释“禄”的意见正确可从。岳麓简的这两个例子也都是把“彔”写成“彖”形的例子，与上面秦印、《日书》简中用作人名的“禄”形可以比较。

---

① 朱汉民、陈松长主编：《岳麓书院藏秦简（叁）》，上海辞书出版社 2013 年版，第 125 页。

② 朱汉民、陈松长主编：《岳麓书院藏秦简（叁）》，上海辞书出版社 2013 年版，第 127 页。

二、子 女

张家山汉简《奏谳书》第180号简有一段论述继承权的文字：

故律曰：死疾[①]以男为后。毋（无）男以父母，毋（无）父母以妻，毋（无）妻以子女为后。

简文中所言的“故律”，或以为“故”当属上读，“故”之前之简文有残缺。[②]我们认为“故”字也有可能属下读，“故律”义同“旧律”，就是过去的、旧的律令。确切说，应该是指秦王朝统治的时期。按《奏谳书》第十九、二十例，简首分别注明“异时卫法”“异时鲁法”，此处不说“异时”，直说“故律”，可以知道是不久前的律令。该简文说男性户主死了之后，要以儿子为第一继承人。如果没有儿子的话，可以以父母为继承人。如果没有父母的话，就以妻子为继承人。如果没有妻子的话，就以女儿为继承人。

简文中的“子女”，显然不是儿子和女儿的合称，而仅仅指“女儿”。在先秦时期的文献中，“子”可以兼指儿女，也可以专指儿子或者女儿。如《诗经·大雅·大明》：“缵女维莘，长子维行。”毛传：“长子，长女也。”“子女”用指年轻女子的例子，多见于先秦到汉魏时期的文献中。如下面的例子：

（1）我非以金玉、子女、壤地为不足也，我欲以义名立于天下，以德求诸侯也。（《墨子》卷五）

---

① “疾”原释为“夫（？）”，邢义田曾怀疑是“夫死”之书写颠倒。参看邢义田《秦或西汉初和奸案中所见的亲属伦理关系——江陵张家山二四七号墓〈奏谳书〉简180—196考论》，收入《天下一家：皇帝、官僚与社会》，中华书局2011年版，第489～534页。陈伟先生怀疑所谓的“夫”字，可能是“疾”字之残。陈伟：《〈二年律令〉、〈奏谳书〉校读》，《简帛》第1辑，上海古籍出版社2006年版，第350～351页。《二年律令与奏谳书》一书认为此字也有可能是“而”字。参看彭浩、陈伟、工藤元男主编：《二年律令与奏谳书——张家山二四七号汉墓出土法律文书释读》，上海古籍出版社2007年版，第335页。

② 参看张建国《关于汉简〈奏谳书〉的几点研究及其他》，《国学研究》（第4卷），北京大学出版社1997年版，第529～545页。《〈二年律令〉、〈奏谳书〉校读》，《简帛》第1辑，上海古籍出版社2006年版，第350～351页。

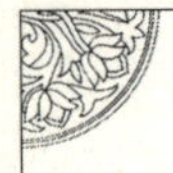

（2）人主乐美宫室台池、好饰子女狗马以娱其心，此人主之殃也。（《韩非子·八奸》）

（3）（项羽）遂屠咸阳，烧其宫室，虏其子女，收其珍宝货财，诸侯共分之。（《史记·秦始皇本纪》）

（4）楚因焚烧其城郭，系虏其子女，齐人叛之。（《史记·高祖本纪》）

（5）朕饰子女以陪单于，币帛文锦，赂之甚厚。（《汉书·窦田灌韩传》）

（6）胥既见使者还，置酒显阳殿，召太子霸及子女董訾、胡生等夜饮。（《汉书·武五子传》）

上例（6）中的“子女董訾、胡生”，颜师古注曰：“董訾、胡生，皆女名。”可见先秦秦汉文献中的“子女”常常等同于年轻女子。

《奏谳书》简的整理者已经指出，这段律文可以与张家山汉简《二年律令·置后律》相对照。《二年律令》第379—380号简说：

> 死毋（无）子男代户，令父若母，毋（无）父母令寡，毋（无）寡令女，毋（无）女令孙，毋（无）孙令耳孙，毋（无）耳孙令大父母，毋（无）大父母令同产子代户。

这条简文中的“毋（无）寡令女”与前面简文中的“毋（无）妻以子女为后”显然说的是同一回事。

又张家山汉简《二年律令》中多见“子男”一词，如下面的例子：

（9）不幸死者，令其后先择田，乃行其余。它子男欲为户，以为其口田予之。（312—313简）

（10）□□□□为县官有为也，以其故死若伤二旬中死，皆为死事者，令子男袭其爵。（369简）

（11）后妻毋子男为后，乃以弃妻［子男］。（381简）

简文中的“子男”显然是相对于“子女”而言的。在古汉语词汇结构中，这是一种典型的大名冠小名形式。①

---

① 俞樾等：《古书疑义举例五种》，中华书局1956年版，第52～53页。

三、归 宁

在先秦秦汉时期的文献中，“归宁”常常指出嫁的女子回家看望父母，如《诗经·葛覃》“害澣害否？归宁父母”，《诗经·燕燕》“之子于归，宜其室家”，这是大家所熟知的。另外也可以指诸侯朝觐天子之后，回到自己的领地。如《仪礼·朝觐》：“天子辞于侯氏曰：‘伯父无事，归宁乃邦。’”进入秦汉之后，“归宁”开始有回家治丧的义项。《汉语大词典》所用的书证，是《后汉书·独行传·陈重》：“又同舍郎有告归宁者，误持邻舍郎绔以去。……后宁丧者归，以绔还主乃显。”[①]这条书证是传世文献中所发现的时代最早的一例。张家山汉简公布之后，在《奏谳书》中有两条“归宁”的例子：

（1）诸有县官事，而父母若妻死者，归宁卅日；大父母、同产十五日。（180—181简）

（2）律，死置后之次；妻次父母；妻死归宁，与父母同法。（185简）

这两条简文中的“归宁”，都是指男子死了妻子之后回家治丧事而言。就时代而言，这是西汉初年的文献，当然也有可能汉初沿袭了秦末的律令。无论如何，在时代上都比《后汉书》要早得多。

四、受婢 受军奴

《奏谳书》第二例有如下一段文字：

（1）六年二月中买婢媚士五（伍）点所，贾（价）钱万六千，乃三月丁巳亡，求得媚，媚曰：不当为婢。·媚曰：故点婢，楚时去亡，降为汉，不书名数，点得媚，占数复婢媚，卖禄所，自当不当复受婢，即去亡，它如禄。

这段话的大意不难理解：媚本来是点的奴婢，在楚汉战争中逃亡，汉朝建国之后，没有参加户籍登记，点抓到媚之后，为她登录了户籍，媚又重新成为点的奴婢。后来点把媚卖给了禄，媚认为朝代更迭之后，自己不应该再是奴婢的身份，

① 罗竹风主编：《汉语大词典》（第5卷），汉语大词典出版社1990年版，第378页。

于是就从禄那儿逃跑了。这段简文中有“自当不当复受婢”一句话，“复受婢”从文意上不太好理解。

在张家山汉简《奏谳书》第五例中，还有一处“受军奴”的文字，可以与“受婢”参看。

诘武：武虽不当受军弩（奴），视以告捕武，武宜听视而后与吏辩是不当状，乃格（格）斗，以剑击伤视，是贼伤人也，何解？

日本学者池田雄一认为“自当不当复受婢”之“受婢”，大概即他处“为婢”[①]。这在文意的理解上是有道理的，但“受”字本身没有“为”的含义。

我们认为这两处简文中的“受”字都有可能是“为”字之误。这从对媚的诘词以及媚自己的辩词中也可以得到证实。

（2）诘媚：媚故点婢，虽楚时去亡，降为汉，不书名数，点得，占数媚，媚复为婢，卖媚当也。去亡，何解？

媚曰：楚时亡，点乃以为汉，复婢，卖媚，自当不当复为婢，即去亡，毋它解。

比较前面的“自当不当复受婢”与此处的“自当不当复为婢”，事实已经很清楚了。除此之外，在《奏谳书》第五例中也多次出现类似的字句。如下例：

（3）今武曰：故军奴，楚时去亡，降汉，书名数为民，不当为军奴，视捕武，诚格（格）斗，以剑击伤视，它如池。

军曰：武，故军奴，楚时亡，见池亭西。以武当复为军奴，即告池所，曰武军奴，亡。告诚不审，它如池、武。

鞫之：武不当复为军奴。

应该说，第五例中的“不当为军奴”—“当复为军奴”—“不当复为军奴”，与前文中的“不当为婢”—“复为婢”—“不当复为婢”正好是一致的。

从字形上看，“受”与“为”在隶书中均从“爪”，形体有部分接近之处。如“受”写作简10、简41，“为”写作简1、简2，此处的“受”有可能是“为”字之误。

---

① 池田雄一：《〈奏谳书〉——中国古代的审判记录》，转引自彭浩、陈伟、工藤元男主编：《二年律令与奏谳书——张家山二四七号汉墓出土法律文书释读》，上海古籍出版社2007年版，第338页。

银雀山汉简《守法》《守令》等篇编联问题初探*

张海波

摘　要：银雀山汉简《守法》《守令》两篇字体风格相同，内容又都与《墨子》之《备城门》及《号令》等篇相近，由于竹简原已散乱残缺，很难进行区分，所以银雀山汉墓竹简整理小组将二者合为一篇。因这两篇残损严重，且已公布的图版质量不太理想，很难进行字迹研究，笔者遂根据内容将二者进行区分。

关键词：银雀山汉简；《守法守令等十三篇》；《守法》；《守令》；编联

作　者：张海波（1985—），女，黑龙江省庆安县人。济南大学出土文献与文学研究中心专职研究人员、济南大学文学院讲师，历史学博士，主要从事出土秦汉简帛研究。

银雀山汉简或称“银雀山汉墓竹简”，主要是指 1972 年 4 月山东省博物馆和临沂文物组在山东临沂银雀山一号和二号汉墓里，发掘出土的大批竹简。其中

* 本文是国家社会科学基金重大项目“中华简帛文学文献集成及综合研究”（项目编号：15ZDB065）的阶段性成果。

有一部分简文银雀山汉墓整理小组根据出土的二号木牍命名为《守法守令等十三篇》，本文要讨论的即是《守法守令等十三篇》中的前几篇。

银雀山汉墓竹简整理小组在整理这批简时发现767–812简均言守御之事，内容多与《墨子》之《备城门》及《号令》等篇相近，怀疑是见于篇题木牍之《守法》《守令》两篇。由于竹简原已散乱残缺，不易肯定何者为《守法》、何者为《守令》，所以暂合为一篇。目前，研究《守法》《守令》编联问题的文章，主要有李学勤《论银雀山简〈守法〉、〈守令〉》[①]，史党社、田静《银雀山汉简〈守法〉、〈守令〉研究（一）》[②]。史党社在后来出版的《〈墨子〉城守诸篇研究》一书中对他的观点又重新申述。[③] 以上诸位先生的观点和整理小组的大同小异。这个问题还有讨论的必要，笔者不揣浅陋，在前辈学者研究的基础上，对这两篇及与此相关诸简作如下编联：

（1）《守法》：767、830、776–779、781–782、786–792、806、807–812。

（2）《守令》：768+769、796+797+799+800+801、793+794+795ab+798、795c、805+803+804、783+784、780、772+773、837+850、774+775、802、785。

（3）770、771暂附《库法》篇后。

现将整理小组整理的《守法守令》篇释文转录于下，作为下文讨论的基础。

守法【767】

战国应敌……□固守。战国者，外脩（修）城郭，内脩（修）甲戟矢弩。万乘之国，郭方七里，城方九【768】【里，城高】九仁（仞），池□百步，国城郭……【郭】方十五里，城方五里，城高七仁（仞），池广八十步，大县【769】……

……数也。中县、小县以民户【770】……

……大县二万家。中县、小县以民户之数制之。【771】……

---

① 李学勤：《论银雀山简〈守法〉、〈守令〉》，《文物》1989年第9期。

② 史党社、田静：《银雀山汉简〈守法〉、〈守令〉研究（一）》，简帛研究网（http://www.bamboosilk.org/showarticle.asp?articleid=810），2003年12月13日。

③ 史党社：《〈墨子〉城守诸篇研究》，中华书局2011年版。

……□数也。榮广毋下二尺八寸，长毋得下三尺四寸。甲人一。弩矢甲戟铁【772】铦诸有束□【773】……

……【铁铦长十】六尺大半尺者人一，十四尺半者人一，戟长十二尺半者人一，弩【774】人一，榮人一，必□□□【775】……

……【守】城之法，适（敌）在城下，及且傅攻，不□【776】……

……斩。守城之法，客四面蛾（蚁）傅之，主人先知之，主人利。客【777】……

【上】遂广五百步，中遂三百步，下【778】……遂，丈夫千人【779】……

……者万人，老不事者五千人，婴儿五千人，女子负婴【780】……

……百人以下之吏及与□及伍人下城从……不操其旗章，从人非其故数也，千人【781】之将以下，止之毋令得行，行者吏与□□当尽斩之。千【782】……

……千丈之城，必郭逆之，主人之利也。不【783】……众少裾（倨）袧（句）而应之，此守城之数也。不在此其中者，□【784】……

……不与，在五步一人中。守城之令，主人毋得与客言，毋得遇【785】……

……举手指摩（麾），奸诈之所橐（托）也，□【786】……

……去其署者身斩，父母妻子罪【787】……

……有法，父母妻子与其身同罪。诸□争【788】……

……【敌】人在城下，城中行者皆止，丈夫行【789】……

……罪，非时得行者唯守【790】……

……禁邪为次，杀鸡狗毋令有声□【791】……

……城中之卒有【792】……

……之令也。城上五十步而一楼，楼间为□□【793】……□二百步而一出楼，三百步而一进行楼。进行楼所以远视城【794】下及城外也。为高耤车可以投五十步之内者，二百步而一，小回耤车五十步而一。五人之大桮（杯）、三人之小桮（杯）【795】……

……毋得□十七尺，后可以守及便斲（斗）。外叶（堞）高七尺，内【796】叶（堞）高四尺，外叶（堞）埤垸【797】……

……□二百步而一隔，必当出楼之下，善为之□而守之，【798】以射适（敌）远卒及后行者。为爵穴叶（堞）足之下，可【以□□】客者，十

步而一。为专牖于叶（堞）之中，可以密射外者，【799】廿步而一。为蜚（飞）橦（冲）及缴张，可以破蔽鲁（橹）百步之内者，遂十五。剑戟固人备其所。弩二人共一，非适（敌）人傅城【800】及在城下，卒不得服弩，弩恒在将吏之所。城上面为一高候望之楼，及隅为一，以视适（敌）往来出入及□【801】……

……围十步一人，与四尺【802】……

……皆列，中围当遂者二人列，外围当【803】外者四人。围户之广毋过二尺二寸，高毋过五尺，无牖，法也。日食毋过日一斗星，令也。十日【804】……

……以斫辩入围上为犯禁也。围高五十五尺，内围也。卅三尺，中围也。廿七尺，外围也。【805】……

……佰之吏，毋下七十枚，长枚毋下卌，所以造城上之用【806】……

……皆人一。积大瓦及石于城上，靊（瓴）辟（甓）之重皆五斗以上，毋下人五十。小石及毁瓦、碕、疾（蒺）莉（藜），毋下人百。五步【807】一器水必受百斗，置两木栘其中。为周道，广廿尺。廿步一聋灶。百步一井，离城毋过廿步。廿步一屏（屏），离【808】城毋过十五步。下之屏（屏）者必衔枚，二人俱斩。莫（暮）必置兔（斥）者城外，以视适（敌）进芮（退）变能（态）请而为【809】长耳目城中，以观奸邪事变。诸官府室屋壮（墙）垣及家人室屋器戒（械）可以给城守者尽【810】用之，不听令者斩。恒木及楳面为四积，小石面为二所，毁铁及毁金器面为一积，皆于城【811】下，城守之备也。积石及毁瓦、靊（瓴）辟（甓）、疾（蒺）莉（藜）于城下，百步而一积，城守之造也。五百卌八【812】

本文第一部分先回顾学术界已有观点，以便后文申述。

（一）学术界已有观点回顾

因为《守法》《守令》皆言守御之事，不易分开，所以整理小组把它们合为一篇。目前归入《守法守令》篇的767–812简现存934字，812简有其中一篇的字数统计：五百四十八，由此可知，767–812简确实不属于同一篇。所以整理小组有如下注释：

> 从各简字体及内容看，似七九二号简以前为一篇，七九三号简以后为另一篇。但在前一篇中，七六八号至七七五号诸简，残断情况与七七六号以后各简有异，内容上的联系也不紧密，可能本属它篇而被我们误收于此。后一篇中，八〇二号至八〇六号诸简，与其前后诸简在内容上的联系也不很紧密，也有误收的可能。[①]

李学勤先生在整理小组注释的基础上，又进一步指出 792 简以前这一部分很可能是《守法》，而 793 简以后的部分则是《守令》。

李先生之所以会得出这样一个结论，与他的一个假设有关。因为银雀山汉墓里出土有一记载《守法》等十三篇篇名的篇题木牍，李先生据木牍所记十三篇的次第，发现在“十三篇里《守法》、《库法》、《市法》、《李法》、《田法》五篇体例接近，有共通的特有词语，标题也彼此相似。如果加上未找到简文但标题类似的《委法》，在十三篇次序中正好占了 1、3、5、7、9、10 六篇。换句话说，除末一篇《田法》外都居奇数”。于是，他对此提出一个假设：这些篇佚书的底本是一幅帛书，分上下两栏书写，上面一栏所写各篇较短，故篇数较多，同时下面一栏写到最后还可留下空白，其原来次序自右向左分栏读，应是《守法》《库法》《市法》《李法》《委法》《田法》《上篇》《下篇》《要言》《王兵》《守令》《王法》《兵令》。用简抄写时，抄手误按一上一下次序录写，结果成为木牍现有的次第。[②]《守法》和《库法》原为相比连的两篇，一篇论守城之法，一篇论军赋库藏之制，内容互相联系。和《库法》关联的简在 792 简以前，这一部分很可能是《守法》，而 793 简以后的部分则是《守令》。[③]

史党社、田静两位的分篇又与李先生不同。因为史党社、田静《银雀山汉简〈守法〉、〈守令〉研究（一）》一文的观点和论证过程，与史党社《〈墨子〉城守诸篇研究》一书中的一致，所以放在一起讨论。史党社、田静两位先生在整

---

① 银雀山汉墓竹简整理小组编：《银雀山汉墓竹简〔壹〕》，文物出版社 1985 年版，“释文注释”第 129 页。

② 以上主要引自李学勤：《银雀山简〈田法〉讲疏》，《当代学者自选文库：李学勤卷》，安徽教育出版社 1999 年版，第 422 ～ 423 页。

③ 李学勤：《论银雀山简〈守法〉、〈守令〉》，《文物》1989 年第 9 期。

理小组和李学勤先生研究的基础上，把简文分为四部分[①]：

（1）768-775 归入《库法》

因简 768-775 与《库法》有相关的词语，而且内容上也互相联系，所以史党社、田静两位先生认为这组简文应是本属于《库法》的。这组简情况比较复杂，详见后文。

（2）《守令》：776-792

（3）《守法》：767、793-801、802、806-812（802 不确定）

史党社、田静两位先生认为简 793-812 内容多与《墨子·备城门》相关，776-792 简则多与《墨子·号令》相关。在《墨子》城守诸篇中，《备城门》是综论守城方法的，所言重乎守城器备，《号令》多言守城之法令。从这个角度来说，776-792 简重在言守城之法令，自应称"守令"；简 793-812 言守城之器备，是应当叫作"守法"的。

史党社、田静两位先生的理由多少有些牵强，经不起推敲。首先，793-812 简讲城防设施和守御之具，与《墨子》城守诸篇中的《备城门》内容相关是必然的，不仅如此，这部分简文所言部分内容在《墨子》的《号令》《备梯》《备水》《旗帜》《杂守》诸篇中也偶有出现。其次，史党社、田静两位先生说"简 776-792 则多与《墨子·号令》相关"这话也不准确，这部分与《号令》相关诸简有 783、784、786、787、790 等五简，与《备城门》相关诸简有 777-779、781、782，同样也是五简，不能说少。最后，也是最主要的，即这组简文补全残简与缺简后，字数超出 812 简上的字数统计，详见后文。

（4）803-805

因为此组与 668-670 简同讲"圉"（按原文简号有误，668-670 简涉及银雀山汉简本《六韬·三》《六韬·四》两篇，所言也与"圉"无关，史党社、田静两位先生所言应是 518-520 简），所以史党社、田静两位先生认为此组与 518-520 简所在那一篇关系密切，或许就是一篇。史党社、田静两位先生观点有误，

---

① 史党社、田静：《银雀山汉简〈守法〉、〈守令〉研究（一）》，简帛研究网（http://www.bamboosilk.org/showarticle.asp?articleid=810），2003 年 12 月 13 日。《〈墨子〉城守诸篇研究》，中华书局 2011 年版。

论述如下：

首先，这两组简形制和字迹均不相同。518–520 简诸简虽有残损，但仍可看出整简原应有三道编绳，上、下留天地头，简文用规整的隶书书写；803–805 简有两道编绳，简文顶行，不留天地头，简文书写比较草率。

其次，这两组简文虽同言“圉”，但所指不同。518–520 简中的“圉”指的是监狱，分“小圉”“中圉（残缺）”“大圉”；803–805 简中的“圉”分的是“内”“中”“外”。

上文我们回顾了之前学者的观点，并对史党社、田静两位先生的一些观点进行了简单的评论。其实不仅史党社、田静两位先生的编联有问题，整理小组和李学勤先生的编联也值得商榷。

因为 812 简有字数统计，所以我们就拿 793–812 简这组简文举例。这部分有 20 支简，有 10 支整简（其中一支残损半字）、10 支残简（其中 6 简残损过半）。793–812 简现存已有 540 字，补全残简字数后，应远远超出 812 简所记“五百四十八”字。所以，整理小组和李学勤先生把 793–812 简归为一篇是有问题的。史党社、田静两位先生虽然已经考虑到字数问题，把 802–805 简从这部分剔除，但余下的 16 支简中有 2 简残损近半，4 简残损过半，而且它们彼此没有编为一简的可能，现存已有 454 字。上文我们提到这组有 10 支整简，现存 356 字，812 简未写满，留白部分至少可以写 4 字，所以每简平均约可容字 36 个，据此推测残简原本容字也在 36 字左右。如果按每简 36 字计算，这 16 支简也有 576 字，字数也超过“五百四十八”了，何况这部分简文语意并不连贯，中间应该还有缺简。

下面将笔者与之前学者的观点列为一表，以便观览。①

<table>
<tr><td>整理小组</td><td>767–792（768–775 有误收可能）</td><td>793–812（802–806 有误收可能）</td></tr>
<tr><td>李学勤</td><td>767–792《守法》</td><td>793–812《守令》</td></tr>
<tr><td rowspan="2">史党社、田静</td><td>768–775 归《库法》</td><td>767、793–801、802、806–812（802 不确定）《守法》</td></tr>
<tr><td>776–792《守令》</td><td>803–805 移出</td></tr>
<tr><td rowspan="2">笔者</td><td>767、776–779、781–782、786–792、806、807–812、830《守法》</td><td>768–769、772–775、780、783–785、793–805、837、850《守令》</td></tr>
<tr><td>770–771 移出</td><td></td></tr>
</table>

① 此表中的简号，只表明简的归属，不是编联顺序。

（二）字迹研究

本篇竹简残损严重，有的图版模糊不清，做字迹研究并不容易。但还是可以发现一些问题的，如：

1.《守法》《守令》两篇是由不同的人书写的。

例如明确属于《守法》篇，简文上有“守城之法”字样的776、777简，和明确属于《守令》篇，简文上有“守城之令”字样的785简字迹不同，主要表现是倾斜角度不同，776、777的横笔倾斜角度较大，785横笔平直，基本不倾斜。

2. 每篇简文都不是单人书写，而是由多人书写。

被笔者归入《守法》篇的807–812简是语意连贯的一段文字，但从字迹上看，此组简文应该是由两个人书写的。807、808简容字分别是38、37，而之后三简即809–811，容字分别为34、32、34，容字不同，说明字的大小和字间距不同，所以说这部分简文有可能是由两个人书写的。另外808简后四字无论是字的大小还是字间距都明显比前面要大。有可能是负责抄写此部分的人，抄到此部分结尾时，发现只剩下4个字但竹简空白位置很大，所以故意把字拉长，并加大字间距，使此简底部不至于有太多空白。如果是一个人抄写的就不会存在这个问题，直接抄后面的简文就是了，可以在最后一简留白。事实上这一段的最后一简即812简正是某一篇的末简，文后有字数统计，简下留白。

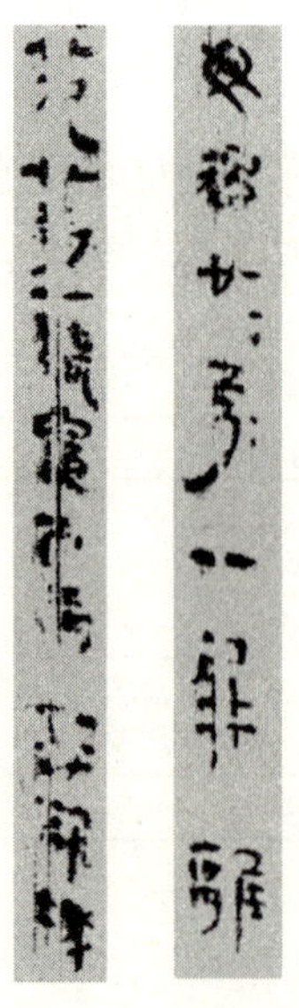

808简下半段截图

《守令》从现存简文看也应是由多人书写。因为这两篇都是由多人抄写的，所以我们无法排除有人同时抄写了两篇的可能，加之本篇图版又模糊不清，所以仅从字迹方面考虑编联是非常困难的。因此本文主要从内容方面考虑，偶尔涉及一些字迹。

（三）守　法

《守法》篇存篇题，单占一简即767简。“守法”应是“守城之法”的简称。本文“守城之法”指与守城相关的法律，这一点从下引777号简“斩”与“守城之法”同言也可以看出，而与《墨子》城守诸篇中指“守城的方法或办法”的“守城之法”不同。笔者以为767、830、776–779、781–782、786–792、807–812诸简属于《守法》。本篇除标题简、首简、末段六简外，其余诸简因残损严重，位置不能确定。

首先归入《守法》篇正文的是776、777简：

……【守】城之法，适（敌）在城下，及且傅攻，不□【776】……

……斩。守城之法，客四面蛾（蚁）傅之，主人先知之，主人利。客【777】……

因为简文直言“守城之法”。

其次归入本篇的是下面两简：

……【上】遂广五百步，中遂三百步，下【778】……遂，丈夫千人【779】……

778、779简可以与上777简连读，这段简文与下引《墨子·备城门》文字相近：

客冯面而蛾傅之。主人则先之知（毕沅云：二字疑倒），主人利，客病。客攻以遂，十万物之众，攻无过四队者。上术广五百步，中术三百步，下术【百】五十步。诸不尽百五【十】步者，主人利而客病。广五百步之队，大〈丈〉夫千人，丁女子二千人，老小千人，凡【四】千人，而足以应之，此守术之数也。[①]

接下来归入本篇的是下面这组简文：

……百人以下之吏及与□及伍人下城从……不操其旗章，从人非其故数也，千人【781】之将以下，止之毋令得行，行者吏与□□当尽斩之。千

---

① 银雀山汉墓竹简整理小组编：《银雀山汉墓竹简〔壹〕》，文物出版社1985年版，“释文注释”第130页。

【782】……

……【敌】人在城下，城中行者皆止，丈夫行【789】……

……罪，非时得行者唯守【790】……

781、782连读，可以和《备城门》对读，789、790因与782简同言兵临城下之时戒严令而被归在一起，又简文中出现“斩”“罪”等词语，所讲应是守城时的法令，所以被归入《守法》篇。

以下简文，也是因为讲“斩”“罪”“法”等，而被归入此篇：

……去其署者身斩，父母妻子罪【787】……

……有法，父母妻子与其身同罪。诸□争【788】……

……皆人一。积大瓦及石于城上，䨥（瓴）辟（甓）之重皆五斗以上，毋下人五十。小石及毁瓦、碕、疾（蒺）莉（藜），毋下人百。五步【807】一器水必受百斗，置两木杸其中。为周道，广廿尺。廿步一聋灶。百步一井，离城毋过廿步。廿步一屏（屏），离【808】城毋过十五步。下之屏（屏）者必衔枚，二人俱斩。莫（暮）必置兔（斥）者城外，以视适（敌）进芮（退）变能（态）请而为【809】长耳目城中，以观奸邪事变。诸官府室屋壮（墙）垣及家人室屋器戒（械）可以给城守者尽【810】用之，不听令者斩。恒木及樔面为四积，小石面为二所，毁铁及毁金器面为一积，皆于城【811】下，城守之备也。积石及毁瓦、䨥（瓴）辟（甓）、疾（蒺）莉（藜）于城下，百步而一积，城守之造也。五百卌八【812】

从上文论述我们可以看出，归入《守法》篇的简文大多是讲“斩”“罪”“法”的相关法令法规，而且违法时所处刑罚非常重，如809简“下之屏（屏）者必衔枚，【不听令者】（或“不从令者），二人俱斩”。又810–811“诸官府室屋壮（墙）垣及家人室屋器戒（械），可以给城守者尽用之，不听令者斩”。《守法》篇之所以用这样的严刑重法，似乎可以用这样一句话来概括“凡守，谨中如备外，警内如慎敌”。此句见于《要言》篇之830号简，此简所言与《要言》篇不类，遂移出，它应是《守法》篇首简。

下引786、791、792、806四简，因残损严重，没有发现直接讲法律的词语，但细审简文发现它们也可能是《守法》篇简文。

786简，释文作：

……举手指摩（麾），奸诈之所櫜（托）也，□【786】……

整理小组似是与下引《号令》这一段对读，才把此简归入《守法守令》。《墨子·号令》：

敌人卒而至，严令吏民无敢讙嚣、三最、并行、相视坐泣流涕若视举手相探、相指相呼、相麾相踵、相投相击、相靡以身及衣、讼驳言语及非令也而视敌动移者，斩。[①]

上引《号令》这一段也是讲兵临城下时的相关法律，所以暂把786归入《守法》。

791简，释文作：

……禁邪为次，杀鸡狗毋令有声□【791】……

《墨子·杂守》："寇至，先杀牛羊鸡狗乌雁，牧（收）其支（皮）革筋角脂葥羽，彘皆剥之。"[②]"杀鸡狗"无非是怕城内有某种行动时，鸡狗会叫，这样很容易暴露行踪，让城外的敌人有所防范，这与上引《杂守》"寇至"、《守法》篇776"适（敌）在城下"、777"客四面蛾（蚁）傅之"所反映的都是兵临城下的情景，所以此简有可能属《守法》篇。

792简为：

……城中之卒有【792】……

《守法》讲守城之法，《守令》讲守城之令，此简讲城中之卒，都与"城"有关，所以把此简归入《守法》《守令》篇有其合理性。此句"有"后所缺或是某种行为，或是某物，从《守法》《守令》简文来看，是某种行为的可能性大。《守法》篇讲守城时将吏士卒等守城人员的行为准则及违法时所处的刑罚；《守令》篇中与"卒"有关的主要是讲"人员分配"的简文，在这些简文里，并没有直言"卒"，简文中的"人"都是被分配的对象，不是行为主体。所以此简最有可能属《守法》。

806简：

……佰之吏，毋下七十枚，长枚毋下卌，所以造城上之用【806】……

---

① 孙诒让撰，孙启治点校：《墨子间诂》，中华书局2001年版，第593～594页。

② 转引自银雀山汉墓竹简整理小组编：《银雀山汉墓竹简〔壹〕》，文物出版社1985年版，"释文注释"第131页。

此简字迹与807、808相同，而且与807-812有类似的表达方式，如807简："积大瓦及石于城上，霊（瓴）辟（甓）之重皆五斗以上，毋下人五十。""小石及毁瓦、碕、疾（蒺）莉（藜），毋下人百。"所以把806简归在此处。

（四）守　令

本篇标题简不存，"守令"是"守城之令"的简称。本篇主要围绕"战国应敌"这四个字展开，首先，"战国者，外修城郭，内修甲戟矢弩"，即城防设施；其次是"应敌"，主要讲应敌策略，包括人员分配、武器配备等。笔者之所以会有这样的思路，主要依据以下简文：

战国应敌……□固守。战国者，外修城郭，内修甲戟矢弩。万乘之国，郭方七里，城方九【768】【里，城高】九仁（仞），池□百步，国城郭……【郭】方十五里，城方五里，城高七仁（仞），池广八十步，大县【769】……

本段主旨是讲"守"，所以归在《守令》篇有其合理性，简文指出"战国者，外修城郭，内修甲戟矢弩"，本段已经开始讲"城""郭"了，下文关于城防设施的几段，既讲城防建筑又讲武器配备，很好地诠释了这句话。因为后文关于人员分配（属于"应敌策略"）的简文明言"守城之令"，所以笔者判断768、769所在位置应是《守令》篇首。

下文我们将分别论述"城防设施（'战国'）""应敌策略（'应敌'）"这两部分的编联。

1. 城防设施

《守令》篇讲城防设施的简文主要是以下三组：

……毋得□十七尺，后可以守及便斲（斗）。外叶（堞）高七尺，内【796】叶（堞）高四尺，外叶（堞）埤垸【797】……以射适（敌）远卒及后行者。为爵穴叶（堞）足之下，可【以□□】客者，十步而一。为专牖于叶（堞）之中，可以密射外者，【799】廿步而一。为蜚（飞）橦（冲）及缴张，可以破蔽鲁（橹）百步之内者，遂十五。剑戟固人备其所。弩二人共一，非适（敌）人傅城【800】及在城下，卒不得服弩，弩恒在将吏之所。城上面为一高候望之楼，及隅为一，以视适（敌）往来出入及□【801】……

……之令也。城上五十步而一楼，楼间为□□【793】……□二百步而

一出楼，三百步而一进行楼。进行楼所以远视城【794】下及城外也。为高楬车可以投五十步之内者，二百步而一，小回楬车【795ab】……□二百步而一隔，必当出楼之下，善为之□而守之，【798】……

……五十步而一。五人之大桮（杯）、三人之小桮（杯）【795c】……

关于这部分简文的编联，笔者与整理小组有四点不同：

（1）整理小组将798与799简连读，误。应该是误解“二百步而一隔”之“隔”字所致。本篇与此句有相同句式的有如下三句：

城上五十步而一楼【793】

二百步而一出楼【794】

三百步而一进行楼【794】

“××步而一”后面的名词都是建筑，所以“隔”也应是城上的一种建筑，虽然目前我们还不知其具体所指。799简前半部分作“以射适（敌）远卒及后行者”，前所缺应是武器，本篇引出武器的简文也有相同句式，动词都用“为”，如：

为高楬车可以投五十步之内者，二百步而一。【795ab】

为爵穴叶（堞）足之下，可【以□□】客者，十步而一。【799】

为专牖于叶（堞）之中，可以密射外者，廿步而一。【799、800】

为蜚（飞）橦（冲）及缴张，可以破蔽鲁（橹）百步之内者，遂十五。【800】

所以798、799简不应该连读。

笔者把798简归入793+794+795ab这段。理由是794简有“二百步而一出楼”，而798简作“二百步而一隔，必当出楼之下”，同样是“二百步”，而且位置在“出楼”之下。

（2）整理小组原来将796–797、799–801分列两段，笔者根据文意将它们连读。因为796、797主要讲“外堞”“内堞”“外堞埤垷”，而799讲“为爵穴堞足之下”“为专牖于堞之中”，所讲都与“堞”相关。

（3）简795有a、b、c三段，整理者将b、c两段缀合在一起，接合处有一个残字，整理小组认为是“小回楬车”之“车”字，图版摹本，此字与《守法》《守令》等十三篇所见的“车”字明显不同，如（795b）（834）（870）。所以笔者把795c从这段简文中移出。

（4）笔者以为这组简文的顺序是796+797+799+800+801、793+794+795ab+798、

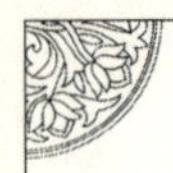

795c。因为801“城上面为一高候望之楼”讲“楼”，793这组主要也是讲“楼”——“城上五十步而一楼，楼间为……”（793）、“二百步而一出楼”（794）、“三百步而一进行楼”（794），796这组简文排在前面，讲“楼”的简文正好相邻。

接下来是805+803+804这组，所讲也应是城防设施，相关简文作：

> ……以斫辩入圉上为犯禁也。圉高五十五尺，内圉也。卅三尺，中圉也。廿七尺，外圉也。……【805】……皆列，中圉当遂者二人列，外圉当【803】外者四人。圉户之广毋过二尺二寸，高毋过五尺，无牖，法也。日食毋过日一斗星，令也。十日【804】……

此处我们把简文顺序调整了一下，按逻辑顺序，应先讲“什么是内、中、外圉”，然后才会继续讲与之相关的一些事情。这样看来，805简应在803+804前。因为简文讲了内、中、外圉的尺寸和圉户的形制，所以笔者推断“圉”也属于城防设施的一种，因此把这组简文归入《守令》篇。

2. 应敌策略

本篇总论应敌策略的简文主要是以下两简：

> ……千丈之城，必郭逆之，主人之利也。不【783】……众少裾（倨）袧（句）而应之，此守城之数也。不在此其中者，□【784】……

783简、784简连读，是因为可以和传世文献对读：

> 敌人且至，千丈之城，必郭近之，主人利。不尽千丈者，勿迎也。视敌之居曲，众少而应之。此守城之大体也。其不在此中者，皆心术与人事参之。（《墨子·号令》）

在此部分首先确定属于《守令》篇的是785简：

> ……不与，在五步一人中。守城之令，主人毋得与客言，毋得遇【785】……

简文明言“守城之令”。与此内容相关的是802简：

> ……围十步一人，与四尺【802】……

此简所言与785简“……不与，在五步一人中”内容相关，所言应是一事，从“五步一人”“十步一人”看，所讲应是相关人员的分配。

下面这组简文既涉及人员分配，又涉及武器配备：

> ……者万人，老不事者五千人，婴儿五千人，女子负婴【780】……
>
> ……□数也。槊广毋下二尺八寸，长毋得下三尺四寸。甲人一。弩矢甲

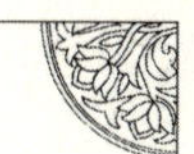

戟铁【772】铦诸有束□【773】……

……□一，长铁铦十六尺大半尺者居四之一，短铁铦十四尺半者居十【837】……一，其余甲……【850】

……【铁铦长十】六尺大半尺者人一，十四尺半者人一，戟长十二尺半者人一，弩【774】人一，𣏾人一，必□□□【775】……

不管是人员分配，还是武器配备，所讲的都是应敌策略。837、850简原被整理小组归入《库法》，笔者以为837简与850简应连读，整理小组也曾指出"此简（850）也可能与前八三七号简相衔接"[①]。此处主要讨论837、850两简被《库法》误收的原因。我们先把与下文论述相关的简文附列于下：

……□一，长铁铦十六尺大半尺者居四之一，短铁铦十四尺半者居十……【837】一，其余甲……【850】

……□事恒器也。长斧、连棰、长椎，柎（柄）七尺。椎首大十【838】四寸，长尺半。连棰长尺八寸，其縔（系）尺，梃长七尺，大十二寸。长䤨、长木杙，柎（柄）八尺。长䤨方十尺，䤨长四尺【839】……

笔者推测837简被误收的原因有两个：（1）837与838、839简同讲守城器具的尺寸。（2）837简与《库法》篇其他简第二道编绳距简尾的长度大致相同。首先我们先说第一点，837简虽然讲了长、短"铁铦"的尺寸，但简文的重点不是讲尺寸，而是讲它们所占的比重，即"居四之一""居十【之×】"，《库法》篇其他简文中出现的数字都是具体的数字，只有此简是分数。分数是表示一个单位的几分之几的数，随着"单位"的不同，分数也会跟着变化。《库法》是一篇法律文献，似乎不应该出现这种不确定的表达。第二个原因，纯属巧合。此简在"居十"下残断，但碴口和《库法》其他简的简尾形状相似。细审图版我们发现，《库法》篇其他简简尾或平直或略有弧度，都很规则，而837简末端因为是残断处所以非常不规则。这两简主要讲武器分配，所以把它们从《库法》中移出。应敌策略部分大致的编联顺序为：783+784、780、772+773、837+850、774+775、802、785。

---

① 银雀山汉墓竹简整理小组编：《银雀山汉墓竹简〔壹〕》，文物出版社1985年版，"释文注释"第135页。

综上所述，《守令》篇的编联顺序为768+769、796+797+799+800+801、793+794+795ab+798、795c、805+803+804、783+784、780、772+773、837+850、774+775、802、785。

（五）其　他

下面要讨论的这组简文见于《库法》（832、833）和《守法》《守令》（770、771）：

……【大县】百里，【中】县七十里，小县五十里。大县二万家，中县万五千家，小县万【家】【832】……

……□□以县小大为赋【833】……

……数也。中县、小县以民户……【770】

……大县二万家。中县、小县以民户之数制之。【771】……

整理小组将它们归入不同的篇章，但笔者以为它们应属一篇。832简既讲了大、中、小县的面积大小，也讲了大、中、小县的民户，833简讲要“以县小大为赋”，770、771简则讲“以民户之数制之”，所以把它们归为一组。

这组简文所属何篇难以确定，先附在《库法》篇后。

《日书》词语札记*

张国艳

摘　要：九店楚简《日书》“衣㡇”指生人祭祀所着之衣；“布犇”之义为粗布，“门肤”之义为寝被，两者均为死者所用之物。睡虎地秦简《日书》“同衣”的夫妻性生活义源自“衣”的“寝衣”义。

关键词：衣㡇；布犇；门肤；同衣

作　者：张国艳（1975—），女，济南大学文学院副教授，博士，研究方向为秦汉简帛文献。

以“日书”命名的文献，为考古新发现。《日书》是占断吉凶的实用手册，后世称为通书，一直传承至明清，是“新发现的老知识”①。“日书”篇题见于1976年出土的睡虎地一号秦墓竹简，2006年出土的睡虎地77号汉简和2009年北京大学受赠的西汉竹书；此外，2000年出土的孔家坡汉简有疑似“日书”篇题。学界将九店、放马滩、印台、周家寨等地出土的与睡虎地秦简《日书》内容相近

* 本文系教育部规划基金项目“简牍《日书》文献重现篇章整理与历时异文研究”（项目编号：17YJAZH116）成果。

① 李零先生的观点见刘力源《北大汉简反映了汉初大量搜书的成果》一文中李零先生访谈。《文汇报》2015年12月18日。

的文献也称为《日书》。40年来，《日书》文献已出土20余批。“中国文化始终存在着两条基本线索”，“过去，学界对中国古代文化的认识往往注意的是从百家争鸣到儒家定于一尊这一过程，而很少考虑先秦诸子‘之前’和‘之下’还有以数术方技之学为核心的各种实用文化”[①]。睡虎地秦墓竹简《日书》最初未获得足够的重视，材料的整理、发布晚于同批次的法律文献。随着同类文献出土增多，以及人们思想意识的开放和学术的发展，《日书》类文献的研究渐受重视；李学勤先生提出对于日书“至少可从两方面去研究：一方面，是从数术史的角度考察。……另一方面，对《日书》的内容还可以作社会史的考察”[②]。陈伟先生将以《日书》为主的数术类简牍作为秦简综合整理与研究的五个专题之一。[③]睡虎地秦简《日书》、九店楚简《日书》出土时间较早，研究成果已比较丰厚，释文训读已成熟。我们在研读《日书》的过程中，发现有的释文尚有进一步讨论的余地，现对《日书》中的几个字词略作补释。

一、衣祟、布弇、门肤

（1）凡盍日，利以折衣祟，貌色丽[④]，折布弇，为门肤。九20下

以上简文见于九店楚简《日书》。

衣祟，文字释读无异议，“祟”通常被认为是“裳”的异体字，“折”通“制”，为制作义。但此处“衣祟”具体所指与常规“衣裳”不同。从简文文意看，“折衣祟”与后文“折布弇，为门肤”均为“盍日”适宜之事；“衣祟”之义，需结合“布弇”“门肤”之义进行解读。

布弇，文字释读不同，意义解读也有差异。李家浩先生释作“布虘”，读为

---

① 李零：《中国方术考》，东方出版社2000年版，第14～15页。

② 李学勤：《睡虎地秦简〈日书〉与楚、秦社会》，《江汉考古》1985年第4期。

③ 陈伟：《关于秦简牍综合整理与研究的几点思考》，《简帛》第4辑，上海古籍出版社2009年版，第7页。

④ 貌色丽，李家浩于《九店楚简》中释作“絶褷”，读为“校[illegible]”，义为小袴。中华书局2000年版，第47、74页。刘国胜《楚简文字杂识》改释，《奋发荆楚　探索文明——湖北省文物考古研究论文集》，湖北科学技术出版社2000年版，第217页。

“布麤（粗）”，麤（粗）为履义。[①] 刘国胜先生释作“布𢍰”，“𢍰”字，从升，害声，读为“布葛”，指粗布夏衣。[②] 苏建洲先生将“布”下一字分析为从廾害声，读为“曷”，“布曷”指葛布夏衣。[③] 陈伟等先生释作“布𢍰”，读为“布褐”。[④]“盍”为建除神名，“盍日”即建除神“盍”所值之日。建除神为月值神，一年十二个月均有盍日；将“布葛”理解为粗布夏衣或葛布夏衣，与实际情况不符，因为春、秋、冬三季中尤其是秋、冬二季的“盍日”制作夏衣于时令不合。我们认同陈伟等先生将“𢍰”读为“褐”的训读意见。《汉语大词典》“布褐”释为“粗布短衣”，陈伟等先生未申说“布褐”所指，不知是否将“布褐”训为“粗布短衣”。如前文所言，“折衣祟”与“折布𢍰，为门肤”均阐述“盍日”所“利”之事宜；前文已言“折衣祟”，如将“布𢍰（褐）”训为“粗布短衣”，“衣祟”虽非常规“衣裳”，但也属“衣裳”范畴，“粗布”短衣与之有交叉。另，“折衣祟”与后文“貌色丽”为因果关系的偏正复句，依此推测，“折布𢍰”与“为门肤”之间或当有语义关联；“布褐”之义，与“衣祟”“门肤”的具体所指盖有关联。

可见，“门肤”的训读，影响“衣祟”“布𢍰”的理解。

门肤，文字释读无异议，意义解读不同。李家浩先生疑读为“门间”[⑤]。杨华先生据江陵马山楚墓M1墓主包裹尸体的衣衾上的墨书“门肤”与九店楚简《日书》简20“门肤”书写完全相同的情况，肯定了九店楚简“门肤”的释读意见，认为“门”通“蒙”，为覆盖义，“肤”读如本字，“门（蒙）肤”表示覆盖身体的衾被。阴间、阳间所用物品的名称可能不同，九店楚简简20前半句“制衣祟，貌色丽”所制之“衣裳”可能是生人所用，后半句“制布𢍰，为门肤”所制“布

① 湖北省文物考古研究所、北京大学中文系编：《九店楚简》，中华书局2000年版，第47、74～75页。

② 刘国胜：《楚简文字杂识》，《奋发荆楚 探索文明——湖北省文物考古研究论文集》，湖北科学技术出版社2000年版，第217页。

③ 苏建洲：《楚简文字考释三则》，简帛研究网（http：//www.jianbo.org/Wssf/2002/sujianzhou02.htm），2002年12月21日。

④ 陈伟等著：《楚地出土战国简册［十四种］》，经济科学出版社2009年版，第305、308页。

⑤ 湖北省文物考古研究所、北京大学中文系编：《九店楚简》，中华书局2000年版，第75页。

虘”“门肤”可能是鬼神所用[①]。

我们认同杨华先生对“门肤”的解释，即“门肤”在“为”字之后，显然是名词；马山楚墓“门肤”被标在衾被上，“门肤”显然是一种衾被的名称。所以，“门肤”当读为“蒙肤”，用于指覆盖身体的衾被，该词采用了用表示功能的动宾结构指称事物本身的构词方式。现代鲁西南、豫北及皖西北地区这些原属古楚地或近古楚地的方言中有“盖体”（被子）、“铺体”（褥子）的说法，与“门（蒙）肤”的构词方式、词义来源相同。古代汉语也有相同构式的名词，如“盖头”（妇女结婚时蔽面之巾）、“充耳”（挂在冠冕两旁下垂及耳的饰物）、“蔽膝”（围于衣服前的大巾）。现代汉语通语中依然有这种构词方式的词，如“奶嘴”（装在奶瓶上帮助吸奶的一种工具）、“护膝”（用于保护膝盖的布料）、“枕头”（睡觉时垫在头下的卧具）、“顶针”（做针线活时戴在手指上的用来抵住针鼻儿，使针易于穿过而不至于弄伤手指的工具）。

杨华先生在解读“门肤”之义时，也讨论了九店楚简简 20 中“衣祟”“布弇”（按：杨华先生释作“布虘”）的所指，他认为“衣祟”为生人所用，“布虘”为鬼神所用。“门肤”词义的训释为“衣裳”的解读提供了重要线索，不过简文“衣祟”“布弇”具体所指，或可作讨论。

先看“衣祟”。九店楚简“裳”有“祟、䊑、常”三种字形各 1 例，“祟”用例见我们所引简 20，“䊑、常”用例为：

（2）丑、寅、卯、辰、巳、午、未、申、酉、戌、亥、子，是胃（谓）采〈采〉日，利以大祭，之日利以冠，寻车马，折（制）衣䊑（裳）、表紝。九 36

（3）☐□常（裳）绅（帙）一，宅舍映 二□☐。九残 109

九店楚简文字形体凸显意义、区别意义的功能强大。[②] 如，逨（来去之“来”）、迲（来去之“去”）、戕（战惧之“战”）、璃（佩玉之“佩”）、社（祭祀之“攻”）、祳（行神之“行”）、槐（鬼神之“鬼”）、霒（阴晴、阴阳之“阴”）、俤（兄

① 杨华：《楚简札记三则》，《楚简楚文化与先秦历史文化国际学术研讨会论文集》，湖北教育出版社 2013 年版，第 388 ~ 389 页。

② 楚金文也有为专义造字的现象，如安徽省寿春县丘家花园的错银卧牛镇腹下有“大府之器”四字铭文，为楚王室之物。府为“府”后起字，从“贝”府声，意为储藏财物的所在。参见吴浩军：《说“府”》，《辞书研究》2016 年第 3 期。

弟之“弟”），仧（长子之“长”），菜（水井之“井”）。

简20“折衣禜”，“禜”，从示，尚声，应表示所制之“裳”为祭祀专用服装[①]，而非一般常服。

再来看“布聋”。“折布聋，为门肤”之间可能与前文“折衣禜，貌色丽”一样，有语义关联。“布褐”可能非辞书中的“粗布短衣”之义。《说文·衣部》：“褐，编枲袜。一曰粗衣。”从《说文》释义看，“褐”或指麻织鞋，或指粗布衣；这两种意义源于其原料麻或由麻等制成的粗布。所以，“布褐”既可指粗布之衣，此时“布褐”为借代造词，如“布絮”指棉衣；又可指粗布，此时为大名冠小名式构词，如“布绞”指小敛时束尸用的布带。“制”一般表示裁制衣服，文献中也有制作布帛、锦绣等衣服所用布料的用例。

（4）农者以之为生麻枲茧丝，可以制布帛也。（《金山志·艺文志》）

（5）秉衣一员，奉衣一员，九品，掌首饰衣服器玩诸宝财货、裁制缣彩之事。（《金史·百官志》）

（6）夫宰天下，譬犹制锦。（《元史·陈佑传》）

文献中有用粗布制作被子的用例，这种被子称为“褐衾”。

（7）黔娄既死，妻独主丧。曾子吊焉，布衣褐衾。（《列女传·鲁黔娄妻》）

该例“褐衾”为生人哀悼逝者所用之物。

所以，“布聋”训为粗布，语法上与前文“折（制）”可以搭配，语义上与后文“门（蒙）肤”也可关联。简文“折（制）布聋（褐），为门（蒙）肤”，或指制作粗布，以缝制被子；前后之间形成目的关系的偏正复句，与前文“折（制）衣禜，貌色丽”语法结构对称。

综上，简文当读作“凡盍日，利以折（制）衣禜（裳），貌色丽；折（制）布聋（褐），为门（蒙）肤”，简文文意为：盍日，利于制作祭祀所穿之衣裳，样式颜色美好；利于制作粗布，以缝制死者所用之寝被。即盍日利于制作与祭祀、

① 一般而言，死者为鬼，鬼神相通，同为祭祀之对象；死者所着衣裳，亦可从“示”；且将“衣禜”处理为死者所着之衣与后文“门（蒙）肤”亦合。不过睡虎地秦简《丹记》载“死者不欲多衣。死人以白茅为富，其鬼贱，于它而富”。所以我们未将九店楚简的“衣禜”看作死者所着之衣。

祭祖等礼制活动有关的专用物件。睡虎地秦简楚系《日书》相应简文作“盖、絶纪之日，利以裚（制）衣常（裳），说盂（盟）詐（诅）睡乙23壹”。“说盟诅”与祭祀之事也有关联，该简所述“衣常”也当为祭祀之服。建除十二神之名称与其对应日支之行事宜忌存在一定的关联，比如：“凡城日，大吉，利以结言，取（娶）妻，家（嫁）子，内（入）人，城（成）言。九21下”“挚（执）日，不可行，行远，必执而于公。放甲18壹”“开日，亡者，不得。可以请谒。言盗，必得。孔23”九店楚简《日书》中的“盍日”，睡虎地秦简《日书》作“盖日”，九店楚简《日书》“盍日”所制祭祀所着之服，死者所用寝被之布，均与“盖”之“覆盖”义有关。

二、同 衣

（1）凡且有大行、远行若饮食歌乐、聚〚众〛、畜生及夫妻同衣，毋以正月上旬午，二月上旬亥，三月上旬申，四月上旬丑，五月上旬戌，六月上旬卯，七月上旬子，八月上旬巳，九月上旬寅，十月上旬未，十一月上旬辰，十二月上旬酉，凡是日赤啻（帝）恒以开临下民而降其英（殃），不可具为，百事皆毋（无）所利。睡甲127正—128正

（2）【凡且】有大行、远行若饮食歌乐、聚具〈众〉、畜生及夫妻同衣，毋以正月上旬午，二月上旬亥，三月上旬〚申〛，四月上旬丑，五月上旬戌，六月上旬卯，七月上旬子，八月七旬巳，九月上旬寅，十月上旬未，十一月上旬辰，十二月上旬丑〈酉〉。凡是日赤啻（帝）恒以开临下民而降央（殃），不可具为，百〚事〛皆毋（无）所利。睡乙132—134

以上两例简文分别见于睡虎地秦简《日书》甲、乙种，《日书》甲种自题篇名为“行”（字迹不清），《日书》乙种篇名不存。孔家坡汉简《日书》有相近简文，简首“临日”应为篇名。

（3）临日：正月上旬午，二月亥，三月申，四月丑，五月戌，六月卯，七月子，八月巳，九月寅，十月未，十一月辰，十二月酉，帝以此日开临下〚民〛降央（殃），不可远行、㱃（饮）食歌（歌）乐、取（聚）众、畜生，凡百事皆凶。以有为，不出岁，其央（殃）小大必至。孔108—109

香港中文大学文物馆藏简牍《日书》也有类似简文的残简：

（4）☐央（殃），不可以﨓为火，百事皆毋（无）所利。港58

孔家坡汉简、香港中文大学文物馆藏简牍《日书》未有与睡虎地秦简“同衣”相应的简文，“同衣”仅见于睡虎地秦简中两例，传世文献也无用例，《汉语大词典》亦未收录“同衣”。

睡虎地秦简整理者于“衣”注释曰：“寝衣，即被子。”未对“同衣”进行训释。吴小强先生最早将“同衣”解释为夫妻性生活：“‘同衣’有两种解释，第一种据字面词义，解为共同穿同一件上衣……第二种则按古汉语同声相训原则，将同衣解为同壹。‘夫妻同衣’便指夫妇身体合一，亦即夫妻性生活。”[①] 吉仕梅先生亦指出“‘同衣’即夫妻同房，其意义容易理解”，并认为其“结构上凝固成词，可作辞条收录。”[②] 历代文学作品中有用“同衣裳”“同衣衾”指夫妻同眠之义。[③] 刘乐贤先生赞成整理者训“衣”为“被子”的观点，虽不赞同吴小强先生“同衣”为“同壹”之说，但认为“夫妻同被可能指夫妻同房，即夫妻过性生活”，同时也指出“古人确实有夫妻不可同穿一件衣服的说法。……如此则本篇‘夫妻同衣’亦可理解为夫妻穿同一件衣服，即妻穿夫之衣或夫穿妻之衣”。[④] 王子今先生与刘乐贤先生观点近似，“‘夫妻同被可能指夫妻同房’的说法可能更为接近原意。……不过，其它的理解似乎也有成立的理由”[⑤]。沈祖春先生在认同“夫妻同衣”指夫妻同房即夫妻过性生活的基础上，对“同衣”的词义来源进行了考证：指出此处“衣”非指“寝衣”（被子），“衣、依”为同源字，“衣”由“衣服”之义可引申指“形体、身躯”；古人的观念中，衣服和身体紧密相连且朝夕相伴，按照接触巫术的理解，衣服就有了指代身体的功能，“夫妻同衣”即夫妻同身体，身体合而为一，其“交合”之义不言而喻。[⑥] 吕亚虎先生指出夫妻同穿一件衣服

---

① 吴小强：《〈日书〉与秦社会风俗》，《文博》1990年第2期。

② 吉仕梅：《〈睡虎地秦墓竹简〉语料的利用与汉语词汇语法之研究》，《乐山师专学报（社会科学版）》1997年第1期。

③ 吉仕梅：《秦汉简帛语言研究》，巴蜀书社2004年版，第56页。

④ 刘乐贤：《睡虎地秦简日书研究》，台湾文津出版社1994年版，第154页。

⑤ 王子今：《睡虎地秦简〈日书〉甲种疏证》，湖北教育出版2003年版，第249页。

⑥ 沈祖春：《秦简〈日书〉“夫妻同衣”新解》，《重庆工学院学报》2006年第6期。

是个案而非整个社会的普遍现象，古代先民认为某些现象的发生是人类冲撞了某种超自然的力量所致，夫妻间过性生活是早期禁忌风俗之一；因此"整理者将'衣'解为'被子'，而将'夫妻同衣'解为夫妻间的性生活的说法可能更加接近原文之义"[①]。

可见学界对"同衣"词义的看法基本一致[②]，而对其词义得来之由则见解不同，或认为源于"衣"之"衣服"义，或认为源于与"衣"同音之"壹"的"合一"义，或认为源于"衣"之"寝衣"义。

我们认为"同衣"指代夫妻性生活的意义源于"衣"的"寝衣"（被子）义。理由如下：

古汉语有以"同席"代夫妻性生活的用例。如：

（5）薛万彻尚丹阳公主，太宗尝谓人曰："薛驸马村气。"主羞之，不与同席数月。（《隋唐嘉话》卷中）

"席"为床上铺设之物，"同衣"指代夫妻性生活，应与"同席"以床上铺设之物表示此义的得由一致；"同衣"当为"同寝衣"，"衣"为床上覆盖之物。

《汉语大词典》"同"字下收词较多，如"同内、同室、同床共枕、同枕、同房、同屋、同席、同衾、同梦、同裯、同寝"乃至"同穴、同棺"等均有与夫妻相关之义，其中"同床共枕、同枕、同房、同屋、同席"均有夫妻性生活之义，这些词皆借同房之所（房、屋）、床铺所设（床、枕、席），婉指同房之事。

睡虎地秦简《日书》有以"入宫"代指性生活的用例。

（6）人若鸟兽及六畜恒行入宫，是上神相好下，乐入男女未入宫者。睡甲31背贰—32背贰

夫妻同房为隐秘之事，古今中外的语言多用借代方式表达。"同衣"指夫妻

① 吕亚虎：《战国秦汉简帛文献所见巫术研究》，科学出版社2010年版，第61页。

② 除将"同衣"训作夫妻性生活外，也有其他解释：如贺润坤《云梦秦简〈日书〉所反映秦人的衣食状况》（《江汉考古》1996年第4期）一文认为"夫妻同衣"大概是指夫妻穿同样之衣。《诗经·秦风·无衣》提到"同袍""同裳"即是指合披一件战袍和同穿一件下装。以此类推，同衣指同穿一件上装是符合史实的。工藤元男《睡虎地秦简所见秦代国家与社会》（上海古籍出版社2010年版，第200页）。指出："'夫妻同衣'，指'交换衬衣'。"

生活，当源于“衣”的寝衣义，而与衣服义无关；这种现象也是古代夫妻关系礼制要求的反映，夫妻亲密关系只能呈现于特定时间的特定处所。凡能公开的社交行为，皆与夫妻关系无涉，如“袍、裘、泽”所构成的“同袍、同裘、同泽”，均与夫妻之义无关，唯“同袍”与“衾被”相对时，可用于夫妻间互称，如“锦衾遗洛浦，同袍与我违”（《古诗十九首·凛凛岁云暮》）。“同袍”之用之义也可说明“同衣”之“衣”不当为“衣服”义。再如“同坐、同食、同旅、同游、同载”等，亦皆与夫妻关系无涉。

汉画艺术创作手法浅析*

刘　雯

摘　要：汉画作为中国古代墓葬文化的重要组成部分，在图像内容、艺术创作手法、审美观念等方面都独具特色。其图像运用符号化、赋比兴、省略、夸张、变形等艺术创作手法，塑造出一个个写实性与写意性并存、厚重感与线条美兼备的艺术形象。同时，汉画的艺术创作手法运用又不同于其他艺术形式，而是以写实为前提，灵活地凸显汉画特色。

关键词：汉画；创作手法；符号化；赋比兴；省略

作　者：刘雯（1983—），女，山东济南人，文学博士，济南大学文学院讲师，主要研究先秦两汉文学、汉画、出土文献。

汉画作为艺术的一个分支，既与文学使用语言、文字来表情达意不同，又与雕塑通过姿态、线条传递情感寓意有异，但在图像内容、创作手法和审美观念上均与文学、雕塑具有互通性，其根源在于艺术上的同源性。具体来说，汉画在构图、叙述、形象塑造等方面运用了一些文学创作的常见手法，也具有了文学意味。

* 本文系山东省社科规划项目“出土文献与齐鲁文学文化研究”（项目编号：16DZWJ01）；山东省教育厅项目“山东汉画整理与文学研究”（项目编号：J15WD17）；济南大学科研项目“出土文献与俗文学研究”（项目编号：15YB04）成果。

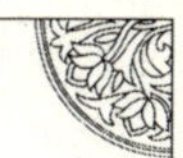

一、符号化

汉画像表现的内容以写实为主，学界一般将其分为社会生活、乐舞百戏、神仙灵瑞、历史故事等类别，用于再现当时社会思想和生活的方方面面。但是，汉画中仍有不少图像是抽象的、符号化的。例如，西王母是传说中的神祇，既是死亡之神又具有再生或长生的能力，其图像的出现便代表了逝者及子孙祈求再生或长生的愿望。即使画像中未出现西王母本人，只出现西王母神话图像系统的某个神物，如三青鸟、白兔，其含义依然是祈求长生。

"由再现（模拟）到表现（抽象化），由写实到符号化，这正是一个由内容到形式的积淀过程，也正是美作为'有意味的形式'的原始形成过程。"①不可否认，这种符号化得以运用的前提是该画像内容所包含的全部含义已被社会先民所认可、熟知，甚至广泛使用。画像符号的象征意义只有在社会中形成稳定的共识，画像才真正具有可读性和权威性。西王母神话图像系统的符号化现象正表明，汉代以前西王母形象已在社会广为流传。传世文献也印证了这一论断。

然而，汉画的符号化不同于仰韶、马家窑等文化遗址出土图案上的绝对抽象，它不是将具有严重原始巫术礼仪的图腾形象简化和抽象化为纯形式的、无具体含义的几何纹样。而是建立在写实的基础上，并以写实为前提。比如，汉画中绝没有将三青鸟图案简化为一个带有类似鸟眼的螺旋形纹饰的先例②，而是将三足、鸟喙、鸟尾，甚至取食供给西王母的细节全都刻绘清楚。汉画的这种符号化不是形象的符号化，而是思维上的符号化。

二、赋比兴

赋、比、兴是《诗经》的三种主要表现手法，也是中国古代对于诗歌表现方法的归纳。汉画用形象和线条表情达意，尽管与文学分属不同门类，但在思维方

① 李泽厚：《美的历程》，生活·读书·新知三联书店 2009 年版，第 17 页。

② 石兴邦：《有关马家窑文化的一些问题》，《考古》1962 年第 6 期。

式方面存在某些相似之处。在某种程度上甚至可以说，汉画也运用了赋、比、兴的艺术创作手法。

赋，即铺陈直叙，把思想感情和相关事物平铺直叙地表现出来。在汉画中可以解释为通过图像毫无隐晦地展现所要表达的含义。图像本身所呈现的内容即是所要表达的含义。与古代诗歌创作常用比兴手法不同，“赋”是汉画图像最主要的表达手法，如社会生活类图像，汉画描绘了宴饮、庖厨、乐舞百戏、车马出行、集市等多个内容和场面。其含义正是展现汉魏六朝时期贵族阶层的日常生活，作者并没有任何隐晦和暗示在其中，也没有用贵族阶层的奢侈生活讽刺朝廷等，反而持一种羡慕、渴望的态度。这些图像中，物象就是现实生活中的物象，车马就是现实生活中的车马，并不是指仙界之物。

比，即类比，以彼物比此物。文人有本体或情感，借一个更加生动具体、鲜明浅近并为人所熟知的事物表达出来，此物和彼物间必然有某些相同或相近之处。汉画中的“比”，可以解释为图像所展示的内容具有深刻含义，图像本身的含义与其所要表达的含义在形态上有相同或相近之处。汉画图像使用“比”来表达内涵的并不多。原因在于，与文字相比，图像的表意功能较弱，它只能细致、准确地描绘场景，而图像的具体含义则由观者自行体会和把握，观者所体悟到的含义与作者想要表达的意义是否一致、是否深刻，均因人而异。大多数汉画图像的含义是由收藏者和研究者根据各类文字记载推测出来的，其正确性仍有待考察。如《射鸟》图像表现为一棵大树下有一人弯弓射鸟。从表面看，这是一幅表现生产劳动中弋射场景的图像，但有学者认为被射的鸟是为西王母取食的三青鸟，射鸟图很可能是表达“祈求长生”的内涵。再如，著名的《播种》图像（或“灵星舞”）（图一），不少学者将这一集体农耕的图像释为祭祀灵星的舞蹈。那么，此二图像便是运用“比”手法，通过形态上的相似表达深层含义。

兴，先言他物以引起所咏之词。汉魏六朝时期学者将它释为“有感之辞”，“文已尽而意无穷”。汉画对“兴”的运用非常隐蔽，主要体现在整体思维上存在“兴”的观念。汉画首先描绘一个普通、常见的场景，再表达对此种生活的喜爱，同时表达出渴望拥有之情。这正是墓主及子孙真正想要表达的内涵，也是先言他物以引起所要表达的情感，先言他人生活的奢华，再表达自己对奢华生活的渴望。“兴”的手法显而易见。

三、省 略

汉画像砖石的面积非常有限，即便是几米高的大型砖石，分配到每一幅图像、每一个物象上的面积也屈指可数。而画像砖石又需要涵盖尽可能多的内容，内容丰富才能表达更多的愿望和祈祷。这一矛盾迫使画像创作者在设计画面时经常采用省略手法，既能够尽可能丰富地表达内容，又不会使画面过于拥挤而影响美感。省略手法在汉画中主要有三种表现形式：以部分代整体、以一代多、合多为一。

所谓以部分代整体，就是用物象的某一部分代替整个物象。删繁就简，略去无关紧要的细节，保留该物象最主要、最具特点、最明显的标志性部分。如四川彭山出土《祥瑞图》（图二），画面中心为一莲花纹饰，外层花瓣将画面分为八部分，上下左右均对称。这八部分分别绘有蟾蜍、长尾短角兽、鸟、三足乌、神人、神兽、龙、九尾狐八种神物。每种神物都只刻绘它身体的一部分，多为神物的前半身。这种以部分代替整体的省略手法，使八种神物同时出现在这个仅40余厘米的砖面上，内涵丰富又不过于满。

所谓以一代多，就是用一个物象代替多个物象。画面中需要同时描绘多个相同物象，画像创作者运用省略手法用一个物象代表多个物象，颇类似于京剧中“三四人代表千军万马”。既节省空间，又能够准确表情达意。如《胡汉战争》，画面中起伏的山峦内刻画有伸出的马头，示意丛山中埋伏着千军万马，将战争场面向深度延伸。再如《盐井》，在重峦起伏的山林中，每个山头上都绘有一个动物，有羚羊、山鸡、熊等。仅绘一个动物并不是指每个山头都有且只有一个动物，而是运用省略手法以一代多，表明山林中有多种动物。《泗水捞鼎》水面上有两条小船，船上各有两人捞鼎。此处两人即示意有众多捞鼎者。（图三）

所谓合多为一，是将多个并不同时存在的物象集中于同一石面上。这种方法使原本要用多个石面才能表达完整的内容，合并于一个石面上，最大程度地节省了砖石数量。“合多为一”有两种情况，一是同一主题的图像集中在一起，这是“合多为一”手法在汉画中的主要形式，如百戏图、弋射收获图。百戏图绝少仅刻绘一种技艺的情况，一般至少将三种技艺同时表现在画面中。如四川彭州出土《盘鼓舞》（图四），除了盘鼓舞，画面还展现了反弓、跳丸两种技艺。舞蹈、抚琴吹乐、顶罐、飞剑、跳瓶、滑稽戏等百戏技艺也基本上以自由组合的方式呈现在同一画面中。二是不同主题的图像集中在一个画面上。四川彭山出土《西王母、车骑》，全图分四格，左边两格为一组，上绘一骑吏，是车之导从，下绘一出行轺车。右边两格为一组，上图为西王母端坐于龙虎座上，下图为九尾狐、三青鸟和三位求仙药者。左右两边的内容各异，合于一石，节省空间又不省略内容。

画像创作者秉着"升仙长生"的目的，对物象和图像进行设计与构思，对素材进行提炼、集中，使画面简明易懂，避免晦涩抽象。同时，使观者"看"到画面以外的情景，满足逝者的愿望。

四、夸 张

汉画的写实不是纯粹的写实，而是在写实的基础上大胆采用夸张手法，增强造型的艺术感染力和视觉冲击力。夸张在文学中指夸大其词，在汉画中主要表现为夸大其形。汉画的夸张手法已得到学界一致认同。"中外一些搞美术的专家称汉画像是'夸张变形'的艺术。"① "汉画像砖石之所以对人有一种震撼的力量，很大程度上是得力于夸张变形。"② "汉画像极尽夸张变态之能事，并通过大胆的无拘无束的自由创造，使画像达到兼备形神，和谐完美的艺术境界。"③ 汉画的夸张手法包括整体夸张和局部夸张。

整体夸张是指以画像上各物象整体为单位，在比例上进行夸张。创作者为突出主次，将主要物象刻绘得非常大，占据画像大部分面积，同时将非主要物象缩小，而不考虑物象的远近问题。例如《天仓》，画面中部一人，形象十分高大，头戴冠，身佩剑，手捧薄箱。此人当为天仓的仓长或仓令。画面右下角是一重檐四阿式顶的仓房。两者比例失衡，天仓所占面积非常小，尚不及仓长的腿高。这种夸

① 陈江风：《汉画像"神鬼世界"的思维形态及其艺术》，《中原文物》1991年第3期。

② 顾森、刘兴珍：《论汉画像砖与画像石的表现性》，《汉代画像石研究》，文物出版社1987年版，第93页。

③ 陈江风：《汉画像"神鬼世界"的思维形态及其艺术》，《中原文物》1991年第3期。

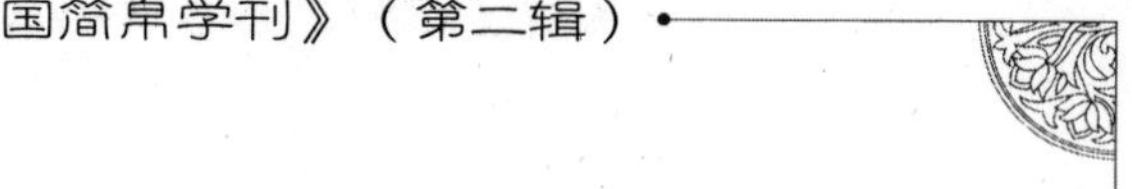

张手法明显是为了突出仓长的高大。再如升仙图，往往由天上和人间两部分组成。人间部分仅占整个画像的三分之一，天上部分则占三分之二。回旋萦绕的祥云布满空间，笼罩大地，神仙灵瑞隐藏于流动的云海之中。画面中静态的人间和动态的宇宙形成强烈对比，意在突出天堂胜于人间的理念。画像中的主要人物均身躯高大，体态雍容，居于尊位。而侍从则身躯较小，处于从属位置。夸张手法，意在突出特定环境中的典型人物或典型物象，往往收到意想不到的艺术效果。

局部夸张是以画像上各物象的局部为单位，对某一部位做夸张处理，从而突出该部位所具有的特点。在被夸张部位的选择上，往往注重突出物象最富特征的部分或创作者想要强调的部位，这样可以在第一时间引起观者的注意，达到其艺术目的。如材官蹶张是孔武有力的象征，创作者紧扣住“武”与“力”来塑造形象。高隆而屈的臂与肘，肌肉粗壮的腿与膝，甚至连汗毛也根根粗大、清晰可见。这一形象似乎绷满巨大的能量，无穷的力量正通过变形的筋骨和发达的肌肉向巨型弓弩流注。蹶张面部双目圆睁，髭须猬张，怒发冲顶，同样显示出无敌的力量。虽然看起来完全失真、不成比例，但观者能从中感受到“力拔山兮气盖世”的豪迈气派。武与力交汇在一起，形象的外在表现与内在精神气质出神入化地统一在一起，形成一种撼人心魄的巨大威慑力，具有强烈的艺术感染力。再如四川成都出土《弋射、收获》（图五），弋射者的姿势也运用了夸张手法。射者跪在地上，身体趴下，与地面平行，扭身弯弓朝正上方天空射箭。整个身体极度扭曲，其姿势已完全违反了人体运动力学。正是这种夸张的姿态，显示出射者的努力程度和奋不顾身的态度。若两位射者都呈规矩、标准的站立射姿，则整个画面必然显得呆板和单调。并且，身体弯曲的柔韧与箭离弦而出时的速度和力度形成反差，使画面充满灵活的线条美和富于节奏的力度美。

汉画像的变形与夸张手法的运用，与汉画画工的思想观念、思维形式存在某些联系。汉魏六朝时期，原始思维在先民思想中尚有一些留存，认为处处充斥着神秘力量。他们要表现这些“神秘”，就不能采取简单的写实和模仿的方法，而是要对它进行艺术加工。于是就采取了变形与夸张的方法，使艺术形象具有一种震撼力。

当然，汉画夸张手法的运用也没有脱离写实。汉画的题材来源于社会生活，画像的造型也是以现实生活中的物象为依据，具有浓郁的生活气息。夸张与写实的完美结合使汉画的内容既具有真实感，又生动展现了物象的外部特征和内在气

质，具有强烈的艺术感染力。

五、变　形

变形的本质是“夸张与多视点的组合”[①]，因此汉画创作中变形与夸张往往相伴相生。变形手法具体表现为在保持自然物象基本规律和结构的前提下，按照自己创作的需要，有意改变客观对象的常态外貌，以创造具有表现力的艺术形象的方法。通常选择客观对象身上最突出的特点，或是画像需要凸显的内容，对它进行加工变形。常见的做法有改变比例、四肢变换、局部增减等。这些大胆的变形，使物象在造型上不拘泥于形象的真实，凸显特点，赋予物象生命力和气势美。

改变比例是将物象身体的某一部分做拉长、缩短、变粗、变细等改变，使物象自身各部分的比例失衡，在这种失衡中突出物象的某种特点。拉长是把物象的各个部分同比拉长或局部拉长，甚至将其他细部全部省略，只留下线条式的形象。如表现虎的勇猛，创作者将虎的尾巴和身子拉长拉直，呈一条直线，表现出虎猛扑而上的力度和一跃而起的速度。缩短是把物象头部加大，人体压扁，缩短四肢，形象矮胖敦实。同样是虎，河南密县《射虎》图像没有着力表现虎强劲有力的腰身、锋利的利爪、健壮的肌肉胸廓；马也没有粗壮有力的长腿和矫健的身躯；射手也没有弯弓射箭的英姿。而是运用缩短手法塑造出短粗的虎、短粗的人、短肥的马，原本英武的形象变得稚拙、可爱、可笑，具有浓郁的民间艺术风味。变粗是将物象的某一部位极度加粗。如两兽相斗图，创作者有意将兽的身体拉长，犄角似锥，颈项加粗，高高隆起，后蹄猛向后蹬，尾巴翘起，显示出兽的凶猛有力。河南南阳出土《象人斗牛》，牛的颈部、胸部、臀部肌肉粗壮坚实，为了突出牛的强劲有力，创作者将牛的小腿画得极细，似锥点地，其臀部比小腿粗几十倍。相反，变细则是将物象的某一部位极度变细。乐舞百戏图中，把舞伎的腰肢刻画得细如束丝，两只长袖如丝帛般飞舞缭绕，展现了舞伎体态柔绵、婀娜多姿的技艺。

四肢变换，也称异物重构，是将不同的物体分解，再选取不同物体的局部进

---

① 顾森、刘兴珍：《论汉画像砖与画像石的表现性》，《汉代画像石研究》，文物出版社1987年版，第94页。

行重构，产生新的形象。这一变形手法在神仙灵瑞类图像中使用较多。具体包括赋人以物形、赋物以人形、物物重构。所谓赋人以物形，就是将动物的身体部位添加到人上，其本质仍然是人或仙人。比如，伏羲女娲人首蛇身、羽人等，极富奇幻色彩。所谓赋物以人形，是将人体的局部形象添加到动物身上，但不改变其动物性质。例如，背负太阳和月亮的鸟人，其形象是人首鸟身，头戴冠，有羽，腹部有一圆轮，轮中有金乌。有学者将其释为“羽人”，但它与羽人的形象相去甚远。羽人的总体形象是人，但鸟人的整体形象是鸟。《山海经·大荒东经》载：“一日方至，一日方出，皆载于乌。”可见其动物本质。还有蟾蜍，原本是四肢着地蹦跳爬行前进的动物，但在西王母图像系统中，它却手持丝巾，直立而舞。直立是人类才有的特性，这便是将人的特性赋予了蟾蜍。还有物物重构，即多种动物的局部形象互相组合成一个新的动物形象。例如，龙的形象为鹿角、狮头、蛇身、鱼鳞、虎掌、鹰爪等组合而成。还有玄武是龟蛇合体，翼虎是鸟与虎，都是多种物体的局部形象杂糅而成的。

局部增减是把一个自然物象分解成局部，再依据创作者的意图通过增加或减少物象某一局部的数量，重新组织安排形象。比如，将乌的足部增加一只，成为三足乌。将狐狸的尾巴增加至九条，成为九尾狐。这一变形手法多用于塑造神仙灵瑞类形象。

汉画图像运用符号化、赋比兴、省略、夸张、变形等文学创作手法，塑造出一个个写实性与写意性并存、厚重感与线条美兼备的艺术形象，保存了珍贵的历史文物资料。同时，汉画图像并不是机械、生硬地运用这些文学创作手法，而是以写实为前提，扬“存形莫善于画”之长，避“宣物莫大于言”之短，灵活地凸显汉画特色。

图一《播种》
（《中国巴蜀汉代画像砖大全》）

图二《祥瑞图》
（《中国画像砖全集》）

图三《泗水捞鼎》（《中国画像砖全集》）

图四《盘鼓舞》
（《中国巴蜀汉代画像砖大全》）

图五《弋射、收获》
（《中国巴蜀汉代画像砖大全》）

阜阳汉简《楚辞》新考

刘晓彤

摘　要： 阜阳汉简《楚辞》具有重要的文献价值，一者屈原作为《离骚》作者的真实，二者为我们提供了珍贵的语言文字资料，有助于认识先秦时期文字发展情况。与之相关的其他出土文献在考证屈原的生辰、佐证《楚辞》作品的年代问题、体现屈原作品中的意象、揭示《楚辞》产生的文化背景等方面也都有重要意义。

关键词： 楚辞；屈原；文献价值

作　者： 刘晓彤（1990—），女，山东淄博人，济南大学材料学院辅导员，研究方向为简帛文学。

作为赋文学的“元典”之一，《楚辞》被认为是“与日月齐光”的不朽文化遗产。大约在春秋中期，以荆楚民族为主体、以楚国为中心的楚文化体系已经形成。“楚辞”之名，西汉初期已有之，直至刘向编纂成集，东汉王逸作《楚辞章句》，使得学界得以一窥“楚辞”原初篇目之详貌。《楚辞》原收屈原、宋玉、唐勒及汉代东方朔、王褒、刘向等人的辞赋凡十六篇，以屈原作品为主，其余各篇大都承袭了屈赋的形式。两千多年来，它一直是辞赋研究的热点，研究论著浩如烟海，研究方法也随着时代发展构成了一个由局部到整体、由浅近到深入、由低级阶段走向高级阶段的动态历程。

屈原特殊的身份、个性、追求，决定了“楚辞”研究的独特政治学意义，并为之提供了生动而丰富的古史信息。而楚辞自身拥有的古史系统与版本价值，更使“楚辞”研究成为古史研究的必经环节。自《楚辞》诞生之日起，研究屈原和楚辞的学者就代有其人。在以“经学”为主导影响的西汉至北宋时期，对《楚辞》的“章句训释”占主导地位，如王逸有《楚辞章句》、郭璞有《楚辞注》、洪兴祖有《楚辞补注》《楚辞考异》等。学者们诠释音义、考证名物，着眼于训诂字词而疏通文意，但在一定程度上忽视了作品思想的复杂性和内容的丰富性。进入以“理学”为主导影响的南宋至明清时期，“义理探求”成为研究的热点。朱熹有《楚辞集注》《楚辞后语》、汪瑗有《楚辞集解》、陆时雍有《楚辞疏》、王夫之有《楚辞通释》、戴震有《屈原赋注》等。但“义理探求”也往往不能解释《楚辞》内涵的多样性和不确定性，且“几乎都是用历史与神话的双重素材，以塑造屈原亦人亦神的形象”[①]。五四运动之后，《楚辞》研究出现了很多不同于传统的研究方法，逐渐进入一个注重作品思想性和多样性的立体研究阶段。

20世纪后半期以来，上古辞赋文献迎来了与楚辞研究密切相关的发现高潮。研究视野不断开阔，研究角度也渐趋多样化。如姜亮夫强调综合研究，其《楚辞通故》指出，“楚国由于经济之发展，反映出文化之高度成就，与屈原之作品有互相联带不可分割之关系”[②]。朱季海从校勘、训诂、谣俗、音韵等方面提出，“务使楚事、楚言，一归诸楚。其有明文者，必征其始；其无明文者，亦以参伍而知之”[③]。于省吾认为，应当“用同一时代或时代相近的地下所发现的文字和文物与典籍互证”[④]。此外，汤炳正、刘信芳、黄灵庚等人也有各自的见解。但总体而言，利用出土文献与考古成果研究《楚辞》的工作，还处于探索、尝试阶段。

---

① 劳伦斯·A·施奈德：《楚国狂人屈原与中国政治神话》，湖北教育出版社1990年版，第1页。

② 姜亮夫：《楚辞通故》（第1辑），齐鲁书社1985年版，第12页。

③ 朱季海：《楚辞解故》，中华书局1963年版，第4页。

④ 于省吾：《泽螺居诗经新证》，中华书局1982年版，第234、235页。

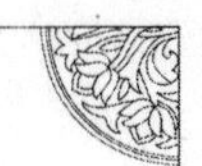

一、阜阳汉简《楚辞》的出土情况

1977年7月，安徽省文物工作队对阜阳双古堆一号汉墓进行了一次科学的挖掘，并连同阜阳博物馆、国家文物局古文献研究室对竹简进行了分类整理。根据随葬器物所载铭文和《汉书》《史记》的相关记载，专家推测墓主人可能是西汉夏侯婴之子第二代汝阴侯夏侯灶，卒于汉文帝十五年（前165），因此这批残简的年代下限应不晚于这一年。由于墓葬早年被盗扰，椁板已塌毁，而竹简在经受常年高压后叠压镶嵌，虽经细心揭剥分离，但皆已残断。竹简的编联与形制亦无明显特征可寻。在全国已发现的简牍文献中，这批竹简可以说是历来出土竹简中受损最严重的一批，它们沉睡于地下两千年之久，不论是自然侵蚀还是人为盗掘都对其造成了难以复原的破坏。阜阳汉简内容驳杂，载有《仓颉篇》《诗经》《吕氏春秋》《万物》《周易》等十多种古籍等，因原有书名标题无一残存，今名或用传本原名，或据内容另拟。

阜阳汉简《楚辞》现仅存两片。其中一片是《离骚》篇“惟庚寅吾以降”中的“寅吾以降”，另一片是《九章·涉江》篇“船容与而不进兮，淹回水而凝滞”两句中的“不进旖奄回水”六字。[①] 虽寥寥数字，阜阳《楚辞》残简却是我们迄今所知楚辞作品的最早写本，为楚辞研究带来了新的契机，因而它的价值是不容忽视的。

二、阜阳汉简《楚辞》的文献价值

《离骚》和《涉江》竹简写本的出土，为考证楚辞的时代、《离骚》的作者问题提供了最为可靠的新依据，极大地推动了楚辞研究工作的开展。

《离骚》是《楚辞》的代表作，是我国古代最长的一首抒情诗。东汉王逸将“离骚”释为：“离，别也；骚，愁也。”司马迁在《史记·屈原贾生列传》中

---

① 阜阳汉简整理组：《阜阳汉简〈楚辞〉》，《中国韵文学刊》2003年第1期。

对屈原生平有着较为完整的记载。《史记》所录材料的可信度是极高的，其“实录精神”表现在司马迁对史料真实性的注重。为确保传记文学的真实性，司马迁先后参考了先秦和秦汉之际的历史资料，因此作品的“真实性是有史可依，有据可查，有实可佐的”①。司马迁的这种“不虚美”和“不隐恶”的精神也是一批支持《离骚》为屈原所作的学者所普遍采用的证据之一。关于屈原作《离骚》的记载，《汉书·艺文志》中也有体现。自司马迁作《史记》以来，《离骚》作者的真实性一度没有受到怀疑。直至近代疑古思潮的兴起，《离骚》为淮南王刘安所作的说法不胫而走。胡适在《读楚辞》中，对屈原其人存在的真实性表示怀疑，认为他不过是传说中的一个“箭垛式的人物”。许笃仁先生在《楚辞识疑》中，举出多例来证明西汉淮南王刘安才是《离骚》的真正作者。其后又有何天行《楚辞新考》、卫聚贤《〈离骚〉的作者——屈原与刘安》等文章先后发表，均赞同许氏之论，或试图自建学说，否定屈原的存在。此类学说“徒使国人迷惘而欲在文化史上消除此一代大家”，并进而影响到日本学者三泽玲尔、铃木修次等人。他们在20世纪六七十年代提出了“屈原否定论”，对屈原的“偶像性”进行消解，使得有无屈原其人其文的问题再次成为争论的焦点。

阜阳汉简中《离骚》残简的出土有力地证明，《离骚》早在汉武帝让刘安作传之前就已存在并广为流传了，即刘安并非《离骚》的作者。“夏侯灶入葬的公元前165年，刘安（前179—前122）年仅14岁，而史籍所载汉武帝让刘安作《离骚传》，则是发生于武帝建元二年（前139）的事，时间晚了26年。”②《离骚》残简虽然没有直接证据证明其作者为屈原，但至少能说明《楚辞》应在西汉初期已经成书，这就打消了人们对于《楚辞》中所作篇章真实性的怀疑。这也与王逸在《楚辞章句》中所说“屈原履忠被谮，忧悲愁思，独依诗人之义而作《离骚》”的说法相一致，是残简独有的价值所在。

《九章·涉江》是屈原晚年的作品，其中有大段纪行文字，记录了作者从鄂渚到溆浦一路走来的经历，写作时间应在《哀郢》之后。洪兴祖在《楚辞补注》

① 刘景泰、赵彦彪：《〈史记〉实录精神与新闻真实性》，《牡丹江师范学院学报（哲学社会科学版）》2006年第2期。

② 汤漳平：《出土文献与〈楚辞·离骚〉之研究》，《中州学刊》2007年第6期。

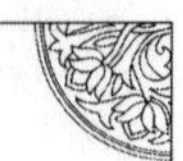

中曾评论道，“此章言己佩服殊异，抗志高远，国无人知之者，徘徊江之上，叹小人在位，而君子遇害也”。阜阳汉简中《九章·涉江》残简中有“不进旖奄回水”这几个字。残简中的字与今本有所不同。简文淹作“奄”，兮作“旖”。“兮”字在阜阳汉简《诗经》里也作“猗”，马王堆汉墓帛书《老子》中的“兮”作“呵”。“旖”“呵”都是楚声，长沙、阜阳均为楚地，楚地作楚声也是自然之事。今本的“淹回水而凝滞”及“船容与而不进兮”与简文有所不同，但意义上是相通的。[①]朱熹《楚辞集注》有云：“屈原既放，思君念国，随事感触，辄形于声，后人辑之，得其九章，合为一卷，非必出于一时之言也。”[②]楚国兴起于古荆州，辖地大致为今湖南、湖北的全部，河南、安徽、重庆、江苏的部分。鄂渚、溆浦古为楚地，而黄伯思在《东观余论·校订楚辞序》中对楚辞的艺术特色做出了说明：“盖屈、宋诸骚，皆书楚语，作楚声，纪楚地，名楚物，故可谓之《楚辞》。”据此推测，今本字体应是在后世流传到其他地方时，在这一过程中有所改变导致的。在先秦两汉时期，汉字的结构、字形、字音和字义之间的关系并不稳定，通假现象其实非常普遍。阜阳汉简《涉江》中存在大量异文，为我们提供了珍贵的语言文字资料，有助于我们更好地认识先秦时期文字发展情况。

总之，阜阳汉简《离骚》《涉江》虽存寥寥几字，却有重要的文献价值。一者推翻了疑古过甚人士将《离骚》作者定为淮南王刘安的妄说，此乃历史之大幸。二者《涉江》是屈原晚年放逐江南时所作的一首爱国主义抒情诗，“皆书楚语、作楚声”，这在阜阳汉简中再次得到了验证。当然我们还应继续推进屈原以及《楚辞》的考证与研究，不仅要还原历史的真实面貌，还要以事实依据否定将屈原描述为“大巫”或“文学弄臣”的无稽之谈。

三、出土文献与楚辞研究

除阜阳汉简《楚辞》之外，与之相关的其他出土文献对于《楚辞》研究也具

---

① 阜阳汉简整理组：《阜阳汉简〈楚辞〉》，《中国韵文学刊》2003年第1期。

② 朱熹撰，蒋立甫校点：《楚辞集注》，上海古籍出版社、安徽教育出版社2011年版，第72页。

有重要价值。“据有关学者统计，与《楚辞》研究有关的出土文献有：长沙子弹库帛书帛画、包山楚简、望山楚简、郭店楚简、阜阳汉简《离骚》《涉江》残简、马王堆帛书、银雀山汉简《唐勒》赋残简、上海博物馆藏战国楚竹书、湖北云梦睡虎地秦简《日书》《为吏之道》所附八首韵文、东周时期的楚国青铜器铭文等。”[①]黄灵庚的《楚辞与简帛文献》运用战国楚地出土的简帛文献、秦汉简帛文献以及战国时期楚帛画、楚文物等新材料，从文字、文学、文化、宗教、历史等方面对传世《楚辞》作品进行全面研讨，为新时期《楚辞》研究开拓了新途径。现就出土文献对于《楚辞》研究的贡献予以简说。

（一）考证屈原的生辰问题

关于屈原的生辰历来存在很多疑问，原因是现存文献中难以找到相关记载，大都依靠《离骚》中“摄提贞于孟陬兮，惟庚寅吾以降”一句，王逸对这句的注解为朱熹所不认同，由此形成了屈原生年的不同说法。汤炳正先生根据出土的《元光元年历谱》与马王堆三号汉墓出土的帛书《五星占》等材料推算出屈原应当是生于公元前 342 年夏历正月二十六日，即楚宣王二十八年乙卯，夏历正月二十六日庚寅。[②]对此学者们看法不一，但这至少说明出土文献确实为解答屈原生年这一疑难问题提供了新思路。

《日书》是一种选择时日、占断吉凶的占卜书。1975 年湖北云梦出土的秦简《日书》甲、乙种内容丰富，对于我们理解屈原生辰背后的宗教意义有重要价值。秦简《日书》出土在云梦，经专家考证墓主为楚国的遗民，所以《日书》中用出生日期占卜吉凶的方法也应是楚国人常用的，这一点似乎也解释了《离骚》的开篇叙述诗人生辰的理由。“帝高阳之苗裔兮，朕皇考曰伯庸。摄提贞于孟陬兮，惟庚寅吾以降。”《日书》认为生辰代表了一个人一生的命运，生辰的吉凶影响了一个人的一生际遇。《日书》875 简：“庚寅生子女为贾，男好衣佩而贵。”《日书》中说庚寅日生男为贵，男子喜好“衣佩”，屈原作品中的男子（或可认为诗

---

① 周建忠：《出土文献与楚辞研究的价值与走向》，《中州学刊》2010 年第 1 期。

② 汤炳正：《历史文物的新出土与屈原生年月日的再探讨——〈屈赋新探〉之五》，《四川师范大学学报（社科版）》1978 年第 4 期。

人自身）皆喜好“衣佩”，这在屈原的作品中有充分体现。这正说明在当时的社会环境下巫术对于大众心智模式产生了重要的影响。由此看来，屈原的生辰问题非常重要，它和屈原的创作、屈原的一生遭遇都有着密切的联系，这一点也正是通过出土的秦简《日书》才得以破解的。

（二）佐证《楚辞》某些作品的年代问题

《九歌》凡十一篇，是《楚辞》中非常重要的作品。“九歌”之名来源甚早，一般认为是古老的乐章，传说中“九歌”为天乐，只在祭神之时演奏，屈原所作的九歌显然是经过加工的，取其娱神性质，带有明显的楚地特色。王逸认为《九歌》为屈原遭放逐于沅湘时所作，《九歌》序中写道：“屈原放逐，窜伏其域，怀忧苦毒，愁思怫郁；出见俗人祭祀之礼，歌舞之乐，其词鄙陋，因为作《九歌》之曲。上陈事神之敬，下见己之冤结，托之以风谏，故其文意不同，章句杂错，而广异义焉。”[①] 然而，1987 年出土的荆门包山二号楚墓竹简和江陵楚墓竹简不仅记载了当时祭祀的诸神体系，且祭祀神鬼数目也有别于《九歌》。汤漳平据此进行了认真的考辨，得出的结论是“《九歌》只能产生于郢都，屈原任职于楚怀王之时”，这种结论显然有别于王逸的看法。由于这些楚墓均出土于今江陵县，即楚国郢都故址附近，且部分山神出现于包山楚墓竹简中，可见并不是只有在到沅湘时才能见到。因此，出土文献动摇了有关“《九歌》作于屈原放逐之后”的说法，这必将有助于我们正确认识《九歌》的产生的年代。

（三）充分体现屈原作品中的意象

20 世纪 70 年代简牍帛书的第二次大发现对楚辞学产生了广泛的影响。王国维先生的“二重证据法”也被多次使用，李永明与黄灵庚先生合作的《天问》简帛释证就是利用王国维先生的“二重证据法”将简帛文献与传世文献相互印证，释证《天问》的相关内容。《天问》表现出极强的探索精神，王逸认为这是屈原在看过祠堂壁画之后引发的对宇宙、神话和历史的疑问。马王堆出土的帛画展现

---

① 王逸：《楚辞章句》，《四库全书·集部一》，上海古籍出版社 1987 年版，第 16 ~ 17 页。

的主要是楚国的绘画特点，画中图像与《楚辞》内容有很多相符之处。因此，两者相互印证，可以帮助我们更好地了解楚辞产生的艺术文化背景。

出土帛画是一种直观而形象的艺术形式。湖南长沙子弹库出土的帛画内容是为祈求神明引导灵魂升天，所以，帛画中的龙凤等都是可以起到帮助灵魂升天这一作用的。楚人好巫，“信鬼而好祀”，楚文化中巫文化占据了非常重要的地位。楚地人对于生死、阴阳、天地有着不同的思维和想象，这与其宗教信仰和巫文化密切相关。《楚辞》中的《离骚》和《九歌》等都有关于楚地巫风的描写，《离骚》全篇想象力十分丰富，其中对于诗人幻想自己上天入地、寻求知音时写道：“吾令羲和弭节兮，望崦嵫而勿迫；路曼曼其修远兮，吾将上下而求索。饮余马于咸池兮，总余辔乎扶桑，折若木以拂日兮，聊逍遥以相羊……吾令凤鸟飞腾兮，继之以日夜；飘风屯其相离兮，帅云霓而来御；纷总总其离合兮，斑陆离其上下。”在诗人笔下，宇宙间奇丽的景象纷纷涌现，其中包括太阳神、月神、风神、鸾皇、雷师、凤鸟等，后又有雄鸠、蛟龙等物，使全篇充满了奇幻色彩。帛画中飞腾的龙凤和《离骚》中的龙凤如出一辙，帛画可谓形象生动地诠释了《离骚》中上天入地的情景，使人们更好地理解了楚人的宗教思想与巫神之风。

（四）揭示《楚辞》产生的文化背景

《九歌》究竟属于民间的祭歌还是国家的祀典乐，历来争论不休。“民间祭歌说”属于较早的一种说法，并得到了五四运动以来学者们的认同。而后，闻一多将《九歌》的重要性提升到国家的层面，游国恩直接将其定性为国家祀典而作。

《九歌》是巫音的一种表现，一般学者普遍认为《九歌》的通体就是一种巫歌。它具有浓厚的祭祀性质，从中我们可以看出楚国祭祀活动的一些特征。纵观《九歌》这十一篇，祭祀的主要对象是东皇太一、雷神、大司命、少司命、东君、湘君、湘夫人、河伯、山鬼、国殇。《楚辞》中描写的神、鬼、人之间的关系是非常微妙的，这和孔子倡导的“敬鬼神而远之”有所不同。要弄清《九歌》到底是民间祭歌还是国典用乐，首先可以考察祭祀对象神的地位。神位若相当高，那么国典用乐的可能性就越大，反之，则不然。有学者直接指出“东皇太一”这类高规格的神祇是不可能由普通民众来祭祀的，由此而将研究的目光转向“国家祀典说”。包山楚简的“太一”与传世文献中的“太一”是相近的，证明“太一”神的说法

在当时是确实存在的，“在江陵楚墓和包山楚墓竹简中只有‘太’的祭祀，按其级别来说处于祭祀的最高位，因此也就有了后来学者考证的竹简‘太’即《九歌》中‘东皇太一’说”[①]。《楚辞·九歌》中的“东皇太一”是楚人所祭祀的天神中地位最高的，这一点仅从《东皇太一》篇中的几个小细节就可以看出：

吉日兮辰良，穆将愉兮上皇；抚长剑兮玉珥，璆锵鸣兮琳琅。

这是描写祭神者择吉日时进行这项仪式的场景。剑，历来是身份的象征，也是一种源远流长的装饰习俗，战国时期非常时兴。大量出土资料也证明了佩剑在当时的普及。1978 年曾侯乙墓出土的编钟震惊世界，钟架的立柱是由举重的铜人构成的，这些铜人引人注目的地方就是左腰间都佩有长剑，《东皇太一》中的祭神者也有佩剑，可见它们为祭神，祭神者自身已经做好了充分准备。这也使我们联想起屈原笔下的飘飘欲仙的人物，许多都是身佩长剑，象征着身份的高洁。

扬枹兮拊鼓，疏缓节兮安歌，陈竽瑟兮浩倡。

娱神的项目非常丰富，钟鼓竽瑟、歌曲舞蹈用来娱神，这也从侧面证明了当时乐调的丰富，与出土的编钟等乐器相印证，见证了楚国当时音乐文化的发达和祭祀时的宏大场面。这些细节都有别于其他篇中的祭祀场景。《东皇太一》篇是《九歌》中最庄严、庄重、肃穆的一篇，可见所祭之神和其他神鬼的地位不同。既然如此，《九歌》作为国典用乐说是有可能的，而出土的曾侯乙编钟等乐器铭文上所刻音名等都表明了当时音乐文化的繁荣。这对于我们理解《楚辞》的音乐性也是颇有帮助的。

---

① 郭常斐：《出土文献与〈楚辞·九歌〉研究》，《云梦学刊》2010 年第 2 期。

马王堆帛书《周易》异文考释三则 *

王　毅

摘　要：传世本《周易》震卦之“虩虩”“亿”，马王堆帛书本分别作“朔朔”“意”；传世本谦卦之“㧑”，马王堆帛书本作“譌（讹）”。其中，“朔朔”通“虩虩”，当训作“形容雷声洪大而密集”；“意”通“亿”，当训作“频繁”；“譌（讹）”通“㧑”，当训作“广布”。

关键词：马王堆帛书；朔朔；意；譌（讹）

作　者：王毅（1983—），女，山东济南人，济南大学文学院讲师，语言学博士，主要从事《周易》训诂研究。

马王堆帛书《周易》与传世本多有异文。据学者考证，震卦之“朔朔”“意”、谦卦之“譌（讹）”，皆是通假字。然而释义多有可商榷之处。本文运用语言学的方法，追本溯源，考证这三处异文的准确释义。

* 本文系山东省社会科学规划研究项目“郑玄《易注》易注训诂研究”（项目编号：16DZWJ06）阶段性成果；该文获“山东省语言资源开发与应用重点实验室开放基金”资助。特别感谢张崇礼老师为本文指出宝贵意见。

一、朔 朔

马王堆帛书本之“朔朔”，出自《周易》震卦卦辞，传世本作：“震来虩虩，笑言哑哑。”学者多主张“朔”是“虩”的通假字，亦训作“恐惧貌”。从语音关系上分析，“朔”“虩”皆铎部，古音相近可通。但是，“朔朔”的释义有可商榷之处，这种分歧也是由来已久的。历史上主要有两种观点：

一种观点主张“虩虩”为“恐惧貌”。如，李鼎祚《周易集解》引虞翻曰：“多惧故虩虩。”又王弼注：“震之为义，威至而后乃惧也。故曰，震来虩虩，恐惧之貌也。”旧注亦多从此说。又如，陆德明《经典释文》引马融云：“虩虩，恐惧也。”① 程颐《周易程氏传》：“虩虩，顾虑不安之貌。”② 朱熹《周易本义》：“虩虩，恐惧惊顾之貌。”③

另一种观点却认为“虩虩”是形容雷声的。如蔡清曰：“‘虩虩’然，非震来而后‘虩虩’也。‘虩虩’，所以状其震来也。”④ 俞琰云：“来，谓雷声之来。虩，许逆反，虩虩与苏苏、索索皆雷声。震来虩虩，谓雷之初来而其声震动也。”⑤

首先，从语法地位分析，“震来虩虩，笑言哑哑”句中，“虩虩”修饰的主语可能有两种情况。第一种情况，修饰的主语是“震”。“震来虩虩”和“笑言哑哑”两个分句的语法结构相同，皆为主谓结构。其中，“震”“笑”分别为分句的主语，“虩虩”“哑哑”皆形容词作谓语，而“来”“言”都是衬字。第二种情况，修饰的主语是人，句中省略了主语。补充后为“震来，（人们）虩虩，笑言哑哑”。类比其他卦爻辞中类似的结构，有六三爻辞“震苏苏”、上六爻辞“震索索”。其中，“苏苏”“索索”修饰的主语明显都是“震”，而不是“人们”。所以，

---

① 陆德明：《经典释文》，中华书局 1983 年版，第 28 页。

② 程颐：《周易程氏传》，中华书局 2011 年版，第 292 页。

③ 朱熹：《周易本义》，中华书局 2009 年版，第 183 页。

④ 蔡渊：《周易经传训解》，《景印文渊阁四库全书》（第 18 册），台湾商务印书馆 1986 年版，第 243 页。

⑤ 俞琰：《周易集说》，上海古籍出版社 1990 年版，第 159 页。

第一种语法结构更为合理。

其次，从音义关系考察，“虩虩”与“苏苏”“索索”读音有联系。

索：心母铎部

苏：心母鱼部

心母双声、鱼铎旁转，古音相近。

索：心母铎部

虩：晓母铎部

“索”“虩”古音皆属铎部，叠韵。

“虩虩”与“苏苏”“索索”读音相近。所以，通过考察“苏苏”“索索”的词义就可以找到“虩虩”的词义。但是，“苏苏”“索索”旧注多作“不安”“恐惧貌”。陆德明《经典释文》引郑玄注：“苏苏，不安也。”引王肃曰：“躁动貌。”①但是，“不安”“恐惧”都是用来形容人的，上文分析爻辞的主语是“震”，语义上不相容。

进一步考察“索”“苏”的词义系统。“索”本义指“绳索”，由此引申出“探索”“思考”等义位；“苏”本义指一种植物，有“薪草”“割草”“索取”“苏醒”等义位。然而，这些义位都与震卦卦爻辞的语境不相容。那么，“苏苏”“索索”的字形可能只是用来记录读音，而不携带意义信息。所以我们换一个角度，借助音义关系寻找准确的词义。

我们发现，“索”和“瑟”语音上有关联。

索：心母铎部

瑟：山母质部

心山准双声，二者为转语关系。“索”或作“瑟”，有文献为证。如，《别雅》卷五：“索索，瑟瑟也。”②《庄子·徐无鬼》：“子綦索然出涕曰……”陆德明《经典释文》引司马云：“索然，涕下貌。”③《文选·曹操〈苦寒行〉》：“树木

① 陆德明：《经典释文》，中华书局1983年版，第28页。

② 吴玉搢：《别雅订》，中华书局1985年版，第24页。

③ 陆德明：《经典释文》，中华书局1983年版，第394页。

何萧索。”旧校：“善作瑟字。”[①]“瑟”有“密集”之义，《诗经·大雅·旱麓》：“瑟彼玉瓒。”朱熹《集传》：“瑟，缜密貌。”[②]又《旱麓》：“瑟彼柞棫。”朱熹《集传》：“瑟，茂密貌。”[③]重言“瑟瑟”形容密集、连续不断的声音。故“索索”意思就是密集、连续不断的雷声。由此推知，“朔朔”“虩虩”“苏苏”也指密集、连续不断的雷声。

又见封子楚簠：“虩＝吊（叔）楚，刺（厉）之元子。”其中，“虩虩”即“赫赫”，表示显盛之貌。又叔夷鎛有“虩虩成唐（汤）”语，郭店简亦有“虩虩圣也”，其中“虩虩”皆通“虩虩”，表示显盛之貌。从语音的角度分析，赫属晓母铎部，古音相近。具体指声音时，当作“声音洪大貌”。

综上，“朔朔”“虩虩”“索索”“苏苏”只记录读音，词义与字形无关，不能借助字形寻找词义。所以，我们通过读音相近可通假的规律发现，“朔朔”“虩虩”“索索”“苏苏”与“瑟瑟”“赫赫”通假。那么，“虩虩”就不能解释为“恐惧貌”，正确的释义是“形容雷声洪大而密集”。

二、意

马王堆帛书本之“意”来自震卦六二爻辞，传世本的全文是：“震来厉亿丧贝，跻于九陵，勿逐，七日得。”从语音方面分析，“意”“亿”古音皆影母职部，音近可通。本字当作“亿”。但是，“亿”的词义隐晦，旧注多以为叹词。例如，王弼注：“亿，辞也。”陆德明《经典释文》：“亿，本又作‘噫’。”[④]也是释为叹词。又干宝注：“亿，叹辞也。”[⑤]但叹词之说并无定论。很多学者提出了其他观点，或训作“十万”之数，如郑玄注：“十万曰亿。”[⑥]或训作“猜度”，

① 萧统编，李善注：《文选》，上海古籍出版社 1986 年版，第 1283 页。

② 朱熹：《诗经集传》，吉林人民出版社 1999 年版，第 143 页。

③ 朱熹：《诗经集传》，吉林人民出版社 1999 年版，第 143 页。

④ 陆德明：《经典释文》，中华书局 1983 年版，第 28 页。

⑤ 李鼎祚：《周易集解》，中国书店 1984 年版，第 10 页。

⑥ 陆德明：《经典释文》，中华书局 1983 年版，第 28 页。

程颐传："亿，度也。"① 项安世注："亿，度也。"甚至直接注明"未详"，如朱熹注："亿字未详。"② 可见，"亿"词义之疑古已有之。

首先，"亿"不能训作叹词，因为按卦爻辞的体例，没有叹词。感叹丢失了钱财，意义也颇为费解。其次，若训作数词"十万"，形容"贝"的数量，则应该放在"贝"的前后，作"亿贝"或"贝亿"，"亿丧贝"是不符合先秦语法结构的。再者，若训作"猜度"，那么，下文"勿逐，七日得"说明"丧贝"是既成事实，而不是猜测的结果，这种解释也不能成立。那么，"亿"的意义究竟是什么？

从词义的发展角度分析，"亿"常作为数词，表示十万之数。该义项被《汉语大词典》列为"亿"词目的第二个义项。

> 数词。古代或以十万为亿，或以万万为亿，今定为后者。《书·洛诰》："公其以予万亿年敬天之休。"孔传："十万为亿。"《礼记·内则》"降德于众兆民"唐孔颖达疏："亿之数有大小二法，其小数以十为等，十万为亿，十亿为兆也；其大数以万为等，万至万是万万为亿，又从亿而数至万亿为兆。"南朝梁刘勰《文心雕龙·夸饰》："说多则子孙千亿，称少则民靡孑遗。"唐孙頠《申宗传》："肇分太素，国既有亿。"

十万之数极多，由具体数字虚化，极言其多。所以，《汉语大词典》以"盈满"作为第三个义项，并列出三个用例。

> 《诗·小雅·楚茨》："我仓既盈，我庾维亿。"
>
> 汉贾谊《鹏鸟赋》："众人惑惑兮，好恶积亿。"
>
> 晋潘岳《杨荆州诔》："仓盈庾亿，国富兵强。"

从以上用例分析，"盈""亿"构成对文，词义相同。马瑞辰引王引之之说，进一步指出"亿"和"盈"是转语关系。《诗纪·小雅·楚茨》："我仓既盈，我庾维亿。"马瑞辰《毛诗传笺通释》："但亿对盈言，不得训为亿兆之亿。亿，《说文》作意，云：'意，满也。一曰，十万曰意。'是亿之本义训满，与盈同义。王尚书《经义述闻》曰：'亿亦盈也，语之转耳，此亿字但取盈满之义，非纪其数。

① 程颐：《周易程氏传》，中华书局2011年版，第295页。

② 朱熹：《周易本义》，中华书局2009年版，第184页。

与“万亿及秭”之亿不同。’其说是也。”[①]王引之和马瑞辰都认为，表示“满”义的本字是“意”，后来假借“亿”为之。段玉裁也持此说：“经传皆作亿无作意者，假借字也。”[②]也就是说，表示“十万”和“盈满”之义的本字应该是“意”，而“亿”是假借字。《汉语大词典》的第一个义项“安宁、安定”和第二、三个义项之间之所以找不到引申的关系，就是因为第二、三个义项是假借义。《汉语大词典》将这三个义项都归入“亿”，显然不妥当。

依《汉语大词典》的句读“震来厉，亿丧贝”，“亿”的主语是“人”。但是，类比卦辞：“震来虩虩，笑言哑哑。”则“亿”修饰的对象不是“人”，而应该是“震”。正确的句读应该是“震来厉亿，丧贝”。“亿”有“盈满”之义，引例中，“仓”“庾”属于容器，语义上可与“盈满”搭配。实际上，亿训作“盈满”是随文释义。概括地说，表达的是“极多”之义。形容容器里内容极多是“盈满”；放在爻辞中用来形容雷声的频度极多，就应当训作“频繁”。

“震来厉亿”，“厉”修饰的对象应该是“震”，“厉”有“猛烈”之义，形容雷来的非常猛烈。程颐传：“‘厉’，猛也，危也。彼来既猛，则己处危矣。”[③]那么，“震来厉亿”的意思就是“雷声猛烈而频繁”。

三、譌（讹）

马王堆帛书本之“譌（讹）”出自谦卦六四爻辞，传世本全文作：“无不利。㧑谦。”帛书本“譌（讹）”通“㧑”。何琳仪：“䞈，帛本作‘譌（讹）’，今本作‘㧑’，韵母同属歌部。”“譌（讹）”“㧑”皆由为得声。从语音方面分析，譌（讹），疑母歌部；㧑，晓母歌部，音近可通。上博简作“䞈”，亦通“㧑”。䞈，从货得声，货，晓母歌部，音近可通。

然而，关于“㧑”的意义，历代注家说法各异。《子夏传》：“‘㧑嗛’，

① 马瑞辰：《毛诗传笺通释》，中华书局1986年版，第700～701页。

② 段玉裁：《说文解字注》，上海古籍出版社1988年版，第505页。

③ 程颐：《周易程氏传》，中华书局2011年版，第395页。

化谦也，言上下化其谦也。”[①] 京房曰：“上下皆通曰挥谦。”陆德明曰：“㧑，毁皮反，指㧑也。义与麾同。《书》云：‘右秉白旄以麾’是也。”[②] 又引马融云：“㧑，犹离也。”[③] 郑玄注：“㧑，读为宣。”[④] 王弼注：“处三之上，而用谦焉，则是自上下下之义也。”[⑤]

从词义发展来看，《说文》对“㧑”本义的解释是：“㧑，裂也。从手为声。一曰手指也。”[⑥] 许慎认为“㧑”本义有二：其一为“裂开”；其二为“指挥”。其实，二义之间是有联系的。段玉裁注：“㧑，《易》‘㧑谦’马曰：‘㧑，犹离也。’按，㧑谦者……无所往而不用谦，裂义之引申也。”[⑦] 段氏认为由“裂”义可以引申出“无所往而不用”义，也就是承认了“裂”为本义。从义位关系上分析，“裂”表现为事物一分为二，是一种实体物质的“扩散”现象。“指挥”是使命令扩散开、实施开来，也是一种抽象概念的“扩散”现象。一般而言，由具体到抽象是思维发展的基本路径，但是这种发展方向是从整体上而言，具体到某个词的义位发展却未必完全遵循。“㧑”的引申义位发展就是如此。从古书的用例来看，“裂”义并不早于“指挥”义。当“裂”义讲，始见《后汉书·马融传》：“脰完羝，㧑介鲜。”王念孙《读书杂志余编上·后汉书》：“脰、㧑，皆裂也。”[⑧] 当“指挥”义，至迟在《公羊传》中已经出现，《公羊传·宣公十二年》：“庄王亲自手旌，左右㧑军，退舍七里。”[⑨] 尊重语言事实，“㧑”的“指挥”为本义，引申出“裂”义。

---

① 马国翰：《玉函山房辑佚书》，广陵书社 2004 年版，第 7 页。

② 陆德明：《经典释文》，中华书局 1983 年版，第 21 ~ 22 页。

③ 陆德明：《经典释文》，中华书局 1983 年版，第 22 页。

④ 董治安主编：《两汉全书·易注》，山东大学出版社 2009 年版，第 15443 页。

⑤ 王弼注、孔颖达疏：《周易正义》（十三经注疏本），中华书局 1980 年版，第 30 页。

⑥ 段玉裁：《说文解字注》，上海古籍出版社 1988 年版，第 606 页。

⑦ 段玉裁：《说文解字注》，上海古籍出版社 1988 年版，第 606 ~ 607 页。

⑧ 王念孙：《读书杂志》（第 16 册），中国书店 1985 年版，第 9 页。

⑨ 何休注，徐彦疏：《春秋公羊传注疏》（十三经注疏本），中华书局 1980 年版，第 2285 页。

从上述分析可知，“扩散”是“㧑”的核心语义成分，“㧑”的词义引申链条中的义位都包含语义成分“扩散”。那么，“㧑谦”之“㧑”也是一种“扩散”现象，当为“广布”义。谦卦各爻的主语当是“君子”。“君子”之称主要取其品德修为高尚，而“指挥”义当属军事语境，“君子”与“指挥”语义不相容。考察“㧑”的词义引申系统，“扩散”是“㧑”的重要语义特征。由最初的一分为二扩散开来，影响范围渐广、覆盖面扩大，可以引申出“广布”义。“㧑谦”解释为“广布谦虚的美德”，语义上是兼容的，也符合君子的作为。

郑玄注：“㧑”读为“宣”，认为“㧑”“宣”是假借关系。从读音分析，“㧑”古音属晓母歌部，“宣”古音属心母元部，二者读音相差较远，断定为假借关系有些勉强。其实二者是同义词，“宣”也有“广布”之义。《尔雅·释言》：“宣，遍也。”郭璞注：“宣，周遍也。”[①]“遍”就是“遍布、广布”的意思。又如《尚书·皋陶谟》：“日宣三德。”孔安国传：“宣，布也。”[②]《诗经·大雅·文王》：“宣昭义问。”郑玄笺：“宣，遍也。”[③]所以，郑玄“㧑读为宣”的注释具有一定的合理性。

其他注家虽然释义各不相同，但是表达的内涵是一致的。子夏训作“化”。《说文·匕部》：“化，教行也。”[④]所谓“教行”，就是使某种思想散布开，即“广布”之义。马融曰：“㧑，犹离也。”“离”也有“散布”之义。依子夏和马融所言，“㧑”也当取“广布”义。因此，帛书“譌（讹）”的本字当作“化”，与传世本“㧑”者近义同。

此外，需要指出的是唯此爻结构与他爻不同。依前三爻之例，六四“㧑谦”似当放在“无不利”前面。因为“㧑谦”下启六五，讲“侵伐”之事。“无不利。㧑谦。”易经卦爻辞的体例是占辞在前，断辞在后。根据占辞与断辞形成前因后

① 郭璞注，邢昺疏：《尔雅注疏》（十三经注疏本），中华书局1980年版，第2581页。

② 孔安国传，孔颖达疏：《尚书正义》（十三经注疏本），中华书局1980年版，第138页。

③ 毛亨传，郑玄笺，孔颖达疏：《毛诗正义》（十三经注疏本），中华书局1980年版，第505页。

④ 许慎：《说文解字》，中华书局1963年版，第168页。

果的逻辑关系。但是，此爻辞的独特之处在于断辞在前，而占辞在后。造成这种形式有两种可能性。

第一，考虑到结构统一性问题。谦卦的爻辞中“谦谦”“鸣谦”“劳谦”都可以理解为两个形容词的并列结构，而“㧑谦”只能解释为动宾结构。大概出于保持结构统一性的考虑，所以把结构不同的“㧑谦”放在断辞后面，以避免造成误解。《易经》虽然存在追求形式结构统一的倾向，但是并非一成不变。所以，这种可能性不足于说明问题。第二，语义承接问题。谦卦各爻辞的主语是“君子”。“谦谦”“鸣谦”“劳谦”皆君子已有的修为。唯此爻，占得“无不利”的结果，还需要在已有的修为基础上将自身的优秀品德推广开来，进一步地发扬“谦”的影响。这种可能性是合情合理的。这样，“无不利。㧑谦”的结构，不但在语义上顺理成章，同时也起到了保持结构统一的作用。此爻辞的意义可以理解为：“没有什么不利的。广布谦虚的美德。”

结语：通过对词义发展脉络的梳理，我们认为，“朔朔”通“虩虩”，犹赫赫，当训作“形容雷声洪大而密集”；“意”通“亿”，当训作“频繁”；“譌（讹）”通“㧑”，当训作“广布”。

帛书《黄帝四经》的“贵因”思想

——兼论《吕氏春秋》等先秦典籍的“贵因”思想 *

俞林波

摘　要：“因”有因循之义，“贵因”是先秦时期一种重要的思想。贵因，推崇因循自然，讲究顺势应时。司马谈论“道家”有曰“无为而无不为”“以因循为用”“因时为业”“因物与合”“圣人不朽，时变是守。虚者道之常也，因者君之纲”。由于黄老学派思想在汉初的盛行，司马谈、司马迁父子所论的“道家”其实是指“黄老思想”。司马谈以上所论就是黄老学派的思想特征，而“贵因”是其中的一个重要方面。作为黄老学派的重要著作，帛书《黄帝四经》贵因，重视因循思想，有曰“弗因则不成”“因天之则”“圣人之功，时为之庸，因时秉［宜］”。稷下道家、法家、《吕氏春秋》等皆贵因循思想。

关键词：帛书《黄帝四经》；《吕氏春秋》；因循思想；贵因

作　者：俞林波（1982—），男，济南大学文学院副教授，济南大学出土文献与文学研究中心兼职研究人员，硕士研究生导师，文学博士，主要研究先秦两汉文学。

* 本文系国家社会科学基金青年项目“《吕氏春秋》学史”（项目编号：15CZW031）成果。

一、《黄帝四经》的贵因思想

黄老学派推崇“因”，讲究“因循”，《史记·太史公自序》载司马谈“论六家之要指”曰：“道家无为，又曰无不为，其实易行，其辞难知。其术以虚无为本，以因循为用。无成势，无常形，故能究万物之情。不为物先，不为物后，故能为万物主。有法无法，因时为业；有度无度，因物与合。故曰‘圣人不朽，时变是守。虚者道之常也，因者君之纲’也。”① 由于黄老学派思想在汉初的盛行，司马谈、司马迁父子所论的“道家”其实是指“黄老思想”，如熊铁基先生所说：“在司马迁父子心目中，乃至在多数汉代士人心目中，道家就是黄老。”② 诸如司马谈所谓“无为而无不为”“以因循为用”“因时为业”“因物与合”“圣人不朽，时变是守。虚者道之常也，因者君之纲”都是说的黄老学派的思想特征，而“因”是其中的一个重要方面。

黄老学派形成于战国时期，今见最早的黄老学派著作是帛书《黄帝四经》，它的成书年代不晚于战国中期。③ 帛书《黄帝四经》对于研究黄老学派的思想非常重要。在探讨帛书《黄帝四经》的“因”思想之前，我们得先考察一个与黄老学派和帛书《黄帝四经》有密切联系的人物——范蠡。

范蠡（约前519—前449）④ 的思想属于何家何派？帛书《黄帝四经》的出土为我们提供了重要线索。据唐兰先生《〈老子〉乙本卷前古佚书引文表》，我们可以看出《国语·越语下》所载范蠡的言论与帛书《黄帝四经》有诸多相通之

---

① 司马迁：《史记》，中华书局1959年版，第3292页。

② 熊铁基：《秦汉新道家》，上海人民出版社2001年版，第12页。

③ 此据陈鼓应先生说，陈鼓应说：“总结地说，帛书《黄帝四经》至迟作成于战国中期，是一部较《管子》四篇等早出的著作。”（陈鼓应：《关于帛书〈黄帝四经〉成书年代等问题的研究》，《黄帝四经今注今译——马王堆汉墓出土帛书》，商务印书馆2007年版，第41页。）

④ 范蠡生卒年据董治安先生说，见董治安《略谈范蠡及其有关文献记载》，《山东大学学报（哲学社会科学版）》1997年第3期。

处[①]，李学勤先生认为"《越语下》所述范蠡思想，显然是应该划归黄老一派"[②]，此说有道理，范蠡的思想当属于黄老学派。范蠡主要活动于春秋末期至战国前期之间，《国语·越语下》所载范蠡的思想早于帛书《黄帝四经》的黄老思想，由于二者的相通性，陈鼓应先生指出："帛书《黄帝四经》和《管子》等共同引用了范蠡的观点，这是学术史上一个值得探讨的问题。由这个事实，我们可以了解范蠡与黄老思想的关系，范蠡可能是从老子过渡到黄老的关键人物，或者如王博所说，范蠡的思想可能正是黄老之学的雏形。历史上范蠡由越之齐，以后直接发展出了以《黄帝四经》为代表的齐国黄老之学。"[③]我们赞同此说。

范蠡重视"因"，《国语·越语下》载："王曰：'不谷之国家，蠡之国家也，蠡其图之。'范蠡对曰：'四封之内，百姓之事，时节三乐，不乱民功，不逆天时，五谷睦熟，民乃蕃滋。君臣上下，交得其志，蠡不如种也。四封之外，敌国之制，立断之事，因阴阳之恒，顺天地之常，柔而不屈，强而不刚，德虐之行，因以为常；死生因天地之刑，天因人，圣人因天；人自生之，天地形之，圣人因而成之，是故战胜而不报，取地而不反，兵胜于外，福生于内，用力甚少，而名声章明，种亦不如蠡也。'王曰：'诺。'令大夫种为之。"[④]范蠡在此论说了自己与大夫种在治国方面的长短优劣。范蠡治国注重"因"，擅长"因阴阳之恒，顺天地之常"，即遵循阴阳变化的规律，顺应天地运行的常理。"死生因天地之刑"，注曰："死，杀也。刑，法也。杀生必因天地四时之法，推亡固存亦是也。"[⑤]即无论杀戮还是养生都要因循天地、四时的法则而行事。"天因人，圣人因天"，天因人，人因天，重在一个"因"字。"因"是范蠡治国举措的一个重要指导思想。

范蠡尤其注重"因时"，《国语·越语下》载越王勾践问范蠡曰："节事奈何？"范蠡特别强调了"因时"："时不至，不可强生；事不究，不可强成。自若以处，

---

① 参见唐兰《马王堆出土〈老子〉乙本卷前古佚书的研究——兼论其与汉初儒法斗争的关系》，《考古学报》1975年第1期。

② 李学勤：《范蠡思想与帛书〈黄帝书〉》，《浙江学刊》1990年第1期。

③ 陈鼓应：《关于帛书〈黄帝四经〉成书年代等问题的研究》，《黄帝四经今注今译：马王堆汉墓出土帛书》，商务印书馆2007年版，第46页。

④ 徐元诰：《国语集解》，中华书局2002年版，第578～579页。

⑤ 徐元诰：《国语集解》，中华书局2002年版，第579页。

以度天下，待其来者而正之，因时之所宜而定之。”[①]范蠡认为凡做事要顺应适当的时机而促成之，时机不到不可以勉强而为之。又《国语·越语下》载范蠡劝谏越王勾践曰：“夫圣人随时以行，是谓守时，天时不作，弗为人客；人事不起，弗为之始。今君王未盈而溢，未盛而骄，不劳而矜其功，天时不作，而先为人客，人事不起，而创为之始，此逆于天而不和于人。”[②]范蠡劝谏勾践要“守时”，凡事要“随时以行”，时当行则行，时当止则止。如果时机不到而为之，那么就会因为天不时、人不和而失败。

黄老学派的重要著作《黄帝四经》推崇“因”，《十大经·观》载黄帝曰“弗因则不成”[③]，《十大经·果童》曰“人有其中，物又（有）其刑（形），因之若成”[④]。不“因”不能成事，“因”之就能成事，足见帛书《黄帝四经》对“因”之重视程度。《黄帝四经·称》曰：“圣人不为始，不专己，不豫谋，不为得，不辞福，因天之则。”[⑤]陈鼓应先生翻译说：“做为圣人，不先动、不偏执一己之见，天时未到便不豫先谋划、而天时到了也不可失去时机，不谋求索取、而福祥来至也不可放过：总之要因顺上天的法则。”[⑥]这句话概括了黄老学派的重要思想，“因”思想是其中的一个重要方面。

帛书《黄帝四经》也十分重视“因时”，《黄帝四书·十大经·兵容》曰：“兵不刑天，兵不可动；不法地，兵不可昔（措）；刑法不人，兵不可成。参□□□□□□□□□□□之，天地刑之，圣人因而成之。圣人之功，时为之庸，因时秉［宜］，［兵］必有成功。圣人不达刑，不襦传。因天时，与之皆断；当断

---

① 徐元诰：《国语集解》，中华书局2002年版，第578页。

② 徐元诰：《国语集解》，中华书局2002年版，第575～576页。

③ 陈鼓应注译：《黄帝四经今注今译——马王堆汉墓出土帛书》，商务印书馆2007年版，第210页。

④ 陈鼓应注译：《黄帝四经今注今译——马王堆汉墓出土帛书》，商务印书馆2007年版，第245页。

⑤ 陈鼓应注译：《黄帝四经今注今译——马王堆汉墓出土帛书》，商务印书馆2007年版，第348页。

⑥ 陈鼓应注译：《黄帝四经今注今译——马王堆汉墓出土帛书》，商务印书馆2007年版，第351页。

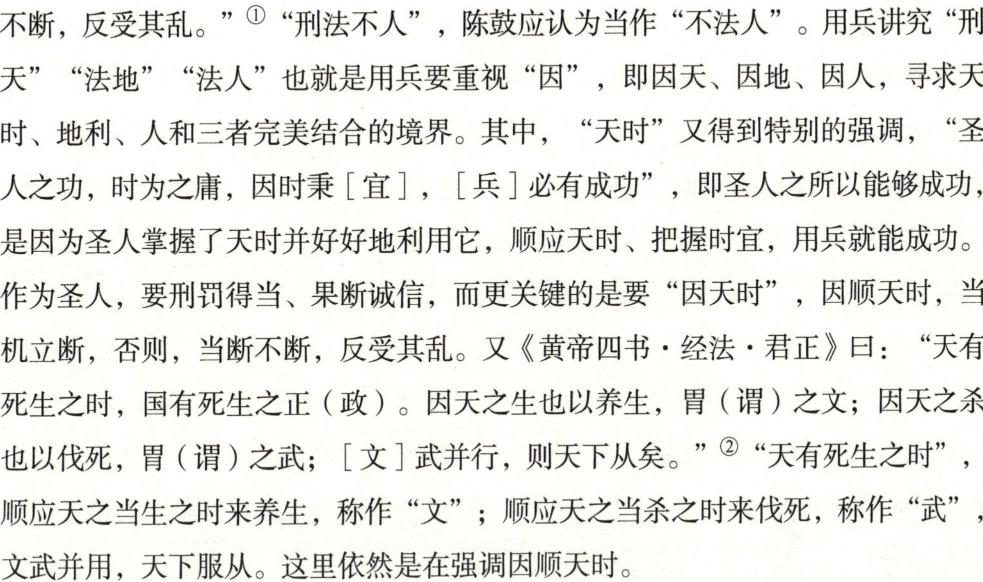

不断，反受其乱。”[①]“刑法不人”，陈鼓应认为当作“不法人”。用兵讲究“刑天”“法地”“法人”也就是用兵要重视“因”，即因天、因地、因人，寻求天时、地利、人和三者完美结合的境界。其中，“天时”又得到特别的强调，“圣人之功，时为之庸，因时秉［宜］，［兵］必有成功”，即圣人之所以能够成功，是因为圣人掌握了天时并好好地利用它，顺应天时、把握时宜，用兵就能成功。作为圣人，要刑罚得当、果断诚信，而更关键的是要“因天时”，因顺天时，当机立断，否则，当断不断，反受其乱。又《黄帝四书·经法·君正》曰：“天有死生之时，国有死生之正（政）。因天之生也以养生，胃（谓）之文；因天之杀也以伐死，胃（谓）之武；［文］武并行，则天下从矣。”[②]“天有死生之时”，顺应天之当生之时来养生，称作“文”；顺应天之当杀之时来伐死，称作“武”，文武并用，天下服从。这里依然是在强调因顺天时。

二、稷下道家的贵因思想

稷下道家进一步发展了“因”思想。“《管子》四篇”（即《内业》《心术上》《心术下》《白心》）被认为是稷下道家的著作，代表了稷下道家的思想。《管子·心术上》曰：“无为之道，因也。因也者，无益无损也。以其形，因为之名，此因之术也。”又曰：“其应，非所设也。其动，非所取也。此言因也。因也者，舍己而以物为法者也。感而后应，非所设也。缘理而动，非所取也。过在自用，罪在变化。自用则不虚，不虚则仵于物矣。变化则为生，为生则乱矣。故道贵因。因者，因其能者，言所用也。君子之处也，若无知，言至虚也。其应物也，若偶之，言时适也。若影之象形，响之应声也。故物至则应，过则舍矣。舍矣者，言复所于虚也。”[③]何谓“因”？“因也者，无益无损也”，即不刻意人为地增益或减

① 陈鼓应注释：《黄帝四经今注今译——马王堆汉墓出土帛书》，商务印书馆2007年版，第280页。

② 陈鼓应注释：《黄帝四经今注今译——马王堆汉墓出土帛书》，商务印书馆2007年版，第65页。

③ 黎翔凤：《管子校注》，中华书局2004年版，第771、776页。

损来改变，是为“因”；“因也者，舍己而以物为法者也”，即不偏执于一己之见而随顺外物来行动，是为“因”。处理事情，“感而后应”并不是预先设计好的；举止动作，“缘理而动”并不是有所谋求索取的，这描述的就是“因”。稷下道家“贵因”，刚愎自用就会自满而不虚心，就会违背事物的情理；主观妄为就会产生虚伪，就会陷入混乱的境地，所以，稷下道家提出“道贵因”的观点，也就是因顺事物之所能而用之，不自用、不强为，也就是所谓的“无为之道，因也”。

稷下道家“贵因”，在此基础上又进一步提出了“静因之道”。《管子·心术上》曰：“人之可杀，以其恶死也。其可不利，以其好利也。是以君子不怵乎好，不迫乎恶。恬愉无为，去智与故。其应也，非所设也。其动也，非所取也。过在自用，罪在变化。是故有道之君，其处也若无知，其应物也若偶之，静因之道也。”[①]什么是“静因之道”？“其处也若无知，其应物也若偶之，静因之道也”，即处世保持无知至虚的状态，应物则契合自然之道，这就是“静因之道”。“静因之道”的关键是“因”：“其应也，非所设也。其动也，非所取也”，因也；“恬愉无为，去智与故”，因也。

稷下学士慎到也提倡“因”。慎到兼具道家、法家双重身份，《史记·孟子荀卿列传》曰：“（慎到）学黄老道德之术。”[②]唐杨倞注《荀子·解蔽》曰：“慎子本黄、老，归刑名。”[③]《管子》四篇，蒙文通先生认为《心术》上下、《内业》“义合于慎到，实《管书》之有取于慎子”[④]。裘锡圭先生指出：“《管子》里的《心术上》和《白心》，近人多认为是稷下学士中宋钘、尹文一派的著作。其实，这两篇都是道法家的作品，很可能就出于稷下学士中的慎到、田骈一派之手。”[⑤]李学勤先生从楚简《慎子曰恭俭》中寻找材料进一步论证了《管子》四篇是慎到、

---

① 黎翔凤：《管子校注》，中华书局 2004 年版，第 764 页。

② 司马迁：《史记》，中华书局 1959 年版，第 2347 页。

③ 王先谦：《荀子集解》，中华书局 1988 年版，第 392 页。

④ 蒙文通：《杨朱学派考》，见蒙文通《蒙文通文集》第一卷《古学甄微》，巴蜀书社 1987 年版，第 252 页。

⑤ 裘锡圭：《马王堆〈老子〉甲乙本卷前后佚书与“道法家”——兼论〈心术上〉〈白心〉为慎到田骈学派作品》，《古代文史研究新探》，江苏古籍出版社 1992 年版，第 567 页。

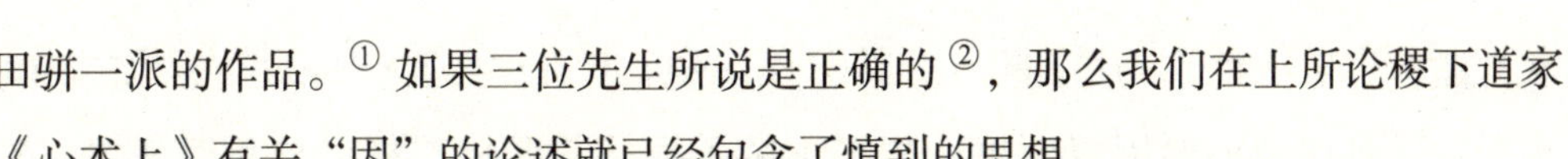

田骈一派的作品。[①] 如果三位先生所说是正确的[②]，那么我们在上所论稷下道家《心术上》有关“因”的论述就已经包含了慎到的思想。

慎到的著作，《史记·孟子荀卿列传》曰：“慎到著十二论。”[③]《汉书·艺文志》著录：“《慎子》四十二篇。”[④] 今传清代钱熙祚辑校本最为可信。《慎子》有《因循》篇讲“因”的问题。《慎子·因循》曰：“天道因则大，化则细。因也者，因人之情也。人莫不自为也，化而使之为我，则莫可得而用矣。是故先王见不受禄者不臣，禄不厚者，不与入难。人不得其所以自为也，则上不取用焉。故用人之自为，不用人之为我，则莫不可得而用矣。此之谓因。”[⑤] 慎到讲究“因”，指出天道能“因”则广大，人为地改变则细小。在用人方面，慎到指出“因也者，因人之情也”。慎到认为人都有为己的本性，人为己是人之常情，在用人方面就要利用人为己的这一性情特点来用人。因循人的性情来用人，天底下就没有不可以用的人。这就是慎到所谓的“因”。又申不害也讲“因”，《申子·大体》曰：“凡因之道，身与公无事，无事而天下自极也。”[⑥]《史记·老子申韩列传》曰“申子之学本于黄老而主刑名”[⑦]，与慎到相似，故附于此。

三、法家的贵因思想

法家韩非也讲“因”。法家从道家出，司马迁《史记·老子韩非列传》将

① 李学勤：《谈楚简〈慎子〉》，《中国文化》2007 年第 2 期。

② 郭沫若先生《宋钘尹文遗著考》一文则指出：“《心术》和《内业》两篇，毫无疑问是宋钘尹文一派的遗著。”（郭沫若：《青铜时代》，科学出版社 1957 年版，第 263 页。）然而，张岱年先生的《管子的〈心术〉等篇非宋尹著作考》一文又反驳了郭沫若先生的观点。（张岱年：《管子的〈心术〉等篇非宋尹著作考》，见陈鼓应主编《道家文化研究》第 2 辑，上海古籍出版社 1992 年版，第 320 ~ 325 页。）

③ 司马迁：《史记》，中华书局 1959 年版，第 2347 页。

④ 班固：《汉书》，中华书局 1962 年版，第 1735 页。

⑤ 慎到撰，钱熙祚校：《慎子》，《丛书集成初编》本，商务印书馆 1939 年版，第 4 页。

⑥ 《群书治要》卷三六引，《丛书集成初编》本，商务印书馆 1936 年版，第 630 页。

⑦ 司马迁：《史记》，中华书局 1959 年版，第 2146 页。

申不害、韩非与老子、庄子同传有其深意。《韩非子·主道》[①]曰："明君之道，使智者尽其虑，而君因以断事，故君不穷于智；贤者敕其材，君因而任之，故君不穷于能；有功则君有其贤，有过则臣任其罪，故君不穷于名。是故不贤而为贤者师，不智而为智者正。臣有其劳，君有其成功，此之谓贤主之经也。"[②]《主道》认为"君"贵"因"，"君"要"因"智者之虑"以断事"，"因"贤者之才"而任之"。申不害《申子》有《大体篇》，《韩非子》也有《大体篇》，《申子·大体》讲"因"，《韩非子·大体》[③]也讲"因"："古之牧天下者，不使匠石极巧以败太山之体，不使贲育尽威以伤万民之性。因道全法，君子乐而大奸止；澹然闲静，因天命，持大体。故使人无离法之罪，鱼无失水之祸。如此，故天下少不可。"[④]司马迁《史记·老子韩非列传》评价韩非曰："喜刑名法术之学，而其归本于黄老。"[⑤]韩非本于黄老思想，也主张"守成理，因自然"[⑥]，认为治理天下者不应该"使匠石极巧以败太山之体"，"使贲育尽威以伤万民之性"，而应该"因道全法"，"因天命，持大体"。韩非也讲"因"，只是韩非的"因"较多地和"法"有联系。

四、《吕氏春秋》的贵因思想

《吕氏春秋·应同》曰："黄帝曰：'芒芒昧昧，因天之威，与元同气。'"[⑦]

---

① 马世年先生考证认为《韩非子》中的《主道篇》是韩非所作。（马世年：《〈韩非子〉真伪表》，《〈韩非子〉的成书及其文学研究》，西北师范大学2005年博士学位论文，第64～65页。）我们从此说。

② 王先慎：《韩非子集解》，中华书局1998年版，第27～28页。

③ 马世年先生考证认为《韩非子》中的《大体篇》是韩非所作。（马世年：《〈韩非子〉真伪表》，《〈韩非子〉的成书及其文学研究》，西北师范大学2005年博士学位论文，第64～65页。）我们从此说。

④ 王先慎：《韩非子集解》，中华书局1998年版，第210页。

⑤ 司马迁：《史记》，中华书局1959年版，第2146页。

⑥ 《韩非子·大体》，《韩非子集解》，中华书局1998年版，第209～210页。

⑦ 陈奇猷校释：《吕氏春秋新校释》，上海古籍出版社2002年版，第683页。

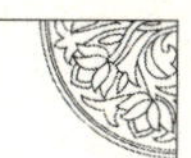

威：则，法则。[①]"因天之威"，即因循天的法则，在此《吕氏春秋》直接把"因"思想的根源追溯至黄帝。

《吕氏春秋·执一》曰："田骈以道术说齐。齐王应之曰：'寡人所有者齐国也，愿闻齐国之政。'田骈对曰：'臣之言，无政而可以得政。譬之若林木，无材而可以得材。愿王之自取齐国之政也。骈犹浅言之也，博言之，岂独齐国之政哉？变化应来而皆有章，因性任物而莫不宜当，彭祖以寿，三代以昌，五帝以昭，神农以鸿。'"[②]田骈是稷下学士，和慎到时间相当。与慎到一样，田骈也讲究"因"，认为应对变化要遵循客观规律，能够做到"因性任物"，就会事事恰当。上述稷下道家著作《管子·心术上》提出"贵因""静因之道"的观点。蒙文通、裘锡圭、李学勤三位先生认为《心术》等《管子》四篇是慎到、田骈一派的著作。从重"因"这方面说，《吕氏春秋》在此又为三位先生的观点提供一证。

（一）"因者，君术也；为者，臣道也"

在治理国家上，《吕氏春秋》认为"因"是君主的治国之术，《吕氏春秋·知度》曰："人主自智而愚人，自巧而拙人，若此则愚拙者请矣，巧智者诏矣。诏多则请者愈多矣，请者愈多，且无不请也。主虽巧智，未无不知也。以未无不知，应无不请，其道固穷。为人主而数穷于其下，将何以君人乎？穷而不知其穷，其患又将反以自多，是之谓重塞之主，无存国矣。故有道之主，因而不为，责而不诏，去想去意，静虚以待，不伐之言，不夺之事，督名审实，官使自司，以不知为道，以奈何为实。"[③]君主自智、自巧存在诸多弊病，君主自智、自巧，愚拙之臣就会事事请示于君主，君主即使真的灵巧睿智，也不可能事事皆通，最终将导致治术穷尽、国家灭亡的后果。所以，《吕氏春秋》主张君主"因而不为"，也就是"要求臣子做事有成效，自己却不发布指示。去掉想象，去掉猜度，清静地等待时机。不代替臣子讲话，不抢夺臣子的事情做。审察名分和实际，官府之事让臣子自己

---

① 张双棣、张万彬、殷国光、陈涛译注：《吕氏春秋译注》，吉林文史出版社1993年版，第352页。

② 陈奇猷校释：《吕氏春秋新校释》，上海古籍出版社2002年版，第1144页。

③ 陈奇猷校释：《吕氏春秋新校释》，上海古籍出版社2002年版，第1103页。

管理。以不求知为根本，把询问臣子怎么办作为宝物”[①]。

又《吕氏春秋·任数》曰：“申不害闻之，曰：‘何以知其聋？以其耳之聪也。何以知其盲？以其目之明也。何以知其狂？以其言之当也。故曰去听无以闻则聪，去视无以见则明，去智无以知则公。去三者不任则治，三者任则乱。’以此言耳目心智之不足恃也。耳目心智，其所以知识甚阙，其所以闻见甚浅。以浅阙博居天下、安殊俗、治万民，其说固不行。……故至智弃智，至仁忘仁，至德不德。无言无思，静以待时，时至而应，心暇者胜。凡应之理，清净公素，而正始卒；焉此治纪，无唱有和，无先有随。古之王者，其所为少，其所因多。因者，君术也；为者，臣道也。为则扰矣，因则静矣。因冬为寒，因夏为暑，君奚事哉？故曰君道无知无为，而贤于有知有为，则得之矣。”[②] 据上所论，我们知道申不害也讲究“因”，《申子·大体》有言：“凡因之道，身与公无事，无事而天下自极也。”[③]《吕氏春秋》所载申不害主张去听、去视、去智，“去三者不任则治”的思想与其所讲“因之道”一致。

《吕氏春秋》对申不害之言进行了发挥，提出“因者，君术也；为者，臣道也”的观点。《吕氏春秋》指出古代圣王“所为少，所因多”，认为君主应该舍弃智慧、忘掉仁义、不要道德、无言无思，清静地等待时机，时机到了再采取行动，采取行动要遵循清静无为、公正朴素、“多因少为”的原则。君主亲自做事情就会烦扰不堪，善于因循就会和谐清静，所以《吕氏春秋》说“君道无知无为，而贤于有知有为”。

我们认为“因者，君术也；为者，臣道也”的观点是《吕氏春秋》首先提出来的，但是，也有人认为这句话是申不害的话。蒙文通先生说：“《治要》引《申子》言：‘鼓不与于五音，而为五音主；有道者不为五官之事，而为治主。君知其道也，臣知其事也。十言十当、百为百当者，人臣之事也，非君人之道也。’

---

① 张双棣、张万彬、殷国光、陈涛译注：《吕氏春秋译注》，吉林文史出版社1993年版，第578页。

② 陈奇猷校释：《吕氏春秋新校释》，上海古籍出版社2002年版，第1075～1076页。

③ 《群书治要》卷三六引，《丛书集成初编》本，商务印书馆1936年版，第630页。

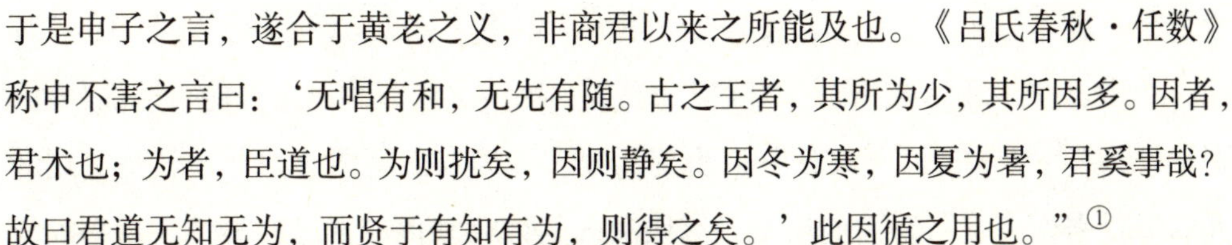

于是申子之言，遂合于黄老之义，非商君以来之所能及也。《吕氏春秋·任数》称申不害之言曰：'无唱有和，无先有随。古之王者，其所为少，其所因多。因者，君术也；为者，臣道也。为则扰矣，因则静矣。因冬为寒，因夏为暑，君奚事哉？故曰君道无知无为，而贤于有知有为，则得之矣。'此因循之用也。"[①]

虽然"因者，君术也；为者，臣道也"与《申子·大体》所言"君知其道也，臣知其事也"的意思有些相近，但是，我们认为"因者，君术也；为者，臣道也"的观点是《吕氏春秋》提出来的，是对申不害的思想发展的结果，不是《吕氏春秋》对申不害语言的直接引用。首先，没有古代文献指出"因者，君术也；为者，臣道也"这句话是出自《申子》或者是申不害所说。其次，《吕氏春秋》引申不害的语言到"三者任则乱"为止，"以此言耳目心智之不足恃也"一句是《吕氏春秋》对申不害的语言所做的小结，以下则是《吕氏春秋》自己的发挥，是《吕氏春秋》自己的语言。最后，《吕氏春秋集释》《吕氏春秋新校释》《吕氏春秋注疏》《吕氏春秋译注》等几部重要的《吕氏春秋》整理本皆认为申不害的语言只是从"何以知其聋"至"三者任则乱"一段[②]，根本不包括蒙文通所引"因者，君术也；为者，臣道也"部分。

"因者，君术也；为者，臣道也"，君主清静无为，臣子勤政有为，其实说的是一种分工。这一观点被安置在《吕氏春秋·审分览》就昭示了它是与"审分"思想紧密联系在一起的。这一观点就是黄老学派的"贵因"思想与法家"审分"思想相结合的产物。在"职分"确定以后，君主要做的是因循自然、无为而治，臣子要做的是尽职尽责、勤政有为。

（二）贵　因

稷下道家著作《管子·心术上》提出"道贵因"的观点[③]，《吕氏春秋》继

---

① 蒙文通：《法家流变考》，见蒙文通《蒙文通文集》第一卷《古学甄微》，巴蜀书社 1987 年版，第 291 ~ 292 页。

② 许维遹：《吕氏春秋集释》，中华书局 2009 年版，第 446 页；王利器：《吕氏春秋注疏》，巴蜀书社 2002 年版，第 1988 页；张双棣、张万彬、殷国光、陈涛译注：《吕氏春秋译注》，吉林文史出版社 1993 年版，第 559 页。

③ 黎翔凤：《管子校注》，中华书局 2004 年版，第 776 页。

承了这一观点，并进一步丰富发展了“贵因”思想。《吕氏春秋·决胜》曰：“凡兵，贵其因也。因也者，因敌之险以为己固，因敌之谋以为己事。能审因而加胜，则不可穷矣。”[①]《吕氏春秋》认为用兵要“贵因”，所谓“因”，就是利用敌人的险要来作为自己坚固的堡垒，利用敌人的谋略来促成自己的事情。用兵如果能做到“贵因”“申因”，就不会打败仗了。

《吕氏春秋》有《贵因》篇专讲“贵因”思想。《贵因》曰：“三代所宝莫如因，因则无敌。禹通三江、五湖，决伊阙，沟回陆，注之东海，因水之力也。舜一徙成邑，再徙成都，三徙成国，而尧授之禅位，因人之心也。汤、武以千乘制夏、商，因民之欲也。如秦者立而至，有车也；适越者坐而至，有舟也。秦、越，远涂也，竫立安坐而至者，因其械也。”[②]《慎子遗文》曰：“行海者，坐而至越，有舟也。行陆者，立而至秦，有车也。秦、越，远途也，安坐而至者械也。”[③]据此知《吕氏春秋》的“贵因”思想当对慎子的“因循”思想（《慎子·因循篇》）有所继承，《贵因》篇的撰写当对《慎子》一书有所参考。

《吕氏春秋》重视“因”，认为“因则无敌”，大禹治水，疏通三江五湖，凿开伊阙山使水流入东海，是因顺了水的力量；舜迁徙三次就形成了国家，尧把帝位禅让给他，是因顺了民心；汤、武以千乘之国战胜了夏、商，是因顺了人民的愿望；安静地站着、坐着就可以到达遥远的秦国和越国，是凭借了车、船等交通工具。尧、舜、禹会成功，全都是“因”在起作用，所以，《吕氏春秋》指出“三代所宝莫如因”，认为“因”是三代的至宝。

然而，《吕氏春秋》的“因”在内涵上较黄老学派又有所变化，被赋予了新的内容。《贵因》曰：“夫审天　者，察列星而知四时，因也。推历者，视月行而知晦朔，因也。禹之裸国，裸入衣出，因也。墨子见荆王，锦衣吹笙，因也。孔子道弥子瑕见釐夫人，因也。汤、武遭乱世，临苦民，扬其义，成其功，因也。

---

① 陈奇猷校释：《吕氏春秋新校释》，上海古籍出版社2002年版，第458页。

② 陈奇猷校释：《吕氏春秋新校释》，上海古籍出版社2002年版，第933～934页。

③ 慎到撰，钱熙祚校：《慎子》，《丛书集成初编》本，商务印书馆1939年版，第9页。

故因则功，专则拙。因者无敌。国虽大，民虽众，何益？"[①] 在此，审天者、推历者、禹、墨子、孔子都有一个预设的目的在那里，都是为了实现预期的目标而“因”。禹要进入裸国，就裸体进去，出来再穿衣服，《吕氏春秋》说这就是“因”；墨子本来尚俭非乐，为了迎合楚王的爱好就锦衣吹笙地去见楚王，《吕氏春秋》说这就是“因”；孔子为了拜见釐夫人就交接卫灵公的宠臣弥子瑕，《吕氏春秋》说这就是“因”。

在此，《吕氏春秋》所说的“因”的内涵发生了变化。黄老学派的“因”是没有预谋、没有索取的因循，《黄帝四经·称》曰“圣人不为始，不专己，不豫谋，不为得，不辞福，因天之则”[②]，《管子·心术上》曰“其应，非所设也。其动，非所取也。此言因也”[③]。《吕氏春秋》的“因”则是有预谋、有索取的因循，是为了达到目的的因循，甚至是为达目的不择手段、违背本心的因循，“因”被赋予了新的内涵，带上了强烈的功利性色彩。《管子·心术上》曰：“无为之道，因也。”[④] 黄老学派的“因”是“无为之道”，“无为”通过“因”实现“有为”，通过因循天道自然来达到“有为”。如果说黄老学派的“因”偏重对自然规律的遵循的话，那么《吕氏春秋》的“因”则又增加了对工具手段的运用。

（三）因强调“因时”而提倡“首时”

“时”是“因”的一个重要内容，“因时”，即顺应时机而动，是黄老学派的重要思想。《吕氏春秋》也强调“因时”，《吕氏春秋·仲秋》曰“凡举事无逆天数，必顺其时，乃因其类”[⑤]，《吕氏春秋·不广》曰“智者之举事必因时”[⑥]，《吕氏春秋·召类》曰“圣人不能为时，而能以事适时。事适于时者其功大”[⑦]。

---

① 陈奇猷校释：《吕氏春秋新校释》，上海古籍出版社 2002 年版，第 935 页。

② 陈鼓应注释：《黄帝四经今注今译：马王堆汉墓出土帛书》，商务印书馆 2007 年版，第 348 页。

③ 黎翔凤：《管子校注》，中华书局 2004 年版，第 776 页。

④ 黎翔凤：《管子校注》，中华书局 2004 年版，第 771 页。

⑤ 陈奇猷校释：《吕氏春秋新校释》，上海古籍出版社 2002 年版，第 427 页。

⑥ 陈奇猷校释：《吕氏春秋新校释》，上海古籍出版社 2002 年版，第 925 页。

⑦ 陈奇猷校释：《吕氏春秋新校释》，上海古籍出版社 2002 年版，第 1369 页。

由于对“因时”思想的强调，《吕氏春秋》有《首时》篇和《审时》篇专门探讨了“时”的问题。《首时》曰：“有汤武之贤而无桀纣之时不成，有桀纣之时而无汤武之贤亦不成。圣人之见时，若步之与影不可离。故有道之士未遇时，隐匿分窜，勤以待时。时至，有从布衣而为天子者，有从千乘而得天下者，有从卑贱而佐三王者，有从匹夫而报万乘者，故圣人之所贵唯时也。水冻方固，后稷不种，后稷之种必待春，故人虽智而不遇时无功。方叶之茂美，终日采之而不知，秋霜既下，众林皆羸。事之难易，不在小大，务在知时。”①《首时》篇强调了时机的重要，圣人和时机的关系就好像身与影一样紧密联系不可分割。时机没来的时候，有道之士就藏匿起来，勤苦准备，等待时机的到来；时机一旦到来，有道之士就顺应时机来促成自己的功业：有的从一介布衣而成为天子，有的从千乘的诸侯而得到天下，有的从卑微的贱民而成为三王的辅佐之臣，有的从普通民众而成为能向万乘之主报仇的英雄。这都得益于“因时”，即顺应时机而为之，所以，《吕氏春秋》指出“圣人之所贵唯时也”，“事之难易，不在小大，务在知时”。

“水冻方固，后稷不种，后稷之种必待春”说的是种植农作物也要掌握好适当的时机，也就是“农时”。《审时》篇主要讲的就是审察农时并顺应农时来耕作的道理。

“有汤武之贤而无桀纣之时不成，有桀纣之时而无汤武之贤亦不成”说的是“时”与“人”的结合。虽然说“时”是第一位的，但也不能完全不考虑“人”的因素，也应该“慎人”。《吕氏春秋》追求的是“时”与“人”的完美结合，《吕氏春秋·慎人》曰：“功名大立，天也；为是故，因不慎其人不可。夫舜遇尧，天也；舜耕于历山，陶于河滨，钓于雷泽，天下说之，秀士从之，人也。夫禹遇舜，天也；禹周于天下，以求贤者，事利黔首，水潦川泽之湛滞壅塞可通者，禹尽为之，人也。夫汤遇桀，武遇纣，天也；汤武修身积善为义，以忧苦于民，人也。舜之耕渔，其贤不肖与为天子同。其未遇时也，以其徒属，堀地财，取水利，编蒲苇，结罘网，手足胼胝不居，然后免于冻馁之患。其遇时也，登为天子，贤士归之，万民誉之，丈夫女子，振振殷殷，无不戴说。舜自为诗曰‘普天之下，

---

① 陈奇猷校释：《吕氏春秋新校释》，上海古籍出版社2002年版，第773页。

莫非王土，率土之滨，莫非王臣’，所以见尽有之也。尽有之，贤非加也；尽无之，贤非损也；时使然也。”[①] 赫赫功业的建立靠的是天时，因此，不慎重地考虑人为努力也是不行的。舜、禹、汤、武的成功源自天时和人为的结合：舜遇尧、禹遇舜、汤遇桀、武遇纣，这是天时；舜耕种、制陶、钓鱼，禹求贤者、利黔首、通沟渠，汤武积善为义、忧苦于民，这是人为。

郭店楚简有《穷达以时》篇[②]，曰：“有天有人，天人有分。察天人之分，而知所行矣。有其人，亡其世，虽贤弗行矣。苟有其世，何难之有哉？”《穷达以时》也讲“天时”和“人为”，认为天时和人为是并存的，都不可舍弃，但是，二者之中最重要还是“天时”，指出“有其人，亡其世，虽贤弗行矣。苟有其世，何难之有哉？”[③]《穷达以时》题目本身就揭示了其对“天时”的重视。

天时、人为二者之中，《吕氏春秋》也认为天时更重要。舜在耕种和捕鱼的时候与当天子的时候，舜本身的贤与不肖情况是一样的，也就是说人为的能力基本是不变的。在人为一定的情况下，天时就显得尤为重要了，所以，《吕氏春秋》说“尽有之，贤非加也；尽无之，贤非损也；时使然也”。

---

① 陈奇猷校释：《吕氏春秋新校释》，上海古籍出版社 2002 年版，第 809 页。

② 李学勤、裘锡圭、李伯谦、彭浩、刘祖信等先生一致认为“郭店一号墓约下葬于公元前四世纪末期”。王博：《美国达慕思大学郭店〈老子〉国际学术讨论会纪要》，见《道家文化研究》第 17 辑，生活 · 读书 · 新知三联书店 1999 年版，第 2 页。

③ 李零:《郭店楚简校读记》(增订本)，中国人民大学出版社 2007 年版，第 111 页。

南吴、南唐出土买地木券辑考*

李明晓

摘　要： 买地券的材质与地域的关系是学者较少关注的问题。论文首先对散见的南吴、南唐出土的买地木券作简要校释，然后从历时层面分析同一材质的买地券，从地域分布分析不同材质的买地券，最后论述南吴、南唐买地券的地域特征。

关键词： 南吴；南唐；买地券；木质

作　者： 李明晓（1976—），山东省沂南县人，西南大学汉语言文献研究所、出土文献研究中心副研究员。

买地券作为一种虚拟的冥世土地契约，其材质有石质、砖质、铁质、铜质、木质、纸质等，其中石质、砖质最为常见，而木质买地券出土较少，但从其地域分布来看木质买地券有着较强的规律性。

南宋周密《癸辛杂识·别集》卷下"买地券"条曾指出："今人造墓，必用买地券，以梓木为之，朱书云：'用钱九万九千九百九十九文，买到某地'云云。

* 本文系中央高校基本科研业务专项基金项目"出土魏晋南北朝法律文献校注"（项目编号：SWU1509405）成果。

此村巫风俗如此，殊为可笑。”[①] 从中可以推测当时使用木质买地券非常流行。但由于木质买地券容易腐朽能够保留下来的非常少。

学者往往注重买地券格式与内容的考察，而忽视对材质、形制等问题的解析。

因此，笔者将重点考察目前出土的10方南吴、南唐时期的木质买地券，这些买地券散见于不同的发掘报告，使用不方便，因此本文首先集中对买地券进行简要校释，然后结合其材质分析其历时发展与地域特征。

一、买地券释文辑校

1. 吴武义元年（919）随氏娘子买地券

2000年2—3月，湖北省武汉武昌区蛇山南麓湖北剧场1号墓出土一方木质买地券，墨书20行。[②]

维唐武义元年，岁次己卯十一月乙丑朔四日戊辰鄂州江夏县右茶/□□□□都殁故亡人随氏娘子，厝神永远，当归蒿里。告丘承（丞）墓/伯、蒿里父老、土下二千石、安都丞相、武夷王。今有殁故亡人随氏娘/子，宜于鄂州江夏县古茶园巷东龙尾山岗南脚安厝。谨/用银钱九万九千九百九十九贯九百九十九文九分九厘，并随五彩/绢、醮礼□，买此地东西北三顷之地。其地：/东至甲乙青龙，南至丙丁朱雀，西至庚辛白虎，北至壬癸玄武，/上至皇天，下至黄泉。东合麒麟，西合彰光，南合凤凰，北合玉堂。/东无人□，西无人护，南无人占，北无人认。青龙居左，白虎居/右，朱雀仵翼顿□，玄武逴在墓后。左有连岗远树，后/有顿来之山，安立冢墓，得千年。永是殁故亡人随氏娘子/长居之处，无人剥夺。周葬之时，买地券分明。见人张坚固；/保人李定度，更无人误。安厝已后，永保吉昌。掘土三寸，不/犯土公。掘土三尺，不犯土伯。掘土三丈，不犯土长。上无朱雀之巢，/下无石涝之泉。永是殁亡人随氏娘子□□□之宅，□□武义/

① 周密撰，吴企明点校：《癸辛杂识》，中华书局1988年版，第277页。

② 黄凤春：《湖北剧场扩建工程中的墓葬和遗迹清理简报》，《江汉考古》2000年第4期。

元年资装粮物，邪精旡烝，不剥□□，不可夺□，□□□/□□伯使者理罪。急急如女青诏书律令。/若有神来寻问者：/谁谓作？天上鹤。谁谓书？水中鱼。谁谓读？山中鹿。/□□□□□，鹿上高山，鱼入深泉。急急如再书律令。/

此券中“仵翼顿□”“不剥□□”释读可疑，因未见图版，暂仍原释。

2. 吴乾贞二年（928）王府君买地券

1996年8月，湖北省武昌阅马场武昌路轴辎重营街4–6号五代墓（96WYM1、M2）各出木质买地券一方，均为墨书。其中王府君买地券（M1：1），额题“买地券”[①]，另一方王府君之妻买地券，模糊不清。

唯大吴乾贞二年岁次戊子七月甲辰朔卅/日甲子，鄂州江夏县立直队十将王府君命禄/早终，今还蒿里，宜右头陀山南厕（侧）山岗/安厝。谨用银钱九万九千九百九十九贯九/百九十九文九分九厘，并关礼等，买此地东西南北三顷之地。其地/东至甲乙青龙，南至丙丁朱雀，西至庚/辛白虎，北至壬癸玄武，上至黄天，下至黄/泉。东合麒麟，西合彰光，南合凤凰，北合/玉堂。右有连岗远树，后有顿莱（来）之/山，安立冢墓，得千年。永是亡人王府/君长居之处，无人剥夺。周葬之时，买/地券分明。见人张坚固，保人李定度，/更无错误。掘土三寸，不犯土公。掘土三尺，/不犯土伯。掘土三丈，不犯土长。急急如/女青诏书律令。/若有神来寻问者，/谁谓书？水中鱼。谁谓读？山头鹿。/但云鹿上高山、鹿上高山。/更急急如再书律令。/

券文中的“立直”，原报告、冻国栋先生均释作“立直”[②]。而鲁西奇先生指出：“兹细辨此二字，或当为‘长直’之误。‘长直’，意即‘常值’，可能是常设的民兵武装。”此说相对顺畅，然文意还有待进一步研究。“右有”之“右”，原报告释作“右”。冻国栋先生指出：此“右”应为“前”，与后句之“后”相对应。鲁西奇先生则释作“或前”。而从武义元年随氏娘子买地券有“左有连岗远□，后有顿来之山”，可证“右”字无误。“葬”字，原报告释作“𡍤（茔）”，

① 武汉市博物馆：《阅马场五代吴国墓》，《江汉考古》1998年第3期。

② 冻国栋：《跋武昌阅马场五代吴墓所出之“买地券”》，《魏晋南北朝隋唐史资料》第21辑，武汉大学出版社2004年版，第256～268页。下引冻国栋先生观点均出自此文。

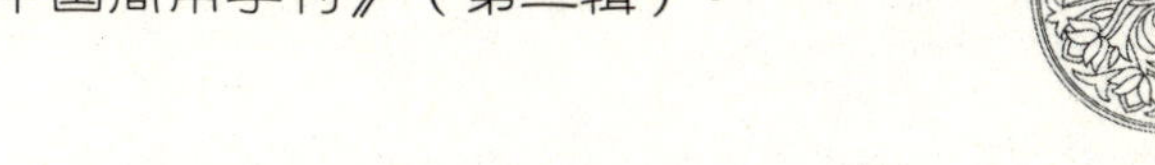

冻国栋先生、鲁西奇先生均释作"茔"。[①] 根据此字字形并结合武义元年随氏娘子买地券来看，应是"葬"字。

3. 吴大和三年（931）李赞买地券

2004年4月，安徽省合肥政务新区工地五代墓中出土一方木板质买地券。正面墨书20行，背面墨书"合同"3处6字，仿骑缝图章状。[②]

> 维大和三年岁次辛卯七月丙戌朔廿四日己酉，南瞻（赡）部州/大吴国庐州都督府合肥县永宁乡□直都营殁故渭州/陇郡李武善君赞，寿年八十一，辛未生，不幸于七月十六日，/为佛采花，隔天露雾，游荒于□□，不还。因命兹终券。生居城邑，/死安宅兆。生时未有葬地，死后买于府城西□□□一□□/之内，安厝宅兆。/殁故陇西郡府君昔时在日，就东王公、西王母买得此地，已年/□□□□□□□□永作坟茔。谨用钱□□□□，/财地交付讫，约立此□券。□□□有日月之□使□□地，/久久之后，使无人夺□。土下二千石、□□□□□□□□□□□□/□□□□相扰夺，□□□□□□□□□□□张坚故、/李定度、苍林君等处，不□□人□吊。证见人东方朔。/天知地见，三光七曜、廿八宿，保佑福主。东合麟麟，南合凤凰，/西合章光，北合玉堂，上合吉晨，下合福□。合四时，顺五行，东/不犯魁，西不犯罡，南不侵阴，北不侵阳。前得功曹，后送/径路，通到明堂，□□大会。不相□利，日吉安殡。阳□/无病，阴□无□，出入行藏，常乐吉庆。合千秋而永/吉，保万岁而平安。□□□谁人书？保永□□。谁人/读？山中虎。虎入山无还，鱼入水而无回。□券□。急急/如五方五帝使者女青诏书律令。

此券原报告释文讹误较多，蔡子鹤先生已有校正，多可信从。[③] 唯"保永□□"释作"水中鱼"，尽管文意通，但图版依稀可见"保"字，故暂从原释。

---

① 上引鲁西奇先生观点均出自鲁西奇：《中国古代买地券研究》，厦门大学出版社2014年版，第216～218页。

② 汪炜、赵生泉、史瑞英：《安徽合肥出土的买地券述略》，《文物春秋》2005年第3期。

③ 蔡子鹤：《汉至唐宋买地券语言研究》，西南大学2009年硕士学位论文，第18～19页。

这可能是书手抄写有误造成的。另外，此券文中出现“为佛采花”，可见佛教对民间丧葬的深入影响。

4. 吴大和六年（934）汲府君买地券

2005年4月，安徽省合肥政务新区工地五代墓中出土一方木板质买地券，墨书，出土时已断为两块。正面墨书15行，背面正中墨书“合同”二字。

维南瞻（赡）部州大吴国庐州合肥县永宁乡右厢武德/坊殁故亡人汲府军（君），不幸于大和六年岁次甲午九/月戊戌朔十六癸日身以亡殁。券。生时未有葬地，殁后/宜于县城西南去城十五里琮姓坊村之原安厝宅/地，□□用金银钱万万九阡（千）九佰九十九贯文，兼用五彩/绵□□丝纫缯、鸡谷豆鱼及鸡子，就土府将军买/得□□之堽（冈），以作墓园一所。东至甲乙青龙，西至庚辛/白虎，南至丙丁朱雀，北至壬癸玄武。内方勾陈，分/掌四域。丘□□□□□，道路将军，齐整阡陌，千秋/万岁，□□宅□，□有人辄忏。今以将军姓（牲）牢酒/饭，百味香新，共为信契，财地交主。修营（茔）安厝亡/□□□。知见人：岁月主者。保人：今日直符。故气/邪精，先有居者，永避万里。若为（违）此契，地府主/吏，自当其祸。□□□□，存亡安吉。急急如五帝/使者女青诏书律令敕。/

此券中，“券”，汪炜、赵生泉、史瑞英先生未释，鲁西奇先生以缺字符号标示。“彩”，汪炜、赵生泉、史瑞英先生、鲁西奇先生释作“彩”，有误。“亡”，汪炜、赵生泉、史瑞英先生释作“亡”。蔡子鹤先生、鲁西奇先生释作“之”。从图版看此处是“亡”。“知见人：岁月主者”，汪炜、赵生泉、史瑞英先生释作“□□，今用月主者”。鲁西奇先生释作“□。□□：岁月主者”。蔡子鹤先生释作“见人岁月主者”。“存亡安吉”，汪炜、赵生泉、史瑞英先生释作“仍云安吉”，鲁西奇先生释作“□云安吉”，均有误。

5. 吴天祚三年（937）赵氏娘子买地券

1991年7月，安徽省合肥市绩溪路省外贸宿舍工地五代墓出土一方木板质买地券。正面墨书14行。背面墨书3处“合同”字样，仿骑缝图章状。

维天祚三年岁次丁酉正月甲寅朔廿五日戊寅，/天水郡赵氏娘子行年十九，/谓（为）佛彩（采）花，去而不返，来时迷乱，不知家人，身/受菩萨戒。今用铜钱万万九千九百九十九/贯，就阎罗王□神□/买此龙地一所。

东至青龙，西至白虎，南至朱雀，/北至玄武，上至苍天，下至黄泉，四至之内并是买/讫。谨诣土官土府、土下二千石，土下若先有居/者，并是亡人怜（邻）里。若是小而（儿），即为亡人所使。/证见人张坚固，/证见人李定度。谁谓书？乌。谁谓读？鱼将鹳。书亦了，龙升天。/读亦了，鱼入泉。东传落，西非（飞）燕。生死路殊。/□所见一依青乌女书之。/契券合同。/（背面）

此券中“青乌”，汪炜、赵生泉、史瑞英先生、鲁西奇先生释作“青鸟”，有误。

6. 南唐升元二年（938）陈尊买地木券

1956年，江苏省扬州市西郊南唐墓出土木质买地券，高一尺九分，宽一尺三寸二分，墨书，正面12行，背面1行。①

维唐升元二年大（太）岁戊戌□月戊申朔五日壬子，殁/故亡人颍（颖）川陈氏尊，六十九天禄，□□卅□/人，开勘阴阳，葬疏选拣□方，用金银钱五佰贯，/宜于江都县同□□□□界一所，具四至如后：/□东至甲乙青龙□□，□西至庚辛白虎，/□南至丙丁朱雀□□，□北至壬癸玄武。上/至青天，下至九泉。内方勾陈，分掌四域。/咸得其所。四至□□，□□亡人，不□外姓□/□，□亡人□□□□持□此券□验。□人：/岁月主；见人：□□□□侯□。急急如律令。/夫□□□，□光□□。券曰：/□□故。/（正面）请券为验。/（背面）

其中“侯”字可疑，因图版模糊，暂仍原释。

7. 南唐保大四年（946）范阳郡汤氏县君买地木券

1956年11月，安徽省合肥市西郊安徽农学院种植区南唐砖室墓出土一方墨书木板买地券，正面14行，背面中间偏上大书“合同”二字。②

维保大四年岁次丙午，四月辛酉朔十二日壬申，/故范阳郡汤氏县君，遗寿行年五□□□，/不幸于三月三日身已亡殁，为……/路，至今不回。想是命终，生时□□□□□□/用图书，宜于府城西方，去城约三里，谨用/上

① 朱江：《四件没有发表过的地券》，《文物》1964年第12期。

② 石谷风、马人权：《合肥西郊南唐墓清理简报》，《文物参考资料》1958年第3期。

件钱绢九万九千九百九十九贯文，并惟/谷、豆、麦、乱丝、断缯、断鸡子、五色信弊（币）等，买龙/子堽墓地壹所，东至甲乙青龙，西至庚辛/白虎，南至丙丁朱雀，北至壬癸玄武，上至/苍天，下至黄泉。四至之内，内方勾陈，分/掌四域，丘承（丞）墓伯，封步界畔，道路将军，/整齐阡陌。千秋万岁，使无后难。保人：岁/月主；见人：今日直符神。故邪气，各头回/避。急急如律令。/

此券中的“图书”当指《河图》《洛书》。“断鸡子”指不能孵小鸡的坏鸡蛋。[①]

8. 南唐保大十年（952）陈氏十一娘买地券

1991年7月，安徽省合肥市绩溪路省外贸宿舍工地南唐墓出土木质买地券。正面墨书12行，背面墨书3行，右书“敕故颍（颍）州郡陈氏权券一所”，中书“合同”，左书“谨列券文”。[②]

维保大十年岁次壬子正月戊午朔，/永宁乡右厢南善政坊殁故亡人陈氏/十一娘，时于廿三日四更丑时天年寿尽。宜/于府城西南去城伍里苏沛村之内，/用金银钱、伍色钱共计壹阡（仟）伍佰贯文，/龙马伍疋，就□□地灵之山川百灵，买得此/大吉大利、丙向茔地壹所，东西南北各/参步，已上四至界内，并属陈氏娘子所/管，永为万年坟宅。四面凶神不得讶相/执占。当今亡人安乐，生人吉利富贵，千/秋万岁，无祸无坏。知见人：岁月主。保人：今/日直符。急急如使者□□女青诏书律令敕。/

此券中的“龙马”指骏马。

9. 南唐保大十一年（953）姜氏妹婆买地券

1957年7月，合肥城东南乡肥河农业社建设窑厂出土木质买地券一方，正面墨书14行，背面书“合同”二字。[③]

维南赡部州大唐国庐州合肥县右厢永宁乡/纳善坊，没故亡人天水郡姜

---

① 石英：《“断鸡子”小考》，《魏晋南北朝隋唐史资料》第25辑，武汉大学出版社2004年版，第220～225页。

② 汪炜、赵生泉、史瑞英：《安徽合肥出土的买地券述略》，《文物春秋》2005年第3期。

③ 葛介屏：《安徽合肥发现南唐墓》，《考古通讯》1958年第7期。

氏妹婆，行年七十，不/幸于保大十一年岁次癸丑六月己酉朔廿四日壬/申券（倦）。生之时，未有墓地，没后宜于去府城东/南方十五里之原安厝。谨用五色金银钱万万九千/九百九十九贯文等，就土府将军买得龙子/罡（岗）作墓园壹所。东止甲乙青龙，西止庚辛白虎，/南止朱雀，北止玄武。内方勾陈，……。/右件四至，并属亡人姜氏妹婆，永为宅兆。丘承（丞）墓/伯，封步界畔；道路将军，齐整阡陌。千秋万岁，/永无夃（殃）咎。保人张坚固，见人李定度。书者今/日直符。先有居者，永避万里。主人内外存亡，/永保吉昌。急急如五帝使者书律令。/谨券。/

其中“壬申券（倦）。生之时”，葛介屏先生释作“壬申券（倦）生之时”。池田温先生释作“壬申，券（倦）生之时”①。胡平生、李天虹先生释作“壬申，券（眷）生之时”②。鲁西奇先生释作“壬申券。生之时”③。此从前释，“倦”婉指去世。

10. 南唐保大二年（954）孙氏买地券

2013年12月，扬州市文物考古研究所在江苏省扬州市邗江区西湖镇润扬北路与台扬路交叉口2013YHSM墓葬出土木质买地券一方，上端两角被切去，呈六边形，墨书12行。④

维保大十二年太岁甲寅六月癸卯/□□□故乐安郡孙府君，年/□□□命终寿。谨用五色金银钱千/□□贯文，买得江都县兴宁乡墓地。/具四止如后：/东止甲乙青龙，西止庚辛白虎，/南止丙丁朱雀，北止壬癸玄武。/上止苍天，下止黄泉，中安亡人之/□，□□鬼神土□不得止障。如有止/□，□□迎道路阡陌知当。伏愿安/□□□□□□□子孙偈（得）大富贵吉昌。/□□□见人：今日直符使。/如青乌律令敕。/

---

① 池田温：《中国历代墓券略考》，《东洋文化研究纪要》第86册《东京大学东洋文化研究所创立四十周年纪念论集Ⅰ》，东京大学东洋文化研究所1981年版，第239页。

② 胡平生、李天虹：《长江流域出土简牍与研究》，湖北教育出版社2004年版，第646页。

③ 鲁西奇：《中国古代买地券研究》，厦门大学出版社2014年版，第228页。

④ 南京大学历史学院考古文物系、扬州市文物考古研究所：《扬州四季金辉南唐墓和宋墓考古发掘简报》，《江汉考古》2017年第1期。

其中“道路阡陌”应指地下诸神。

另，安徽合肥1979年出土南唐保大三年（945）木质买地券，背面中下方有“合议”二字，两端各有骑缝“合同”二字，正面可辨者有“维保大三年岁乙巳十月甲子朔二十二日乙酉”等。[①]

二、从材质看南吴、南唐买地券的特点

目前发现最早的买地木券是甘肃出土的三方十六国时期买地券。1998年，甘肃省张掖市高台县骆驼城遗址东南墓葬出土前凉建兴二十四年（336）周振、孙阿惠买地木牍。[②]甘肃省张掖市高台县骆驼城遗址周围古墓出土前凉建兴二十四年（336）三月廿八日佚名买地木牍，出土时间不详。[③]2001年，甘肃省张掖市高台县骆驼城遗址前秦墓葬出土前秦建元十八年（382）高侯买地木牍。[④]以上三方买地券均带有鲜明的地域特色，如详细记录随葬物品，“金银钱财，五谷粮食，荔子黄远，牛羊车马，猪狗鸡雏，楼舍帷帐，栝（杯）杅盘案，彩帛脂粉”。应该说，这种格式的买地券与战国遣策有相似之处，而遣策多是竹木质。值得注意的是，甘肃出土宋元时期西夏乾祐十六年（1185）曹铁驴买地券、西夏乾祐二十三年（1192）窦依凡买地券、元至元二十六年（1289）蒲法先买地券，均为木质，可以说是西北十六国买地券的遗风，当然也与当地气候干燥，利于保存有着密切的关系。

吴天颖先生曾指出买地券的原始形态，似可追溯到西汉初期墓中所出的“簿土”。[⑤]鲁西奇先生则在此基础上进一步指出：“买地券与镇墓文之源头，至少

---

① 程如峰：《合肥发现南唐墓》，《安徽文博》1980年第1期。

② 曹国新：《骆驼城出土珍贵文物》，《丝绸之路》1999年第3期。

③ 町田隆吉：《甘肃省高台县出土魏晋十六国汉语文书编年》，中共高台县委、高台县人民政府、甘肃敦煌学学会、敦煌研究院文献所、河西学院编《高台魏晋墓与河西历史文化研究》，甘肃教育出版社2012年版，第155～167页。

④ 赵雪野、赵万钧:《甘肃高台魏晋墓券及所涉及的神祇和卜宅图》,《考古与文物》2008年第1期。

⑤ 吴天颖：《汉代买地券考》，《考古学报》1982年第1期。

可上溯至西汉前期墓葬所出之告地策；告地策、镇墓文、买地券三者之间的功用与性质基本相似，演变之迹也比较清晰；至于三者与战国楚地墓葬出所出遣策（物疏）有无继承关系，则尚不能确定。”[①]

1973年，江西南昌北郊出土唐大顺元年（890）熊氏十七娘买地木券。[②]2014年，江苏省扬州市邗江区出土南吴天祐十五年（918）谢府君买地木券。[③]而南吴6种买地券均是木质，南唐8种买地券中除了保大十年（952）范韬买地砖券、保大十二年（954）周氏一娘买地石券外，其他6种亦是木质。从中可见南唐买地券延续了南吴买地券的特色，应是地域性的体现。与此形成鲜明对比的是，后蜀13种买地券均是石质，这可能与蜀地多山，利于开采，而且石质买地券埋入地下可以长久保存有关。石英先生认为是与唐元和三年（808）国家礼制规定使用木质买地券有关。[④]但实际上五代十国时期，使用石质或砖质的买地券要远远多于木质，因此这一规定对当时买地券材质的选用影响甚微。

池田温先生就注意到木质买地券在江南地区比较集中，但不能确定此种现象是地域性还是偶然性。[⑤]鲁西奇先生亦指出长江中下游类型的买地券最显著的特点是其所使用的材料均为木质，即用墨书写于木板之上（木板之形状、大小亦相差不大，券文多为自左至右书写）。[⑥]可以说，江南地区唐五代时期买地券中多木质，这种现象应该不是偶然的。

李桥先生认为木质“在制作成本上低于石质，在古代以木质为地券者，笔者推测不在少数。但可能因木质易朽，又埋于地下，故在出土数量上，仍无法与石质买地券相提并论。……值得注意的是，宋代官修的《地理新书》明确要求用铁

① 鲁西奇：《汉代买地券的实质、渊源与意义》，《中国史研究》2006年第1期。

② 江西省博物馆：《江西南昌唐墓》，《考古》1977年第6期。

③ 扬州市文物考古研究所：《扬州五代谢俯军墓发掘简报》，《东方博物》2016年第2期。

④ 石英：《隋唐五代买地券的若干问题研究》，武汉大学2007年硕士学位论文，第10～11页。

⑤ 池田温：《中国历代墓券略考》，《东洋文化研究纪要》第86册《东京大学东洋文化研究所创立四十周年纪念论集Ⅰ》，东京大学东洋文化研究所1981年版，第203页。

⑥ 鲁西奇：《中国古代买地券研究》，厦门大学出版社2014年版，第246～247页。

为地券，但是宋代出土买地券中，用铁为地券的确实寥寥无几。……因地制宜是古人选择地券材质的重要因素。江西地区多山，石料资源丰富，居民采用石质买地券取材方便，成本低廉，由此可见在江西地区少见铁券也就属正常”[①]。此说点出了选择买地券材质的重要因素之一是因地制宜。南吴、南唐多使用木质买地券，制作成本可能是首要考虑的因素。南方树木易寻，且木质制作便利。不利因素是当地多雨，不利于保存。但就江西地区而言，石质、木质买地券均多见，且石质远远多于木质买地券，故因地制宜并不是决定性因素。而且从出土的早期东汉买地券均是铅或砖质看，当时大量使用铅质买地券除了铅熔点低、易于镌刻外，更与当时盛行的“黄白之术”及对铅的崇拜密切相关。

目前考古发现尚未发现十六国至唐中期500年间使用的木质买地券，而且使用地域也从西北转到江南。出现这种现象，原因不仅仅是木质不容易保存这么简单，因为此二地都曾出土过汉简。汪炜、赵生泉、史瑞英先生曾推测安徽合肥出土的买地券“至于形式，则不排除木质，且有在下葬时被焚烧的可能。若此说无误，这种由木到砖的变化，其实是丧葬习俗变迁的某种体现”[②]。但木质买地券被焚烧说不能解释合肥同时还有其他材质买地券使用的现象。因此，战国以来利用木质作为重要书写材料的传统对此地的影响也是不可忽视的因素。

江苏、上海目前出土多方宋、明时期木质买地券，可以说是对吴地买地券传统风格的一种延续。

---

① 李桥：《海棠花馆藏江西新出宋元买地券整理与研究》，河北师范大学2016年硕士学位论文，第1～2页。

② 汪炜、赵生泉、史瑞英：《安徽合肥出土的买地券述略》，《文物春秋》2005年第3期。

从碎片中还原真实的历史

——读吕金成教授《夕惕藏陶续编》

韩祖伦

摘　要：吕金成教授编纂的《夕惕藏陶续编》，是沂水陶文的一次集中公布，对战国齐系文字、书法、历史等诸多领域产生重要影响。该书引起学术界的广泛关注，本文归纳了几点特色。

关键词：《夕惕藏陶续编》；沂水陶文；著录特色

作　者：韩祖伦（1951—），浙江嘉兴人，《印学研究》副主编，研究方向为战国文字、书法篆刻。

山东省是战国陶文出土最多和最集中的地域，由于得天独厚，收藏和研究便领风气之先。清代潍县金石学巨擘陈介祺肇其始，“陶文齐鲁四千种，印篆周秦一万方”即是其写照。当今齐鲁俊彦在战国陶文的收藏和研究方面踵先贤遗风，取得了许多瞩目的成就，《夕惕藏陶续编》（以下简称《续编》）的出版就是其中的一例。此书作为山东省社会科学规划研究重点项目（14BWXJ05），是吕金成教授继2014年《夕惕藏陶》以后的第二部战国陶文专著。《续编》集资料著录、考释和研究为一体，包括照片、拓片、摹本和释文，以846件全新的齐国沂水刻划陶文，尤其是实物为主要研究对象，运用现代考古学的研究方法进行了综合研究，取得了多项陶文研究成果。2017 年 4 月 18 日《人民日报》以《当代战国陶文研究的新发现》为题，对《续编》取得的重要成果做了详细报道，给予了充分肯定和高度评价。笔者认为，《续编》的优长大体可以归纳为以下方面：

一、积聚功力的研究成果

《沂水齐国量器刻划陶文管窥（代序）》是一篇有功底、下功夫、见功力的学术力作。金成先生通过对大量有关齐国的历史文献记载、铜器铭文和陶文的经典考据论著的排比分析，再联系著录资料的具体内容，推论出一系列令人信服的结论：1. 正确判定了所著录的刻划陶文资料出土于山东沂水地区，是齐国的官方量器“釜”上的文字，年代为战国中期。2. 对刻划陶文的正确释读和隶定。刻划齐陶文不同于常见的抑印陶文，书写的个性化和随意是其普遍特点。著者以多年释读战国齐系文字的积累，又广泛吸收当今古文字学界的新成果，为研究提供了基本保证。3. 对历来众说纷纭的“立事人”身份给出了合理的判定。通过对所著录资料的精细梳理，著者发现了 41 位立事人姓名，超出历年出土齐国文字已知各类立事人的总和，尤为珍贵的是其中 31 位立事人姓名是首次出现。同样通过梳理，归纳出六类“立事地”，可为先前的出土资料提供佐证。4. 对刻划陶文的字迹从字形、书法、载体进行了全方位的考察分析，对学习研究战国文字的书法、篆刻提供了重要参照。总之，这篇力作不仅仅是研究《续编》的纲领，它同时为研究战国陶文提供了许多方法上的借鉴。

二、富有创见的科学整理

富有创见性的科学整理取决于坚实的研究基础。试想，一堆杂乱的陶片，不明出土地，不知陶片为何器，不谙国别，仅有不成章句的残缺文字，若按传统的处理方法挑选文字相对完整的碎片进行墨拓，这些拓片充其量也就是研究战国文字形体的一般资料。然而著者正是依靠扎实而卓有成效的研究，跳出了这一局限。如果说梳理和分类是《续编》的重要指导思想，“补缺”则可以说是本书最具创

意之举。补缺有两个方面内容：一是根据相同文字的不同残片，补出完整的字形，这主要体现在摹本上所下的功夫。二是通过对“立事地”“立事人”“立事岁”要素的明确分类，在留存文字释文的基础上，参照各类要素已知的格式，进行正确延伸和完善，补出完整的官量制作记录。所有的补缺部分都以红色区分，这样的精细是同类著录中仅见的。这一方面为进一步深化研究提供了更为理想的资料，另一方面也给如何更加科学有效地整理出土资料开启了创新的思路。

三、学艺双兼的文化品位

由于著者本身兼具印学和古文字研究学者、书法篆刻家的双重身份，《续编》用同一批材料将学术和艺术进行了很好的综合研究，这是本书的又一特色。例如从刻划陶文简化字、草化字的大量流行，联系到战国时期生产力提高和商品贸易发达导致的文字应用繁忙，这与文献的记载正可以互相印证。而在这些“以刀代笔”的文字中，留下了战国先民质朴、率真的书写风格和习惯。又由于是刻划工具所为，沂水陶文表现出了篆刻的“刀味”。著者由此推测，这些文字形态应该和当时日常使用的文字同步并行。这些细致入微的观察，无疑可以作为书法史上有关战国时期民间书法研究难得的补充。

笔者以往认为，战国陶文内容简短，资料零散而不成系列，感觉似乎史料价值不高。2014 年著者的《夕惕藏陶》出，吸取了考古报告的科学记录方法，不仅将陶片复原为全器并绘制成线图，并且对陶文的出土地点，陶器的形式、类别、质地、用途，文字的考释都做了详细记载。编排体例上，对陶文资料分国别、器种，按出土地点进行分类，对同一出土地域又进行窑址细分。这样的整理和研究创意让笔者对陶文资料刮目相看。记得在《夕惕藏陶》首发座谈会上，笔者曾期待金成先生以《夕惕藏陶》为起点，续有高质量的著述不断面世。时隔两年多，《续编》果然以更新的资料、更科学的整理和研究方法、更高的学术水准再度推出。这样的成果无疑会进一步推进齐陶文的研究，相信会得到学术界的赞同。

征稿体例

欢迎广大专家学者积极投稿，支持本刊的发展。为了保证本刊体例的统一性、规范性，提高本刊的编辑质量和水平，征稿体例如下：

（一）摘要、关键词及字体

中文摘要以 100—300 字为宜，关键词 3—5 个为宜，正文为简体宋体五号。

（二）作者信息

放在文章关键词后，如：姓名，工作单位，邮编，所在城市等。

（三）注释及参考文献

（1）注释号以带圆圈的阿拉伯数字标于右上角（如“①”），每页单独编号，注释内容置于页脚。

（2）参考文献置于文末，以阿拉伯数字外加方括号（如“[1]”）标序。

（四）引用专书及论文，格式如下：

（1）专书

作者：书名，出版社及出版时间，页码。如：

鲁迅：《中国小说史略》，上海古籍出版社 2004 年版，第 6 页。

（2）期刊论文

作者：文章名，期刊名 / 某年某期。如：

蔡先金：《“国学”原义断裂、跨语际挪移与流变性转换考察》，《文史哲》2015 年第 4 期。

（3）文集论文

作者：文章名，主编 / 文集名称，出版社及出版时间，页码。如：

廖名春：《出土文献与先秦文学史的重写》，姚小鸥主编《出土文献与中国文学研究》，北京广播学院出版社 2000 年版，第 6 页。

（4）报纸

作者：文章名，报纸名称 / 发表时间，版次。如：

姚小鸥、高中华：《〈诗经〉与清华简之“觯”命》，《光明日报》2015 年 2 月 26 日，07 版。

（5）网络论文

作者：文章名，网站名称（网址），发表时间。如：

蔡先金：《战国“小说”——清华简〈耆夜〉（摘要）》，济南大学出土文献与文学研究中心（http://wen.ujn.edu.cn/wenxian/detail.asp?id=75），2014 年 12 月 17 日。

（五）选题范围及字数

出土文献整理与研究、先秦文学研究，尤其欢迎简帛文学研究的选题。字数一般不限，以论文质量作为录用的唯一标准。

（六）稿件寄发及信息反馈

请按编辑部联系地址寄送稿件纸质版和电子版（电子邮件）。文中的图片，务必清晰。编辑部自收稿之日起，两个月内以邮件或书面方式反馈录用信息。

（七）网络版权事宜

稿件一经录用，文章的光盘版、网络版版权即属于本刊所有，编辑部不再另行告知。

（八）学刊联系方式

地址：山东省济南市南辛庄西路 336 号 济南大学出土文献与文学研究中心《中国简帛学刊》编辑部

邮箱：ctwx@ujn.edu.cn

图书在版编目（CIP）数据

中国简帛学刊．第二辑／张兵主编．—济南：齐鲁书社，2018.9
ISBN 978-7-5333-4046-9

Ⅰ．①中… Ⅱ．①张… Ⅲ．①竹简—中国—文集 ②帛书—中国—文集 Ⅳ．① K877.54-53

中国版本图书馆 CIP 数据核字（2018）第 219827 号

中国简帛学刊（第二辑）

ZHONGGUO JIANBO XUEKAN

张　兵　主编

主管单位　山东出版传媒股份有限公司
出版发行　齊魯書社
社　　址　济南市英雄山路189号
邮　　编　250002
网　　址　www.qlss.com.cn
电子邮箱　qilupress@126.com
营销中心　（0531）82098521　82098519
印　　刷　山东新华印刷厂潍坊厂
开　　本　787mm × 1092mm　1/16
印　　张　15.5
插　　页　3
字　　数　268千
版　　次　2018年9月第1版
印　　次　2018年9月第1次印刷
标准书号　ISBN 978 - 7 - 5333 - 4046 - 9
定　　价　**68.00** 元